传承石油精神　弘扬石化传统

中国化工学会石油化工档案专业委员会　编著

中国石化出版社

内容提要

本书介绍了石油精神、石化传统的渊源、传承、弘扬和代表性的楷模。主要内容包括石油精神的文化渊源与内核谱系、石化精神的内涵、石化企业精神和优良传统，以及石化传统在中国特色社会主义新时代的升华和石化战线上的各类英模人物。

本书可以作为石化企业员工的思想道德教育读本，也可以作为高等石油院校开展思想政治教育的参考资料。

图书在版编目（CIP）数据

传承石油精神　弘扬石化传统 / 中国化工学会石油化工档案专业委员会编著．— 北京：中国石化出版社，2023.2

ISBN 978-7-5114-6985-4

Ⅰ．①传…　Ⅱ．①中…　Ⅲ．①石油工业 – 工业企业 – 思想政治教育 – 中国 – 学习参考资料　Ⅳ．① D412.62

中国国家版本馆 CIP 数据核字（2023）第 039093 号

中国石化出版社出版发行

地址：北京市东城区安定门外大街 58 号

邮编：100011　电话：（010）57512500

发行部电话：（010）57512575

http：//www.sinopec-press.com

E-mail：press@sinopec.com

北京科信印刷有限公司印刷

全国各地新华书店经销

*

710 × 1000 毫米　16 开本　15.25 印张　177 千字

2023 年 5 月第 1 版　2023 年 5 月第 1 次印刷

定价：66.00 元

《传承石油精神　弘扬石化传统》
编委会

主　　编： 焦新亭

副 主 编： 景民昌　何汉挺　杨东杰

参编人员： 涂梦雪　陈可悦　戴明月　林　莉
刘　娜　萨如拉　杨晨晨　杨卫东
杨　妍　洪　雁　白　桦　王　雷

前　言

40年前中国石化在改革中诞生，40年来中国石化因改革而发展，40年来中国石化披荆斩棘、风雨兼程、搏浪翱风，建设成世界一流能源化工公司。深挖其石油精神石化传统的时代内涵，凝聚新时代石化人干事创业的精神力量，对于把能源的饭碗端在自己手里有重大意义。

我国石化工业从一穷二白起步，发展成为国民经济的支柱产业之一，为国民经济发展作出了突出贡献。油气工业实现大跨越，从贫油、贫气一跃成为世界油气生产大国，2018年，我国石化产业规模位居世界第二，化学工业规模位居世界第一。在党的领导下，一代又一代石化人不忘初心、牢记使命，满怀“我为祖国献石油”的豪情，四海为家、风餐露宿、艰苦奋斗，形成了以“苦干实干”“三老四严”为核心的石油精神和“精细严谨、求真务实”的石化优良传统，我国石油石化员工已经组成一支敢打硬仗、无坚不摧的队伍，从而使我国石油石化工业迅速赶上世界先进水平，成为全球石化大国。经过70多年的努力，国内实体产业升级步伐加快、科技实力不断增强、投资及布局加速使我国石化产业正在迈向高质量发展阶段，并仍处于大有作为的重要战略机遇期，为实现“两个一百年”奋斗目标和中华民族伟大复兴的中国梦不断努力奋斗。

党的二十大报告要求，“确保粮食、能源资源、重要产业链供应链安全”“确保能源安全”。习近平总书记考察调研胜利油田时强调：“能源的饭碗必须端在自己手里。”总书记指出：石油战线始终是共和国改革发展的一面旗帜，在新中国成立之初，搞石油大会战，对当时我们国家在层层封锁下实现自力更生、搞工业化建设起到了重要作用。要求我们要继续举好这面旗帜，在确保国家能源安全、保障经济社会发展上再立新功、再创佳绩。为深入学习贯彻党的二十大精神，深刻感悟习近平新时代中国特色社会主义思想伟力，把弘扬石油石化优良传统作为着力点，提振奋进新时代的精气神。继承传统才能少走弯路，不忘本来才能开创未来。中国化工学会石油化工档案专业委员会组织编写《传承石油精神　弘扬石化传统》，加大对石油精神、石化传统的宣传力度，让石油精神、石化传统在新时代新征程上焕发出更璀璨的光芒。

《传承石油精神　弘扬石化传统》共分五部分，分别为绪言、传承、弘扬、升华、楷模。第 1 章总结了石油精神的文化渊源与内核谱系，深入阐释了石化精神的内涵，提出了“一基两核、四面多维”的石化传统形态特征；第 2 章、第 3 章梳理了中国石化所属企业的创业与发展历程，整理和挖掘各企业在发展过程中形成的石化企业精神和优良传统；第 4 章从石化情怀、石化态度、石化品格、石化作风角度，阐释了石化传统在中国特色社会主义新时代的升华；第 5 章展现了石化战线上的各类英模人物。该书不仅展示了大量的石化档案资料，也明确回答了中国石化企业“从哪里来”“到哪里去”的重要问题。该书不仅是石化企业全体党员干部以及员工的思想道德教育读本，也是全国产业职工新时代学习的重要资料，亦是高等石油院校为大学生开展思想政治教育的优秀素材。

《传承石油精神　弘扬石化传统》将石化人用智慧血汗铸就的石化传统做系统梳理总结、提炼、编著成书，组织多次书籍编写会议，深入各大石化企业收集资料，力图将石化传统全面系统地呈现在广大读者面前。相关部门对这部书的撰写工作给予了大力的支持，将珍贵的资料毫无保留地提供给编著者们参考。

本书在编撰的过程中参考、借鉴了已出版的各种图书、志书、网络资源及其他相关文献，谨向相关单位、作者致以诚挚的谢意！尤其是在企业精神的实地考察、调研过程中，得到了诸同人的大力支持，为本书的编写提供了全方位的支持和帮助，在此一并表示感谢。

中国石化下属企业众多，历史悠长，档案资料庞杂。由于作者水平有限，加之梳理资料、编写与修订的时间较短，书中难免有不足之处，相关文献的出处未能一一注明，恳请同行专家、学者和广大读者，尤其是石油石化战线的同志们批评指正。

目　录

1 绪 言

石油，是现代工业文明的血脉；石化，是国计民生的细胞。20世纪中叶，中国石油人怀着满腔热忱的报国情怀，义无反顾地将石油与国家的发展命运紧密相连，开启了“我为祖国献石油”的辉煌历程，形成了伟大的石油精神。中国石油化工总公司成立以来，石化人在传承石油精神的基础上，以赤诚炽热的爱国情怀，以“严细实”的行业态度，矢志振兴我国石化行业，形成了“爱我中华，振兴石化”的企业精神，锻造了以“求真务实、精细严谨、家国情怀、奉献奋进”为主要内涵的石化优良传统。

1.1 石油精神

1.1.1 石油精神的思想渊源

新中国的石油工业发展史，是中国石油人开拓进取的艰难创业史，是为国奉献的艰苦奋斗史，也是中国石油精神奠基、形成、发展和不断升华的过程。中国石油精神是中华文明民族精神、中国共产党革命精神、中国人民解放军优良传统深入融合的结果，其形成有着深厚的思想文化渊源。

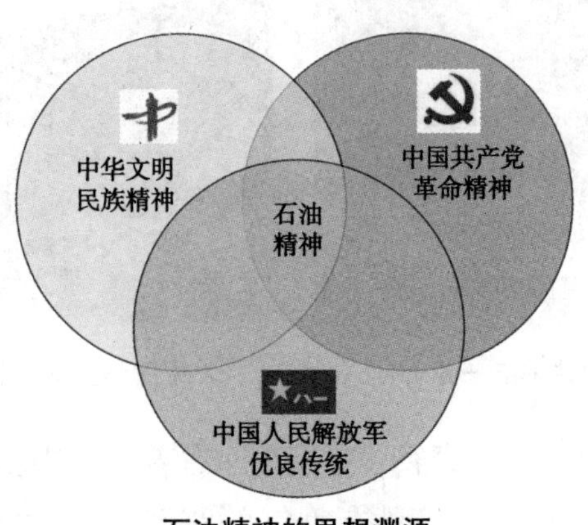

石油精神的思想渊源

中华文明是石油精神产生的沃土。石油精神不仅从中华民族精神的土壤中汲取养分，也成为中华民族精神的有机组成部分。中国是世界上发现和开采石油天然气最早的国家之一，石油的开发利用历史悠久，在许多书、录、志、赋、奏章、私家著述等历史文献资料中，都有着详尽的记载。如宋人沈括在《梦溪笔谈》中记载：“鄜、延境内有石油，……。此物后必大行于世。”直到近代，我国台湾地区苗栗出磺坑第一口石油井的钻探，开启了中国近代石油工业的发展。延长油矿的石油点亮了延安窑洞的灯火，也照亮了中国革命的航程。

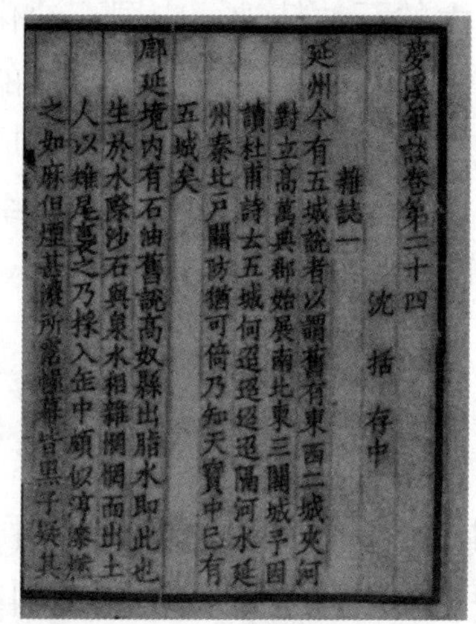

夢溪筆談卷第二十四　沈括　存中

雜誌一

延州今有五城説者以謂舊有東西二城夾河對立高萬興郡始展南北東三關城予因讀杜甫詩去五城何迢迢迢迢隔河水延州秦北戸關防猶可倚乃知天寶中已有五城矣

鄜延境内有石油舊説高奴縣出脂水即此也生於水際沙石與泉水相雜惘惘而出土人以雉尾裛之乃採入缶中頗似淳漆燃之如麻但煙甚濃所霑幄幕皆黑予疑其

沈括与《梦溪笔谈》

中国近代第一石油井（苗一井）

中国陆上第一石油井（延一井）

新中国成立伊始，百废待兴，又面临着西方国家的封锁禁运，石油先辈们怀着为国争光、为民族争气的强烈爱国主义，集中力量开展大庆石油大会战，在最困难的时期、最艰苦的地方，以最快的速度建设了世界级的大油田。石油工业迅速成为国民经济的顶梁柱，也形成了石油精神的典型——大庆精神（铁人精神①）。

中华民族历来崇尚家国情怀，“先天下之忧而忧，后天下之乐而乐”“国家兴亡，匹夫有责”。在石油人心中，天下、国家永远是第一位的。从铁人王进喜，到新时期铁人王启民，再到大庆新铁人李新民，一代代的石油人将自己的一生与国家的荣誉和利益紧紧联系在一起。

中国共产党革命精神是石油精神的内在灵魂。在中国新民主主义革命时期、社会主义建设时期、改革开放时期、中国特色社会主义新时代等阶段，中国共产党培育和形成了许多伟大精神，成为全国各族人民推进社会主义现代化建设、共创美好新生活的不竭精神动力。中国共产党的革命理想极大地激发了石油人奉献能源、建设国家的使命感，激发了石油人服务国家石油工业发展的坚强斗志。“革命理想高于天”的豪迈情怀在每一个石油人身上得到了充分继承和弘扬②。“我为祖国献石油”成为每一个中国石油人的座右铭。从大庆会战，到胜利、大港、四川、江汉、辽河、长庆、冀中等会战，每一次石油会战都是在严重困难的条件下开展，但石油人不怕苦、不畏难，以共产党人的优秀革命理想激励自己，怀着独立自主、自力更生、艰苦奋斗和为中华民族争气的雄心壮志参加石油大会战。

“宁肯少活二十年，拼命也要拿下大油田。”

“有条件要上，没有条件创造条件也要上。”

“这困难，那困难，国家缺油是最大的困难；这矛盾，那矛盾，国家缺油是最大的矛盾。”

“石油工人一声吼，地球也要抖三抖；石油工人干劲大，天大的困难也不怕。”

“干，才是马列主义；不干，半点马列主义也没有。”

“……”

---

①《石油精神——文献石油 70 年》编写组；–《中国石油报》–2020-06-25

② 凝聚新时期干事创业的精神力量；–《石油组织人事》–2020-06-20

一句句，铿锵有力；一声声，气冲云霄。彰显了石油工人战天斗地的豪迈情怀，彰显了中国共产党人自力更生、艰苦创业、无私奉献的精神和实事求是的科学态度。石油精神是对中国共产党人高尚情操和优秀品格的生动诠释，体现了中国共产党的性质和宗旨[①]，是中国共产党人伟大精神谱系的有机组成部分。

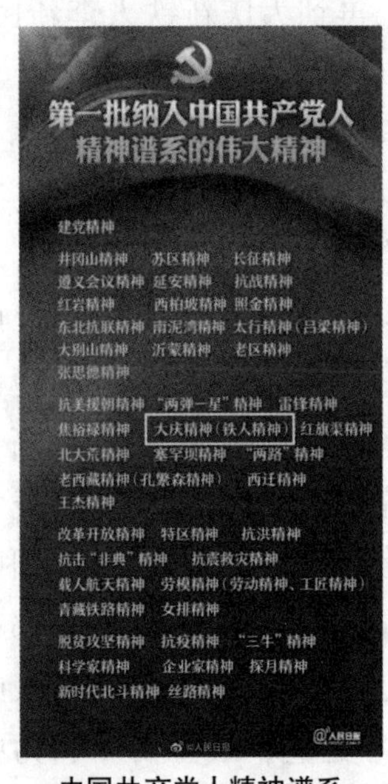

中国共产党人精神谱系

1.我为祖国献石油

2.三老四严、四个一样：对待革命事业，要当老实人，说老实话，办老实事；对待工作，要有严格的要求，严密的组织，严肃的态度，严明的纪律。对待革命工作要做到，黑天和白天一个样，坏天气和好天气一个样，领导不在场和在场一个样，没有人检查和有人检查一个样

3.有条件要上，没有条件创造条件也要上

4.宁肯少活二十年，拼命也要拿下大油田

5.这困难，那困难，国家缺油是最大的困难；这矛盾，那矛盾，国家缺油是最大的矛盾

6.靠“两论”起家，靠“两分法”前进

7.石油工人一声吼，地球也要抖三抖；石油工人干劲大，天大的困难也不怕

8.一个国家要有民气，一个队伍要有士气，一个人要有志气

9.干，才是马列主义；不干，半点马列主义也没有

10.大干社会主义有理，大干社会主义有功，大干社会主义光荣，大干了还要大干

11.北风当电扇，大雪是炒面，天南地北来会战，誓夺头号大油田，干！干！干！

12.为油田负责一辈子，干工作要经得起子孙万代检查

新中国 60 句石油名言（部分）

中国人民解放军优良传统是石油精神的重要根基。新中国的石油工业和中国人民解放军渊源久远。无论是红军时期的延长油田，还是新中国成立前的玉门油田，乃至新中国成立后的历次石油大会战，石油工业的发展都离不开中国人民解放军的奉献与支持。“石油师”秉承了中国人民解放军纪律严明、作风过硬、战斗力顽强的优点，成为新中国石油工业的生力军。他们脱下戎装换上工装，汇入石油大军洪流，同时也把革命军人的优良传统和作风注入新中国石油工业的血液中[②]。“三大纪律八项注意”“支部建在连上”等优良传统奠定了石油精神的坚实根基，和石油行业特征相结合，逐渐形成了“三老四严”“四个一

①《石油精神——文献石油 70 年》编写组；-《中国石油报》-2020-06-25

② 凝聚新时期干事创业的精神力量；-《石油组织人事》-2020-06-20

样”“支部建在井上”等严细作风，实现了中国人民解放军优良传统在石油工业的升华。党和国家领导人对石油师参加大庆油田会战也给予了高度肯定，称赞石油师保持和发扬了部队的优良传统和作风。

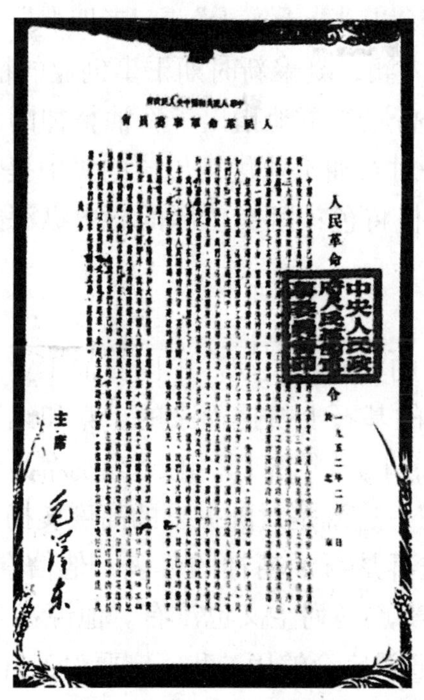

人民革命军事委员会命令

一九五二年二月 日

主席 毛泽东

石油师政委张文彬

石油师师长张复振

毛泽东主席签发成立石油师的命令

中国人民解放军和中国石油工业的渊源

时间	事件
1935 年 4 月	刘志丹率领的陕北红军解放延长，接管延长油矿。5 月，延长石油官厂更名为延长石油厂，归属陕甘宁边区政府。延长石油厂开始振兴发展
1949 年 9 月	中国人民解放军第一野战军进驻玉门，军代表康世恩宣布玉门油矿解放
1952 年 2 月	毛泽东主席签发命令，批准中国人民解放军第 19 军 57 师转为石油工程第一师
1956 年	石油工程第一师番号取消，8000 多名石油师官兵完全融入各石油企业单位
1960 年	沈阳、济南、南京军区三万名军人转业参加大庆石油大会战
1965 年	党和国家领导人视察大庆时称赞石油师官兵转业参加石油工业建设

1.1.2　石油精神的核心及谱系

（1）石油精神的核心

石油精神是中国石油工业的灵魂和根基，是中国石油企业的核心竞争力和独特文化的优势所在，是鼓舞中国石油人砥砺前行的强大思想动力和无穷精神力量[①]。2016年6月，习近平总书记批示，石油精神是攻坚克难、夺取胜利的宝贵财富，什么时候都不能丢。要结合“两学一做”学习教育，大力弘扬以“苦干实干”“三老四严”为核心的石油精神，深挖其蕴含的时代内涵，凝聚新时期干事创业的精神力量[②]。习近平总书记的重要指示，高屋建瓴地指出了石油精神的核心是“苦干实干”“三老四严”。这是对石油工业优良传统的集中提炼升华，既体现了继承，又有创新和时代特色；既有浓厚的历史纵深感，又有很强的现实生命力。

“苦干实干”

“苦干实干”是石油精神的核心和灵魂。中国石油工业发展的一个个辉煌都是在“苦干实干”的基石上拼搏而来的。党和人民对石油人的这一特质给予了充分肯定，1944年5月，毛泽东主席为延长石油厂厂长陈振夏题词“埋头苦干”，这既是对陈振夏的高度褒扬，也是对石油人的高度嘉勉。铁人王进喜是石油精神的代表，他信奉一个哲理：干，才是马列主义；不干，半点马列主义也没有。他说：“我们国家现在还穷，还没建设好，石油还没完全够用，我一定要艰苦奋斗一辈子。”他的这种不计名利、不计报酬、埋头苦干的“老黄牛”精神正是“苦干实干”石油精神的典范，也是石油人攻坚克难、无私奉献的精神禀赋。

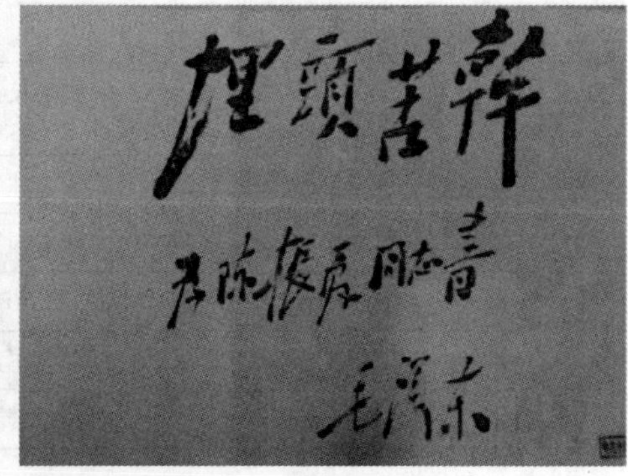

毛泽东主席为石油工业第一位劳动模范陈振夏题词“埋头苦干”
（1944.5）

---

① 坚持理想信念 弘扬“石油精神”本刊评论员；–《石油政工研究》– 2016–08–31

② 凝聚新时期干事创业的精神力量；–《石油组织人事》–2020–06–20

工人日報

GONGREN RIBAO

学习王铁人的革命精神 做大庆式的工人

工人阶级的光辉形象——王铁人

我們需要千千万万个鉄人

《工人日报》整版发表铁人王进喜事迹

（1966.1.3）

“三老四严”

石油工业不仅要求“苦干实干”的艰苦奋斗精神，还要求“三老四严”的科学求实态度。“三老四严”是大庆石油会战时，石油人在会战实践中形成的优良作风，最早出现于1962年，在1963年形成了完整表述。“三老四严”，即对待革命事业，要当老实人，说老实话，办老实事；对待工作，要有严格的要求，严密的组织，严肃的态度，严明的纪律。

“三老四严”来自石油实践，又指导石油实践，最终凝练、升华为石油精神的核心。“三老四严”是石油人科学求实精神的最好体现。

（2）石油精神谱系

伴随着中国石油工业数十年的发展历程，石油精神也在不断发展、升华，最终形成了以“苦干实干”“三老四严”为核心，以大庆精神铁人精神为典型代表，以各时期各石油企业精神、传统、文化为多维形态表现的石油精神谱系，即“一核心一典型多维度”。如，玉门精神、克拉玛依精神、长庆好汉坡精神、柴达木精神、塔里木精神、会战精神、吉化精神、兰炼精神、辽化精神等都是石油精神的丰富外延。这些多维形态的石油企业精神和优良传统，与大庆精神铁人精神一起，融汇成为中国石油精神之奔腾大河，川流不息，浩荡向前。

石油精神经历了数代石油人的传承，经历了数十年的时间洗礼，经历了不断的积淀与升华过程，推动着中国石油工业持续地高质量发展，并将在新发展阶段，奠定石油工业的新发展格局。

石油精神谱系

谱系特征	谱系内涵	意义诠释
核心	“苦干实干” “三老四严”	“苦干实干”“三老四严”是石油精神的核心内容、本质要义，是石油精神的鲜明特性
典型	大庆精神 铁人精神	铁人精神是石油精神的典型代表，是标杆、是旗帜
多维度	延长“埋头苦干”精神、玉门精神、克拉玛依精神、新疆油田“红柳”精神、长庆好汉坡精神、柴达木精神、塔里木精神、会战精神、吉化精神、兰炼精神、辽化精神……	这些不同方位、不同侧面、不同视角的石油企业特色精神是石油精神的多维具象、基因传承、气质表现，一起组成了石油精神谱系空间

1.2 石化企业精神

1.2.1 中国石化的发展历程

中国石化成立于1983年。其发展历史大致可以划分为4个阶段：改革、开发、振兴阶段；重组、改制、跨越阶段；转型、做强、提升阶段；新发展阶段。

中国石化经过艰苦创业、接续奋斗，用不到两代人时间走过了西方跨国石油公司百年历程，在世界500强企业排名稳居前三，成为世界第一大炼油公司、第二大化工公司，加油站数量居全球第二位①。我国也从一个依赖“洋油”“洋布”的国家发展成为位居世界前列的石油石化大国。

① 牢记使命新征程上再立新功 胡庆明；-《中国石油石化》-2021-08-01

中国石化发展阶段及大事

发展阶段	时间	发展特征	重大事件
第一阶段	1983~1998 年	改革、开发、振兴	中国石油化工总公司成立；发起振兴石化“第一战役”“第二战役”“第三战役”
第二阶段	1998~2012 年	重组、改制、跨越	中国石油化工集团公司挂牌成立，实现政企分开和上下游、内外贸、产销一体化；整体重组、改革，股份公司上市
第三阶段	2013~2020 年	转型、做强、提升	聚焦全面可持续和高质量发展，发挥“大国重器”顶梁柱作用；全面从严治党；强化公司治理
第四阶段	2021 年	新发展、新理念、新格局	提出加快构建“一基两翼三新”产业格局，开启打造世界领先洁净能源化工公司新征程

中国石油化工总公司在人民大会堂成立

（1983.7.12）

回顾中国石化的发展历程，牢记从哪里来、明确到哪里去，十分重要也十分必要。

中国石化的快速发展和壮大，得益于党的坚强领导，得益于石化人坚持把党的初心使命融入“爱我中华、振兴石化”的血脉中，把为党分忧、为国尽责、为民造福的信念熔铸于“为美好生活加油”的实践中[①]。

中国石化的快速发展和壮大，离不开万千石化人对“爱我中华、振兴石化”企业精神的孜孜追求。中国石化自觉肩负起壮大国有经济、振兴石化工业、保障能源安全、改善人民生活的历史使命，践行着“为美好生活加油”的承诺，为建立发展我国现代石化工业体系、保障国家能源安全和促进国民经济发展、解决人民吃饭穿衣问题和改善人民生活等方面作出了历史性贡献。

在中国特色社会主义新时代，中国石化要继续成为党和人民可以信赖和依靠的“大国重器”，仍要大力传承石油精神、弘扬石化企业精神和石化传统，牢记“中国石化生来为党为国家为人民”的初衷，服务国家战略，把忠诚、担当、奉献、奋进作为企业座右铭，保持“朝受命、夕饮冰，昼无为、夜难寐”的斗志，把个人的奋斗梦想、公司的发展愿景融入“为中国人民谋幸福、为中华民族谋复兴”的伟大历史使命中，坚定不移地在党的领导下走中国特色的现代国有企业发展壮大之路。

1.2.2 石化企业精神的内涵

中国石化自成立以来，就自觉传承和发展石油精神，始终以“苦干实干”“三老四严”为基本要求，逐渐形成了具有鲜明行业特征的石化企业精神，锻造了具有鲜明领域特色的优秀企业文化。

石化企业精神的内涵是“爱我中华、振兴石化”。这体现了中国石化人以中华腾飞、国家兴旺、石化振兴为己任的使命担当，体现了中国石化人锻造志存高远、质朴厚重、奉献进取的优秀企业文化的决心和意志。“爱我中华、振兴石化”是石油精神在石化行业的传承和弘扬，是中国石化人的性格和气质，是中国石化红色基因的充分展现。2021 年，在建党 100 周年之际，中国石化挖掘企业红色资源、红色文化、红色基因，并发布了首批“十大红色教育基地”。

① 牢记使命新征程上再立新功 胡庆明；–《中国石油石化》– 2021–08–01

中国石化首批红色教育基地及主题

基地名称	主题
胜利油田红色教育基地	我为祖国献石油
南化公司红色教育基地	民族化工从这里起步
镇海炼化红色教育基地	打造世界一流石化基地
中原油田普光气田红色教育基地	为中华民族争气
江汉油田页岩气开发红色教育基地	打造页岩气开发的中国样本
燕山石化红色教育基地	做党和人民的好企业
上海石化红色教育基地	创新引领行业未来
湖北石油抗疫红色教育基地	为生命救援加油
中国石化东乡红色教育基地	从脱贫攻坚到乡村振兴
广东石油红色教育基地	为美好生活加油

“爱我中华、振兴石化”的石化企业精神包含两个层面：一个是爱国，一个是强企。二者是辩证统一的关系，体现了“大家”和“小家”的和谐发展。

“爱我中华”是石化企业精神的根基，“振兴石化”是石化企业精神的目标。石化人既要爱国，更要强企，既要顾全大局，勇担重任，又要爱岗敬业，奋发图强。努力创造一流的业绩和水平，不断发展和振兴中国石化的能源之业、石化之业、跨国之业①。

“爱我中华、振兴石化”体现了中国石化人一心一意谋发展，创造效益为国家的豪情壮志，体现了与国外大公司论伯仲、比高低、共经纬的坚定信念，体现了石油石化员工立足岗位、知难而进、发展企业、贡献国家、服务社会的责任担当。

新时代，传承、丰富和弘扬“爱我中华，振兴石化”的石化企业精神，仍非常重要。它能够振奋员工精神，激发员工创造，凝聚员工力量,从而为祖国繁荣富强和中国石化发展壮大奋斗不息②。“共和国石油工业的开拓者和奠基人”侯祥麟、“中国催化剂之父”闵恩泽、“时代楷模”陈俊武等石油石化领域的科学家典范，把强烈的爱国热情融

① 企业精神：中国石化的力量源泉 政宣; -《中国石化报》- 2009-12-08

② 企业精神：中国石化的力量源泉 政宣; -《中国石化报》- 2009-12-08

入振兴祖国石油石化工业，以自己的实际行动充分展示了中国石化精神风貌，生动诠释了“爱我中华，振兴石化”的崇高精神。“大国工匠”代旭升、“中华技术能手”景天豪等，作为石化工人永攀科技高峰的典范，诠释了“爱我中华，振兴石化”的石化情怀；“企业管理的老黄牛”李安喜、“把油井当女儿”的刘言等作为石化企业管理人的典范，展现了石化企业管理人苦干实干的石油精神。

伟大的事业需要始终不渝的精神，崇高的精神支撑和推动着伟大的事业。一代代的石化人以“爱我中华，振兴石化”为精神支柱、力量源泉，在新的历史起点上为发展和振兴中国石化事业而不懈奋斗[①]。不论是在过去，还是现在、未来，石化企业精神始终是指引石油石化人拼搏奋进的精神航标。在中国特色社会主义新时代，石化企业更要大力传承石油精神、石化企业精神，深入挖掘精神的时代内涵，不断拓展精神的外延，赋予其新的生命力，使石油精神、石化企业精神永葆时代光辉。

1.3 石化优良传统

1.3.1 石化传统的形成背景

不忘过去，方能面向未来。追溯石化传统的形成和积淀，有助于认识和把握中国石化不断发展前行的力量源泉。石化优良传统的形成是党和国家领导人的亲切关怀、石油石化人艰苦创业的伟大实践、石化行业板块特色文化共同作用的结果。

（1）党和国家领导人的亲切关怀为石化优良传统提供了思想指引

石油石化工业发展，始终得到党和国家领导人的亲切关怀和充分肯定，为石油石化传统的培育和形成提供了丰富的思想源泉，提升了历史地位。党和国家领导人（毛泽东、习近平等）都曾对我国石油石化工业做出过重要指示和部署，甚至亲自莅临石油石化企业视察工作。大庆石油会战的关键时刻，周恩来总理要求石油会战人“要用毛泽东思想指导大会战，用辩证唯物主义的立场、观点、方法，分析解决大会

① 企业精神：中国石化的力量源泉 政宣；-《中国石化报》-2009-12-08

战中遇到的各种问题”，这也成为大庆油田“两论”起家基本功的开端。

在中国石化成立之日，党中央、国务院在致辞中指出：“为了实现党的十二大提出的到本世纪末全国工农业总产值翻两番的宏伟目标”“党中央、国务院经过充分论证，下了最大的决心，把分散在各部门、各地区的39个大中型石油化工企业高度地联合起来，组成全国最大的石油化工总公司”[①]，并强调“国家对你们寄予很大的希望，希望你们在八十、九十年代，为整个国民经济的振兴，作出更大的贡献”。1989年12月，在石化总公司经理（厂长）座谈会上，国务院领导指出：“现在来看，走集团化的道路，就石化总公司来讲，是成功的。”习近平总书记也十分关心国家能源安全。2021年10月21日，他到胜利油田考察工作时作出指示：“中国作为制造业大国，要发展实体经济，能源的饭碗必须端在自己手里。希望你们再创佳绩、再立新功。”这既是对中国石油石化人的亲切关怀，也是对石油石化行业发挥“大国重器”作用的殷切期望。

正是由于党和国家的坚强领导和亲切关怀，中国石化从根基和源头上就继承了党的优良传统和作风，能够坚定不移听党话、跟党走的政治信念，能够遵循以国为重、自力更生、艰苦奋斗、实事求是的价值追求，以党的旗帜为旗帜、以党的方向为方向、以党的意志为意志，把“我为祖国献石油”的理想信念牢牢熔铸于党和国家的前途命运中，为建立发展我国现代石化工业体系、为解决人民吃饭穿衣问题和改善人民生活、为保障国家能源安全和促进国民经济发展作出了历史性贡献[②]。

（2）石油石化人艰苦创业的伟大实践为石化传统奠基了深厚土壤

“一部艰难创业史，百万覆地翻天人”，石油石化的创业发展史，是由石油石化产业工人的伟大实践所书写的一部波澜壮阔的奋斗史。我国石化工业在由小到大、由弱变强的发展过程中，战胜各种困难，跨越各种关口，靠的就是苦干实干、奉献奋进的拼劲和韧劲，靠的就是“精细严谨”的优良作风。

---

① 情系石化——回忆中国石油化工总公司成立的日子 陈锦华；–《中国石油石化》–2005–07–15

② 传承石油精神 弘扬石化传统 赵东；–《中国石化报》–2020–12–16

1949 年底，全国只有 8 台浅井钻机，40 多名石油技术人员，原油产量只有 12 万吨，原油加工能力仅为 17 万吨，石油产品只有 12 种，汽、柴、煤、润滑四大类油产品仅为 3.5 万吨。国内不够用，国际上又遭到帝国主义“石油禁运”的封锁，石油工业成了新中国最薄弱的环节。为了改善这种国民经济发展的不利局面，响应党和国家号召，石油石化人开展了石油大会战、炼厂大会战。

1960 年大庆石油会战率先展开，松辽盆地草原覆盖、沼泽遍地、人烟稀少，数万名石油人一下子涌进了荒凉的萨尔图草原。面对极度恶劣的自然环境和严重匮乏的财力物力，以王进喜为代表的广大石油工人响亮地喊出了“北风当电扇，大雪是炒面，天南海北来会战，誓夺头号大油田。干！干！干！”“有条件要上，没有条件创造条件也要上”的豪言壮语，体现了一种革命乐观主义精神。

1961 年 4 月 16 日以华八井喜获工业油流为标志，发现了胜利油田，胜利油田会战在一片盐碱滩上展开，揭开了华北地区大规模石油勘探开发会战的序幕。老一辈石油人发扬艰苦奋斗、自力更生的精神，住的是地窝子、干打垒，没有水喝就自己打水井，粮食不够就挖野菜、找菜籽，吃的是地瓜干、糠菜团，喝的是盐碱水，边生产边生活、边发展边建设，逐步形成了以“坚定不移的政治信念，以国为重的主人翁意识，以苦为荣的奉献精神，求实创新的科学态度”为主要内容的“胜利精神”①，硬是靠着人拉肩扛、自力更生、艰苦奋斗，建成了我国第二大油田，推动胜利油田建设“从创业走向创新，从胜利走向胜利”。

1967 年，北京大房山下还是一片荒山秃岭，可谓“乱石滚滚满山坡，吃喝都用毛驴驮”。为满足人们衣、食、住、行的需要，以及首都和华北地区对燃料油的需求，从祖国各地会集到这里的广大工人、农民、工程技术人员、解放军指战员和大专院校的师生们，在这个沟壑纵横、杂草丛生的山沟里，展开了一场战天斗地的大会战②，建起了我国自行设计、自行制造的一座大型炼油厂——东方红炼油厂，这也是燕山石化的前身。

---

① 弘扬胜利精神 创造百年辉煌 杨昌江；–《中外企业文化》– 2011–03–10

② 建设东方红炼油厂 索俐；–《中国石化》– 2015–04–15

无论过去、现在还是将来，这种实干作风始终是支撑石化人攻坚克难、不断前行的精神动力，特别是面对打造世界一流战略部署，更要大力传承好石油精神、弘扬好石化传统，激励石化人干事创业、建功新时代。

（3）行业板块特色文化为石化传统注入了丰富内涵

石化行业是一个特殊的行业，包含着众多业务板块，如油田板块、炼化板块、销售板块、工程板块、科研板块等。每个业务板块都有着自己的文化特色，都能结合实际，将石油精神、石化传统融入管理过程。石油精神、石化传统滋养了板块文化，板块文化又丰富了石油精神、石化传统的内涵。

例如，油田板块生产点多且长、野外工作环境艰苦，投资大、风险高，企业文化集中体现为大庆石油会战时期形成的大庆精神、铁人精神，“我为祖国献石油”的报国情怀①，以及“三老四严”“四个一样”“宁要一个过得硬，不要九十九个过得去”的“严细准狠”作风。

例如，炼化板块作业流程复杂、设备密集、生产规模大，以及易燃、易爆、高温、高压、真空、腐蚀、有毒等特点，生产过程中时刻需要精益求精、严细认真，形成了以“精细严谨”为特征的管理精髓，企业文化集中体现为艰苦创业精神、开拓进取意识、认真办事的严细实作风、亲密团结的集体荣誉观，以及积极向上的队伍风貌等。

例如，销售板块经历了从计划经济到市场经济体制的转变，经历了从强调保障供应、稳定市场秩序到注重竞争和效益意识的转变，经历了成品油经营的严格计划管理到逐步开放经营、配置管理。在快速市场化的进程中，销售板块公司为有效调动员工积极性和提升企业市场竞争力，更加强调市场意识、效益意识、竞争意识和灵活机动的战略战术，不断强化人本意识、质量意识，认真践行“每一滴油都是承诺”“易捷万店无假货”的要求，保障了市场供应，取得了良好经济效益。

例如，工程板块在长期的施工作业中，形成了“召之即来、来之

① 中国石化：传承红色基因 凝聚磅礴力量 李晓明；奚震；-《企业文明》- 2021-09-15

能战、战之能胜"的"铁军"作风，为推动石油石化工业发展发挥了重要保障作用。

又如，科研板块在长期的科研工作中，形成了"崇尚科学，求实创新"的精神，推动了创新驱动、科技兴企战略的实施[①]。

再如，管理板块在长期的指导协调、服务保障工作中，形成了"讲政治、讲大局、讲责任、讲奉献，精细严谨、务实创新"的优良作风，为中国石化整体高效运行提供了坚强保证。

1.3.2 *石化传统的丰富内涵*

石化优良传统有着丰富的内涵，具体表现为"家国情怀、求真务实、精细严谨、奉献奋进"。它是石油精神在中国石化的传承和弘扬，是石化企业的文化基因和工作作风，是石化战线的立身之本、创业之魂。石化优良传统为石油石化人提供了强大的精神动力，激励着石油石化人永远奋斗向前。

（1）家国情怀是石化传统的深厚根基

中国石化作为国有重要骨干企业，自成立伊始，就把"爱我中华，振兴石化"作为自己的企业精神，肩负着为国分忧、产业报国的家国情怀，以自觉服务国家战略为己任，以满足国家需要、人民需要、时代需要为追求，全面履行政治责任、经济责任和社会责任，成为党和人民可以信赖和依靠的"大国重器"，体现了石化担当。

在新时代，中国石化响应党和国家领导人提出的"四个革命、一个合作"能源安全新战略，强化政治意识和政治担当，推动大力提升油气勘探力度"七年行动计划"落实落地，统筹国内国外、常规非常规资源开发，积极构建地热、太阳能、风能、氢能等新能源供应体系。积极投身绿色发展，实施"绿色企业行动计划"，打好"蓝天""碧水""净土"保卫战。积极参与国家脱贫攻坚战，建设小康社会。

（2）求真务实是石化传统的科学态度

中国石化是一个知识密集型的企业，有科学的勘探理论、配套的开发技术，有高精度的装置装备、复杂的工艺流程，还有上中下游一

---

① 中国石化：传承红色基因 凝聚磅礴力量 李晓明；奚震；-《企业文明》- 2021-09-15

体化运行的管理模式，需要石化人始终坚持实事求是的思想方法，以求真务实的科学态度从事管理、技术、操作等工作，创造出经得起实践检验的工作业绩[①]。

中国石化历来重视求真务实的科学态度。“三个面向”“五到现场”“马上就办、办就办好”“走基层、访万家”等都是石化优良传统的具体表现。

（3）精细严谨是石化传统的优秀品质

石化传统是中国石化对“三老四严”石油精神的集成和弘扬，中国石化血液里就有“三老四严”的基因，在企业管理上也始终是精细严谨的典范。

中国石化在长期的发展过程中，不断借鉴吸收国际先进企业管理方法，结合石油石化行业的生产和管理特点，突出加强以岗位责任制为重点的生产管理，以全面质量管理为重点的产品管理，以科学严细为重点的设备流程管理，以“三基”为重点的基础管理，形成了“三老四严”“四个一样”“严从细中来，实在严中求”“宁要一个过得硬，不要九十九个过得去”等精细严谨的优秀品格。生产上精耕细作、经营上精打细算、管理上精雕细刻、技术上精益求精。

面对新时代新要求，中国石化清醒认知自身所处的管理阶段，采取了针对性措施，大力推进从严管理、精细管理、精益管理，打造石化管理软实力[②]。“十条措施”和“全员安全记分管理办法”的出台，使中国石化安全管理更加精准有效，彰显了石化人对保持精细严谨优秀品质的新认识和新追求。

（4）奉献奋进是石化传统的实干作风

中国石油石化工业在由小到大、由弱变强的发展过程中，战胜各种困难，跨越各种关口，靠的就是苦干实干、奉献奋进的拼劲和韧劲。在历次的石油大会战、炼厂大会战中，支撑石油石化人攻坚克难、不断前行的精神动力也是奉献奋进的实干作风。可以说，石油石化行业的艰苦工作环境特征，既要求石油石化人能够吃苦耐劳、承受压力，

---

① 汲取智慧力量推进油田可持续高质量发展 孔凡群；–《中国石化报》– 2020-11-05

② 积极践行初心使命 奋力谱写推动更高水平“振兴石化”新篇章 本刊评论员；–《中国石化》– 2019-07-15

有艰苦创业的精神，甘于奉献的品质，也塑造了奉献奋进、苦干实干的石化传统。在新时代，石油石化行业的工作环境已经大为改善，但是仍然需要弘扬石化优良传统，永葆奉献奋进的实干作风。

1.3.3 石化传统的形态特征

总体来说，石化优良传统是一个完整的精神谱系，在形态上表现为“一基两核、四面多维”的特征。

一基，即石化传统的根基是“石油精神”。石化传统是石油精神在石化领域的传承和发展，也奠基了石化传统的灵魂。任何时候都不能离开石油精神谈石化传统。在石油行业，要发扬以“苦干实干”“三老四严”为核心的石油精神，在石化行业同样如此。

两核，即“爱我中华、振兴石化”，也即爱国和强企。这是中国石化的企业精神，也是中国石化的初心和使命；它揭示着中国石化从哪里来，指引着中国石化到哪里去。在中国石化的任何发展阶段，无论石化传统的时代内涵如何变化、如何延伸，都不能离开“爱我中华、振兴石化”的企业精神。

四面，即家国情怀、求真务实、精细严谨、奉献奋进。这是石化传统的内涵，也是石化传统的精神特征，分别展现了石化企业的红色基因、科学态度、优秀品格、工作作风，是石化企业的立身之本、创业之魂。

多维，即各石化企业在长期的发展过程中形成的企业精神和优良作风。如，胜利精神、新星精神、“三创”精神、“三自”精神、“两强”精神、“三勇”精神、“三先”精神、“四心”精神、塔河精神……这些精神和作风，既是石化传统的外在表现，又不断地丰富和发展着石化传统的内涵，推动着石化传统的价值和作用跨越历史、薪火相传。

石化传统的多维特征（部分）

石化传统多维特征	内涵	发源企业
胜利精神	创新、进取、拼搏、求实、协作；从胜利走向胜利，从创业走向创新；我为祖国献石油	胜利油田
“三创”精神	创业、创新、创效	中原油田

续表

石化传统多维特征	内涵	发源企业
塔河精神 “三敢三创”精神	敢为人先，创新不止；敢于探索、敢于拼搏、敢于超越；创新发展、创业报国、创建和谐	西北油田
新星精神	敢为人先、自强不息、为民造福	新星石油
茂化精神	事争第一、追求卓越	茂名石化
“三自”精神	自加压力、自强不息、自我超越	洛阳石化
南化精神	创业、求实、奉献	南京化工
“两强”精神	顽强、图强	湖北化肥
“三勇”精神	勇扛红旗、勇创一流、勇争第一	燕山石化
“三先”精神	先想一步、先干一步、领先一步	金陵石化
“四心”精神	丹心报国、真心实干、匠心至善、同心并力	天津石化
金山精神	艰苦创业、科学求实、团结进取、忘我献身	上海石化
“两办”精神	马上就办、办就办好	长城润滑
塔炼精神	坚守初心、担当使命 奉献边疆、争创一流	塔河炼化
长炼精神 “六种”精神	艰苦奋斗、争创一流；忧乐精神、驼鹤精神、突击精神、铁梅精神、山茶精神、闯将精神	长岭炼化
荆化精神	“一不怕苦、二不怕死”精神、“板车长途运输队”精神、“芦席棚里制氧气”精神、“土法上马”精神、“蚂蚁啃骨头”精神、“造、改、修”精神	荆门石化
“四创”作风	创新、创先、创效、创造	物探院

注：中国石化所属企业众多，由于时间有限，本书仅对部分企业的精神和传统进行了挖掘和梳理。

2 传 承

1949年，中华人民共和国成立，中国开启了历史的新纪元。在战争废墟上崛起的新中国，经济发展、国防建设都急需石油。为了尽快改变依赖“洋油”的局面，中国石油人怀着“我为祖国献石油”的理想信念，掀开了波澜壮阔的石油石化工业新篇章，也诞生了“石油精神”。

中国石化虽然成立于1983年，但是石化精神、石化传统却和石油精神一样，是随着新中国的成立而诞生的。石化精神、石化传统是石油精神在石化领域的传承和发展。

2.1 胜利油田：我为祖国献石油

胜利精神是胜利油田拓荒者斗志与风骨的凝练，经过不同时期、不同阶段和重大事件的凝练，内涵不断丰富，寓意与日俱增，以崇高的价值观回答了时代之问，是新时代引领油田高质量发展的不竭动力。①

1985年，胜利油田党委将“胜利人”具有的“五种精神”（立志改革，开拓前进的创新精神；自觉加压，勇挑重担的进取精神；滚石上山，逆水行舟的拼搏精神；大胆探索，勇于实践的求实精神；同心同德，团结战斗的协作精神）统称为“胜利精神”②。1992年，“胜利精神”被进一步概括为“坚定不移的政治信念，以国为重的主人翁意识，以苦为荣的奉献精神，求实创新的科学态度”。进入21世纪以来，胜利油田形成了“从创业走向创新，从胜利走向胜利”的新时代“胜利精神”。

2.1.1 胜利精神的萌生

那是一个百废待兴的年代，也是一个“贫油”的年代。从1955年开始，誓让中国甩掉贫油帽子的石油地质工作者，在华北地区广袤的原野上展开了艰苦卓绝的找油战役。而一些外国专家断言，在渤海湾

① 档案记录下的胜利精神之光 马铭霞；刘茂诚；宋涛；-《山东档案》-2021-08-15

② 发展胜利文化 建设和谐油田 刘建忠；-《中国石油大学学报（社会科学版）》-2006-02-28

地区找油，恰恰是最没有前途的。

华北一定有油！中国石油人不服输。

从华一井到华七井，虽屡败屡战，但中国石油人信念如磐。南征北战，东西出击，时间在华八井定格[①]。华八井是华北地区的第八口探井，也是在山东东营地区的第一口探井。

胜利油田华八井纪念碑

1961 年 3 月 5 日，当华八井钻至 1195 米，取第二筒岩心时，一块 0.45 米长的褐黑色油砂呈现在人们面前。“好啊！这小宝贝可是比金子还珍贵喽！”时任石油部部长的余秋里看到石油工人从前线连夜送来的油砂后，看了一遍又一遍。

1961 年 4 月 16 日，华八井喷出工业油流，日产原油 8.1 吨，标志着胜利油田的发现，华八井因此被列为胜利油田的“功勋井”之一。华八井的成功，再次验证了陆相生油理论的正确性，打破了西方“海相生油”的垄断，宣告了“华北无油论”的终结[②]，这是对全中国石油勘探事业具有里程碑意义的重大事件。

---

① 五十年展胜利精神 十亿吨树胜利丰碑——胜利油田发现五十年纪略 赵士振；-《中国石化》- 2011-06-20

② 档案记录下的胜利精神之光 马铭霞；刘茂诚；宋涛；-《山东档案》- 2021-08-15

华八井的钻探和试油的成功，实现了华北盆地早期找油的新突破，自此，拉开华北地区大规模石油勘探开发会战的序幕。

1964 年 1 月，在《中央批转石油部党组关于组织华北石油勘探会战的报告》中，中共中央同意石油部组织华北石油勘探会战，并指出“这是继松辽油田大会战之后的又一次重要的会战”，并责成国家经委给予大力组织协助。自此，大庆、玉门、四川等油田积极组织、调集石油队伍，同华北勘探队伍会师，16 个钻井队、17 个地震队，几十个地质分队和数以千计的辅助队伍，总计两万余人会聚黄河入海口，开启了华北石油大会战。

1965 年 2 月 2 日，坨 11 井喜获日产 1134 吨高产油流，全国第一口千吨井诞生。新华社当日播发专电：我国继发现大庆油田后，又一个大油田被发现，它的名字就叫“胜利”。从此，胜利石油人在黄河入海口这片人烟稀少、自然环境极其恶劣的盐碱地上，满怀豪情壮志，迈开了“我为祖国献石油”的豪迈步伐[①]。

华北石油会战工地

胜利油田（东营）誓师动员大会

党和国家领导人对胜利油田的发展十分关心并寄予厚望，密集视察胜利油田。胜利人备受鼓舞、士气猛增，形成了压力越大越想干、担子越重越光荣的好风气。勘探开发成果丰硕，生产建设呈现新局面。在勘探中，为了搞清油田地质储量，必须组织油基泥浆取心，当时世界纪录是法国人用油基泥浆一次取心 55.17 米。1966 年 4 月到 7 月，电 32104 钻井队在上级技术部门帮助下，连续三次创造一次取心 64.65

① 五十年展胜利精神 十亿吨树胜利丰碑——胜利油田发现五十年纪略 赵士振；-《中国石化》- 2011-06-20

米、81.61 米和 102.32 米的成绩，收获率 100%，三次打破世界纪录，3252 钻井队建队 30 多年来，先后创出 26 项全国钻井纪录，1973 年 12 月，又创钻井年进尺 15 万米的全国纪录。

胜利精神是理论和实践紧密结合逐步形成的，是在济阳坳陷这块土地上铸炼出来的。这里地质条件复杂、油藏类型多，被人称为“地质大观园”。广大职工从勘探开发初期起，逐步树立了科技兴油意识，在实践中打破了“华北无油”的谬论，取得了丰硕的成果[①]。

从华北会战起，胜利油田以黄河三角洲地带为主战场，“区域展开，重点突破，各个歼灭”。东营首战拿下胜坨，再战“通、王、惠”，围歼孤岛，发兵滨南，转战临盘、河口，挥师孤东、滨海。每次大会战，都是胜利干部员工在精神领域的大决战。胜利人在黄河入海口这片人烟稀少、自然环境极其恶劣的盐碱地上，满怀豪情壮志，迈开了为国奉献石油的脚步。到 1978 年，胜利油田累计找到 46 个油气田，原油年产量达 1946 万吨，历时 20 余年，建成了我国第二个大油田[②]。

2.1.2　胜利精神的发展

1981 年，在改革开放浪潮的推动下，中国经济迅猛发展。这一年，国务院决定对石油工业部实行原油产量一亿吨大包干政策。石油部把胜利油田列为大包干的试点单位，国家经委、财政部和石油部联合下发文件，当时给胜利油田定的原油包干指标是：1981 年产 1590 万吨，1982 年、1983 年两年均为 1600 万吨。为了确保任务的完成，为国家多找储量、多产原油，胜利油田自觉加压，主动按超产计划来安排工作量，全面建立了指标分解、层层包干的经济责任制，大大激发了干部职工的工作热情和积极性。

孤东会战

① 从大庆精神到胜利精神 龙战宇；–《胜利论坛》– 1999- 10-15

② 档案记录下的胜利精神之光 马铭霞；刘茂诚；宋涛；–《山东档案》– 2021-08-15

“有条件要上，没有条件创造条件也要上”，胜利人发扬战天斗地、以苦为荣的创业精神，攻坚克难，创造出一个个奇迹。

1985年5月4日，石油部在辽河油田召开东部地区勘探战线先进集体表彰大会，授予胜利油田“石油腾飞打头阵，众志成城创大业”奖旗①。在这种背景下，1985年底，胜利油田总结提炼了“五种精神”，即立志改革、开拓前进的创新精神；自觉加压、勇挑重担的进取精神；滚石上山、逆水行舟的拼搏精神；大胆探索、勇于实践的求实精神；同心同德、团结战斗的协作精神。“五种精神”是对当时大包干试点、大会战经验、大发展成果的系统总结和集中展示，搭建了胜利精神的新架构，突出了“改革”“创新”的时代特色，为胜利油田的跨越式发展打下了雄厚的物质、科技和精神基础②。

改革开放以来，石油勘探开发取得新的突破。1984年到1985年，接连打出11口初期日产千吨以上的油井，其中桩古10井初期日产原油3600多吨，为油田开发创新展现了良好的前景。在原油产量大幅度上升的情况下，油建工人积极进取，争创一流。1988年，他们在茫茫的孤岛荒原，以提前140天的速度，质量全优建成孤东联合站，这是当时亚洲最大的联合站。1993年，他们向海上进军，经过半年多的奋战，建成高25米，重1500余吨的平台，在渤海湾顺利下水，创下中国石油史上石油施工企业自造平台进入海洋的纪录③。1991年，胜利油田完钻了我国第一口先导科学水平井，创多项全国纪录和世界纪录。“油田水平钻井成套技术”获国家科技进步奖一等奖，并列入“八五”期间十大科技成果，同时，在经营管理和队伍建设上，各条战线均不断取得新的突破④。

1991年7月，山东省社会科学界联合会组织部分专家学者赴胜利油田考察。他们提出，胜利油田作为我国第二大油田，不仅在物质方面为国家作出了巨大贡献，而且在生产斗争实践中逐步培养了一种具有自己特定内涵和鲜明特点的企业精神，这就是“四句话”的胜利精

① 档案记录下的胜利精神之光 马铭霞；刘茂诚；宋涛；-《山东档案》-2021-08-15

② 档案记录下的胜利精神之光 马铭霞；刘茂诚；宋涛；-《山东档案》-2021-08-15

③ 从大庆精神到胜利精神 龙战宇；-《石油大学学报（社会科学版）》-2000-02-29

④ 从大庆精神到胜利精神 龙战宇；-《胜利论坛》-1999-10-15

神，即坚定不移的政治信念，以国为重的主人翁意识，以苦为乐的奉献精神，求实创新的科学态度。1992 年 6 月 1 日，《人民日报》在《进一步弘扬社会主义的企业精神——山东社科联研讨“胜利精神”》一文中指出，产生于 50 年代的大庆精神和形成于当代的胜利精神是我国石油战线上先后涌现出的两种先进精神形态[①]。

1998 年，国家进行石油石化重组，胜利油田由原中国石油天然气总公司划归中国石化集团公司。1999 年 6 月，国家领导人视察胜利油田，欣然为胜利油田题词：“发扬创业精神，从胜利走向胜利”。

自 1961 年 4 月 16 日发现以来，胜利油田始终牢记初心使命，从“大会战”到“大开发”再到“大市场”，从“高速度建设”到“高水平管理”再到“高质量经营”，胜利油田勇立潮头、奋勇当先，从创业走向创新，从胜利走向胜利，逐渐发展成为我国重要的能源生产基地，为国民经济建设、区域经济发展源源不断贡献“胜利油”，在我国石油工业史上铸就了胜利丰碑[②]！站在新世纪的浪潮上，胜利油田确立了“从创业走向创新，从胜利走向胜利”的胜利精神。

2.1.3 新时代的石油精神

2021 年是胜利油田发现 60 周年，10 月 21 日下午，习近平总书记来到胜利油田勘探开发研究院、胜利油田莱 113 区块，了解油田开发建设历程和研究院总体情况，看望慰问石油工人。习近平总书记代表党中央向为我国能源事业作出贡献的石油工作者们表示崇高敬意，习近平总书记指出：石油能源建设对我们国家意义重大，中国作为制造业大国，要发展实体经济，能源的饭碗必须端在自己手里[③]。希望你们再创佳绩、再立新功。

“站在新起点的胜利油田，必须用无愧前人的新业绩，继续巩固大油田的地位，传承胜利的荣誉。”挑战面前，胜利人给出了这样的回答，并以昂扬的姿态，阔步前进，端好能源饭碗，从胜利走向胜利！

---

① 档案记录下的胜利精神之光 马铭霞；刘茂诚；宋涛；–《山东档案》– 2021-08-15

② 一座“胜利”的丰碑 本报记者 李怀苹；–《东营日报》– 2021-09-29

③ 总书记刚刚来过这里“端好能源饭碗，从胜利走向胜利！”–《油气地质与采收率》– 2021-11-25

2.2 中原油田：科技会战上水平

2.2.1 “金琵琶”奏响创业歌

中原油田是中国历史上第 10 次石油大会战造就的油田。当年，一大批来自胜利、大庆、江汉、长庆、玉门等油田的石油工人，千里迢迢来到中原大地，开始了他们这代石油人的历史使命。如今濮阳城区的胜利路、大庆路、江汉路、长庆路、玉门路等道路的名称，都是为了纪念当年舍家弃业的第一代中原石油人。

东濮石油会战

早在20世纪50年代中期，石油、地质部门就开始了对这块宝地的探测工作，运用重力、磁力、电法等地球物理方法进行地质普查，用了十几年时间，初步查明了区域地质构造的特点。此后，胜利油田、石油物探局、河南油田等又先后在这里进行了地震勘察和钻探工作。

1975年3月，时任河南油田3282钻井队党支部书记的姚鸿斌和队长高夕月率队来到濮阳，担负濮参1井的钻探任务。经过数月艰苦奋战，9月7日，当钻至2607.6米时，一股强大的工业油气流呼啸喷薄而出——中原油田就此诞生了[①]。从此拉开了中原油田勘探开发会战的序幕，第一代中原石油人在东濮凹陷5300平方千米的“金琵琶”上，奏响了一曲艰苦创业的时代壮歌。

2.2.2 科技攻关大会战

1980年，从大庆、胜利、江汉、长庆等油田来的职工，卸下行装就投入紧张的会战中，会战职工由1980年的700多人增加到1982年底的2931人。

1982年3月31日，东濮石油会战指挥部更名为中原石油勘探局，负责豫北、豫东、鲁西地区石油天然气的勘探开发工作[②]，由河南省和石油工业部共同领导，以石油工业部为主。

1982年，时任石油部长康世恩在听取中原油田工作汇报时，提出组织开展科技攻关会战的初步设想。1983年6月13日，油田召开科技攻关会战领导小组第一次会议，“三年科技攻关会战”由此打响！三年攻关会战期间，中原油田和诸多科研院所及大型企业建立科技协作关系，从国外引进地质化验分析、计算机系统等方面的技术设备，有80多家国外公司派出技术人员到油田进行技术交流和合作。油田的勘探开发有所突破、油田生产建设成果显著、油田技术水平明显提高，创出了油田勘探、钻井、开发、建设四项新水平。三年来，每年增产原油量90~150万吨，增长速度居全国各油田首位，一举跻身全国大油田的行列。

1987年9月，胡状、庆祖钻井会战开始。本次会战组织了22个钻井队，共钻了115口井。1988年5月20日，油田开展为期40天的

---

① 中国石油战略大起底（一）石油资源储量4_山大商院化超物流 –（http：//blog.sina.com）

② 中原油田发现井 _renhe1958 –（http：//blog.sina.com）

“7644 会战”。会战不仅在油田层面展开，各个油气生产单位也组织了不同时段的增产会战。1987 年 6 月 18 日，原采油二厂开展“奋战二百天、突破三百万吨”夺油增产会战。职工家属们战烈日、斗雨天、假不请、亲不探，集中精神为增产，全厂原油日产完成 8000 吨。

1991 年 10 月 18 日，中原石油勘探局与吐哈石油勘探开发会战指挥部签订石油会战协议书，中原石油勘探局派遣 10 个钻井队及部分专业后勤队伍和必要的辅助设施参加吐哈石油会战。

2003 年 1 月 13 日，油田成立“十五”三年科技攻关会战领导小组，下设油水井套管损坏防治技术等八个会战项目协调组。先后完成了套管内定向开窗侧钻定向井、多靶小井眼侧钻定向井、小井眼侧钻水平井等 300 余口，取得了较好的经济效益①。

2011 年，中原油田年产油气当量首次突破 1000 万吨，跨入中国千万吨级油气田行列②。

一代又一代中原石油人前赴后继、攻坚克难、锲而不舍，在黄河两岸、巴山蜀水、内蒙古草原，在西部大漠、渤海之滨、南国边陲，在亚洲、非洲、拉丁美洲，奏响了逐鹿中原、立足中原、走出中原、发展中原的雄浑乐章。

从开发建设初期“国家发展等油用”的挺身而出，到如今保障国家能源安全再次挺起脊梁，中原油田从无到有，从小到大，成长为集油气勘探开发、炼油与天然气深加工、石油工程技术服务等优势于一体的特大型国有企业，发展成为我国能源领域重要的石油天然气生产基地③，砥砺奋进再谱新篇章。

2.3 河南油田：中华世纪坛上的油田

河南油田的发展历程是一幅艰苦奋斗、波澜壮阔的历史画卷。在那个激情燃烧、英雄辈出的年代，创业者以“石油工人一声吼，地球也要抖三抖”的豪迈气概，铸就了河南油田辉煌的历史。

① 深井小井眼套管开窗套管锻铣侧钻工艺操作规程（精编）.doc –（https：//www.mayiwenku.com）

② 中国石油战略大起底（一）石油资源储量 4_ 山大商院化超物流 –（http：//blog.sina.com）

③ 奏响石油创业发展的时代强音 –《濮阳日报》– 2021–06–28

河南油田勇往直前的步伐永无止境。逐鹿中原，发现亚洲储量第一的桐柏碱矿、叶县盐矿。跨过黄河，发现中原油田。挺进新疆，建成宝浪油田。砥砺前进，承接新疆春光油田。迎难而上，建成新疆、南阳两大油气开发生产基地，为我国石油工业和社会经济发展作出了积极贡献。河南油田被镌刻在“中华世纪坛”上，被授予“全国地质勘察功勋单位”荣誉称号[①]。

2.3.1 黑色油龙横空出世

1970年4月20日，燃料化学工业部副部长康世恩、勘探司负责人焦力人签发了《关于开展鄂西、豫西、湘西等五个地区区域勘探工作的通知》。同月召开了对南襄盆地着手勘探的“三西”会议，具体部署了“三西”的勘探工作。

接到“奔赴南阳盆地钻井找油”命令的五七油田会战指挥部四分部十三团3282钻井队翻过桐柏山，越过唐河，迁移到白河岸边的新野，于当年6月30日竖起了南阳盆地第一部钻井井架，开钻了第一口探井——南1井。至此，南阳盆地吹响了整个河南寻油的号角。

同年10月30日，钻井队打下第二口探井——南2井，完钻井深2032米，证实南阳凹陷具有良好生油条件。1971年2月5日，钻井队打下第三口探井——南3井，在古近系核桃园组发现7层17米油迹显示。1971年7月30日，南4井开钻，完钻井深2900米，发现下第三系核桃园组有11层15米油迹显示[②]。

鉴于良好油层的发现，十三团所属3249钻井队承钻了南5井的施工任务。井队员工多数都是参加过大庆、四川、江汉石油会战和当年刚脱掉军装的解放军战士，在他们身上，保持着苦干实干、三老四严的石油精神和听党指挥、服务人民、英勇善战的人民军队的优良传统。

河南油田南5井

① 南5井：牵回来“三只大肥羊”李月清；–《中国石油企业》– 2021-07-25

② 南5井：牵回来“三只大肥羊”李月清；–《中国石油企业》– 2021-07-25

搬迁安装，会战指挥部成立党员突击队，没有大型起重和运输设备，就人拉肩扛，架子车也派上了用场。为把不能分解且吊车也吊不动的大件设备及时搬走，工人们就事先挖好地坑，让汽车倒入坑内，将车厢板和地面找平，工人们用撬杠把设备撬到车上，拖拉机再把汽车拖出地窝子，卸车时也如法炮制。就这样，一件件数吨重的设备在规定时间内送达井场。

在“白天肚饿闹饥荒，夜里透过芦席棚瞅月亮”的艰苦条件下，一刻不停地向地层深处钻进，钻至 2397.48 米时，终于见到了期盼已久的油砂。

1971 年 8 月 7 日，南 5 井在试油作业提捞求产中，捞深 1150 米，喜获日产原油 2.94 吨的工业油流。

当天，正在国务院开会的康世恩接到电报，按捺不住激动的心情，直接在会场作了汇报：“南阳发现了工业油流，河南是我国第 16 个出油的省份！”①

南阳油田的横空出世，打开了河南的“出油开关”；发现了储量巨大而国内短缺的地蜡，解了国内许多生产单位的燃眉之急。

2.3.2 寥天野地创造奇迹

伴随着《我为祖国献石油》的激昂旋律，数万名建设者从全国各地聚集到南阳。1972 年 5 月 1 日，在新野县北边沙堰公社的一个废弃的良种场空地上，南阳石油勘探指挥部成立大会隆重召开。

石油工人把四台大卡车的槽板卸下来拼凑成了一个主席台，从四面八方赶到现场的石油工人就站在荒草地上开会，这里响彻着石油工人铿锵的誓言。

河南油田工人的“旧工装”

会战初期，生产生活条件简陋。9 部乌德钻机、百十台附属设备和不到 200 平方米的芦席棚子，就是全部家当。指挥部机关设在芦席棚里，与石油工人朝夕相处。

① 河南油田：喜看中原腾“油龙”本报记者 归欣；–《河南日报》– 2019–08–29

1973 年 11 月，石油工业部决定将南阳石油勘探指挥部改为河南石油勘探指挥部。河南石油人跑遍了全省 25 个中小盆地，结果“翻”出来濮阳油田和泌阳油田，河南牵回来“三只大肥羊”。以产煤闻名的河南省成了全国第五大产油省。

1977 年春，依照国务院的决策，到年底，南阳魏岗、双河油田建成投产，形成年产能百万吨规模。其中，32775 钻井队一个月就创造了 6 项钻井新纪录。

1978 年，河南油田人发扬“铁人精神”，拼搏向上、艰苦奋斗，全年生产原油 167 万吨，助力当年全国原油产量突破 1 亿吨大关①，达到 1.04 亿吨。

1979 年 9 月 26 日，《人民日报》头版头条“热情推介”：“南阳油田高速建成投产，对中南地区的现代化建设具有重要意义。”

逐鹿中原、跨过黄河、挺进新疆，数不清的老一辈石油人，为了国家的石油建设，从未停下前进的脚步。河南油田的“油”二代、“油”三代们继承和发扬石油人的优良传统，扛稳国企责任，不断开拓未来，涌现出了全国劳动模范部向东、张海斌，中国石化技能大师、感动石化人物景天豪，中国石化集团公司“科技创新领军人才”马宏伟等榜样，他们拼搏奋斗，用干劲和闯劲激励更多员工，成为新时代河南油田人的精神丰碑。

2.3.3 石油精神接力传递

河南油田承接新疆春光油田，原油年产量重上 200 万吨，油田发展迈上了一个新台阶。石油专业化重组，进入了石油工业新时代。河南油田立足南阳，内外兼顾，巩固已有市场，迈向外部市场，开启了发展的崭新篇章。

2004 年 12 月，河南油田钻井公司首次中标尼日利亚壳牌钻井项目。从此，钻井人在海外市场，开创了河南油田整编制出国打井的新纪元。当年底，壳牌公司在为其服务的 30 多支多国钻井队中，唯一指定成绩显著的河南油田钻井公司 70119 钻井队，代表其参加全球的 ISO 14001、OHSAS 18001 的认证取证。一时间，中石化河南钻井在尼

---

① 河南油田：喜看中原腾“油龙”本报记者 归欣；–《河南日报》– 2019–08–29

日利亚、在壳牌公司声名鹊起。

有了尼日利亚的战绩，河南钻井一发而不可收。在苏丹、埃及、印尼、科威特、沙特，打出了震惊国际石油施工市场的河南钻井品牌。

2009 年 9 月 8 日，河南油田在中石化新一轮区块调整中获得了准噶尔盆地和伊犁盆地 5 个探矿区块，总面积约 748 平方千米。10 月 10 日，河南油田承接新疆春光油田，2010 年即生产原油 47 万吨，这是河南油田时隔 15 年之后，原油年产量重上 200 万吨。

时光的指针回到 2014 年，这一年注定是要被石油人铭记的一年。开采了近 50 年的河南油田，迎来了前所未有的“寒冬期”。面对资源接替不足、人多油少、生产成本压力大等困难，河南油田人全力以赴“战寒冬求生存谋发展”，取得了好于预期的经营业绩。

2020 年，河南油田人吹响了“以奋斗者为本，为生存而拼搏，为发展而超越”的前进号角，毅然扛起了保障国家能源安全、引领我国石油化工高质量发展两大核心职责，围绕油气主业，充分发挥自身技术、人才、队伍和管理优势，不断拓宽油田生存发展空间。

历史不会忘记。在那艰苦卓绝的岁月里，老一代石油人胸怀“我为祖国献石油”的远大理想，齐聚南阳盆地，风餐露宿，无私奉献，为当年国家原油产量上亿吨作出了巨大贡献，他们的业绩将彪炳史册。河南油田必将昂首阔步迈向更加灿烂的明天！

2.4　江苏油田：油井打在花园里

江苏历史悠久，景色优美，山川平原，错落有致，江湖河海，布局谐美。人文资源丰富，名胜古迹众多，故人们形容在江苏勘探石油，犹如“油井打在花园里”。油田机关驻地江都区邵伯镇，距今已有 1500 多年历史，曾是京杭运河上著名的“大码头”。

中国的东部、南部、华东地区和长江以南地区，历史上燃料是比较缺乏的，煤、石油、天然气都不够用。特别是工农业发达的长江沿岸，极缺能源，解放以前这里成为国际“洋油”的倾销市场[①]。

---

① 江苏油田 –《网络（http：//www.hudong.com）》

20 世纪 30 年代，江苏地区开始石油地质考证和考察。1934 年，地质学家翁文灏首次提出“长江各省亦有油田之望”的观点[①]。20 世纪 40 年代至 50 年代初，由于苏南、苏中、苏北相继发现油苗和气苗，地质工作者开始在江苏地区进行早期的石油地质勘查。1955 年初，国务院批准了地质部第一次石油普查会议关于在全国范围内开展战略性的石油普查勘探的建议。1956 年 2 月，地质部第二次全国石油普查工作会议决定华东地质局组建队伍，开展苏、浙、皖三省毗邻地区石油地质调查工作[②]。

1958 年 2 月，国家领导人在听取石油化学工业部工作汇报时，对江苏石油工业的发展提出了殷切希望：“江苏要是有一吨油，就可以说江苏有石油工业了”，“苏北要增加工作量，这个地方如果搞出油来，那对沿海一带很有好处”，“苏北如果找到油，年产 100 万吨，就值得大搞”。这些指示从战略思想和工作原则上，给江苏石油工业指明了前进的方向。

1958 年 12 月，中共江苏省委成立了石油勘探规划领导小组，统一协调地质部、石油部在江苏地区的石油普查勘探工作，研究确定了“以苏中、苏北为重点，兼顾苏南”的普查方针。1970 年 9 月，苏 20 井试获工业油流，苏北油气普查实现了战略性突破。1974 年 11 月，苏 58 井试获日产 56 立方米工业油流，发现真武油田；1974 年 12 月 10 日，东 60 井在阜一段试获日产原油 7.30 吨，发现刘庄油气田。1975 年 3 月 11 日，石油化学工业部与中共江苏省委商定，为加速江苏地区的石油勘探开发，决定组建江苏石油勘探开发会战指挥部，在会战期间实行部与省双重领导，以部为主。1975 年 4 月 23 日，石油化学工业部在北京召开江苏石油勘探开发会战指挥部成立大会[③]。

大会结束后的短短 104 天内，从胜利、长庆、四川等油田参加会战的职工已有 3856 人到达工区。会战人员住进了 25000 平方米的席棚房和 120 栋活动板房。

---

① 水乡油田 _ 江苏油田 –《网络（http：//www.xici.net）》

② 中国陆上油田简介 _ 天上的云 –《网络（http：//blog.sina.com）》

③ 江苏油田 –《网络（http：//www.hudong.com）》

江苏石油勘探开发会战
指挥部成立大会

江苏油田第一口井开钻
典礼大会现场

1975 年 7 月 20 日，会战的第一口井——真 6 井开钻。四川来的 3244 钻井队，7 月 26 日中午到达永安前线，下午 3 时就把请战书送到钻井处，第二天凌晨 4 点就起床参加挖泥浆池的“小会战”。真 6 井同年 12 月 26 日投产，井深约 2300 米。投产初期自喷，日产 40 吨，不含水，使江苏石油人抱上了第一个属于自己的“孩子”，也奠定了江苏油田的基础。这一年，真武油田试产原油 6176 吨。

参加会战的老石油人回忆起当时的场景感慨万千：会战职工不分工种，不分职务，男女老少一起上阵，充分利用水网地区的特有条件，积极开展水陆联运。抢晴天，战雨天，六月、七月两个月就组织了七次会战。每次都是领导带头，人抬肩扛，修路保车。天不亮出工，天擦黑才散。现场吃饭，边吃边干。石油会战的气氛，深深感染了当地群众。

会战初期

真 6 井

随着江苏石油勘探开发会战的全面展开，又陆续从新疆、青海、江汉等油田抽调一批职工进入江苏。到1975年底，一支拥有5050名职工的会战队伍，集中兵力在真、永战场。一个充满生机的水乡油田的雏形，出现在了江苏大地。

经过江苏石油人的不懈努力，江苏已建成了一定规模的石油基地，正不断地为我国的油气生产出力。

1998年，中国石油化工集团公司决定，安徽石油勘探开发公司并入江苏石油勘探局。始建于1970年的安徽油田，当年有职工2600多人，年生产原油8万吨。并入江苏油田后，加快了苏皖乃至整个下扬子地区油气勘探开发进程，实现了南方石油工业的大发展。2000年1月，设立江苏石油勘探局、江苏油田分公司；2012年12月，按照集团公司整合重组统一部署，设立江苏石油工程有限公司并独立运行。江苏油田现如今油区主要分布在江苏、安徽两省6个地市15个县（市、区）58个乡镇。

牢记党和国家的嘱托，江苏油田走过了一段从无到有、从小到大、从弱变强的发展历程。江苏石油人用信念、担当、奉献在江淮的鱼米水乡矗立起了一片石油工业的文明。

2.5 江汉油田：云梦古泽战天地

万里长江冲出三峡，孕育出神奇的江汉平原。20世纪50年代，著名地质学家李四光根据地质构造分析，认为江汉盆地是我国石油勘探的远景地区。随着国内经济建设对石油的迫切需要，勘探队伍开进云梦古泽。

江汉油田地处美丽富饶的江汉平原，本部设在湖北省潜江市，北临汉水，南依长江，东距九省通衢之都武汉150千米，西距历史文化名城荆州60千米，地理位置优越，交通条件便利。江汉油田是我国中南地区重要的综合型石油基地。油田主要分布在湖北省潜江、荆州等7个市县和湖南省衡阳市①。

① 中国各大油田信息汇总（三）.doc –《网络（https：//www.mayiwenku.com）》

2.5.1 战天斗地建成百万吨级油田

江汉石油勘探指挥部早在 1965 年就已成立并开始勘探。

1969 年，“珍宝岛事件”发生，战争阴云笼罩祖国大地。为满足战备需求，党中央、国务院批准开展江汉石油大会战。1969 年 8 月，五七油田会战指挥部成立[①]。

江汉石油大会战

大会战上，活跃着一支女子地震队，这也是石油系统第一支女子地震队，100 多名队员都是 20 岁出头的年轻姑娘。地震队的工作是将炸药埋在地下引爆，人工制造小型地震，通过接收、检测、分析地震波来探明地质情况。这项工作苦、累、脏，每个姑娘都要扛几十斤重的炸药或设备，一年四季在野外奔波[②]，每天要打 120~160 口井，用来埋炸药“放炮”。女子地震队队长汪永菊感慨地说：“劳动强度太大，一顿能吃半斤米饭”，但姑娘们从不叫苦喊累，她们在野外地震战场上尽情地挥洒着青春的汗水，把芳华留在泥泞的稻田和沼泽地。

1974 年腊月二十九，地震队队员们提前完成了月度施工任务，大家都以为能在除夕当天赶回家吃年夜饭。没想到上级在检验当天工作时，发现有 0.2 千米的剖面曲线不太清晰，可能验收不合格。汪永菊与队员们纷纷表示：我们“红旗标杆队”绝不能留下问题回家过年。除夕那天，顶着漫天大雪，近百人到沼泽地里打井布线，雪水渗进检

① 一场石油大会战 精神传承半世纪 湖北日报全媒记者 彭一苇，通讯员 刘力；–《湖北日报》– 2021–04–12

② 一场石油大会战 精神传承半世纪 湖北日报全媒记者 彭一苇，通讯员 刘力；–《湖北日报》– 2021–04–12

波器导致故障不断，队员们把一个个检波器插头放进棉衣里捂干再用。

干完活已是除夕深夜，大家拖着疲惫的身子走在一片漆黑的野地里，只有两束手电筒的光照着前路。“我至今记得那两束光。人有了理想信念，就能在关键时候以大局为重，看淡自我。”汪永菊说。

近 3 年的大会战，这样的故事数不胜数。江汉石油人拼命奋战，共打井 1000 多口，新增探明储量 4599 万吨，建成了 100 万吨原油年产能力的江汉油田、250 万吨年炼油能力的荆门炼油厂，江汉平原成为我国南方重要的石油勘探开发基地。

大会战虽然胜利了，但江汉油田的奋斗历程才刚开始，特别是在计划经济向市场经济转变的过程中，稳产量与求发展一直是油田面临的最大挑战[①]。

现年已 75 岁的刘又庭，是江汉油田关心下一代工作委员会（以下简称“油田关工委”）“五老”宣讲团成员之一。在给下一代讲起当年的江汉油田奋斗故事时，他仍激动不已。

刘又庭 1973 年退伍转业到油田，当了一名钻井工。在潜江王场的井队上，起钻下钻，搬动 100 多斤的大钳，不停地松紧钻杆丝扣，一个班次 8 小时，壮小伙一天得吃四顿饭。井队还经常要转移钻井地点，那时油田最大的吊车只能吊 5 吨，很多设备只能用人拉肩扛，这种“搬家”最累人，还隔几个月就要来一次。“每个月 54 斤的粮食定量，刚刚够吃。”刘又庭回忆。

1987 年，机关抽签决定各科室蹲点井队。已任宣传科长的刘又庭抽到 32810 井队，该井队当时事故多、效率低、亏损大，在油田 21 支井队中排倒数第一名。

“我当兵一年就入党，碰到困难肯定要上。”到了 32810 井队，刘又庭找问题症结，然后对症下药，开干部约谈会，逐一解决思想问题，鼓舞干劲；在井队中树立劳动榜样，组织去其他井队参观，定目标、学先进。不到一年时间，32810 钻井队就一跃成为标杆队。

这种身处逆境不服输的韧性正是江汉油田的标志。先天不足的江

① 一场石油大会战 精神传承半世纪 湖北日报全媒记者 彭一苇，通讯员 刘力；–《湖北日报》– 2021-04-12

汉油田，在改革开放初期率先“走出去”，在市场大潮中搏击，创造了多个石油行业的第一。

1986年，江汉油田以区块总承包方式，承包了胜利油田山东寿光境内八面河油田的勘探开发建设，是我国石油开发模式的一次创新。仅仅用了三年时间，到1989年，八面河油田已具有年产百万吨能力。至此，江汉油田拥有了两个百万吨级油田。

1995年，从加拿大引进第一套漂粉精生产装置。如今，油田产“水杉”牌漂粉精远销80多个国家和地区，江汉盐化工成为亚洲最大的消毒剂生产企业。

1998年，江汉油田与长庆油田签订合作开发陕西坪北油田协议，仅用半年就成功开发生产，开发经验在全国推广。2001年至2014年，坪北油田连续14年稳产17万吨[①]。

2.5.2 首创页岩气立体开发调整技术

一方气，用长达亿年的时光，见证当下的奋斗奇迹。

一次出征，用坚定不移的脚步，丈量祖国的最美河山。

江汉人用一生，践行一个诺言——为祖国找油找气，这最质朴的信念因忠诚执着而光芒万丈。

长江与乌江交汇处，重庆涪陵区边界有一个小镇，因遍布灰黑色的岩石而得名“焦石镇”。但最初，绝大部分人都还不知道，这个深山里的小镇正悄然涌动着中国页岩气的第一股春潮。

20世纪60年代，12万大军荒原会战，建起了南方重要石油勘探开发基地江汉油田。半个多世纪里，石油石化人一次次出征。从江汉油田到涪陵页岩气田，油气报国的誓言铮铮，石油会战的精神代代传承，推动涪陵页岩气田累计产量达到400亿立方米。

2012年，中国石化页岩气开发队伍挺进武陵深山。

2012年11月28日，焦页1井试获20.3万立方米高产工业气流。这是在一次次压力重重的尝试后迎来的曙光——中国的页岩气可以实现商业开发了！[②]

---

① 一场石油大会战 精神传承半世纪 湖北日报全媒记者 彭一苇，通讯员 刘力；–《湖北日报》– 2021-04-12

② 江汉油田页岩气开发红色教育基地：打造页岩气开发的中国样本 符慧，雷丽；–《中国石化》– 2021-12-15

在石油石化人的笑与泪中，中国翻开了页岩气商业化开发的序章，成为除北美地区，第一个实现页岩气商业开发的国家。

新时代召唤新作为，新战场要有新打法。中国石化首创页岩气立体开发调整技术体系，涪陵调整区采收率最高提升到39.2%，达到国际先进水平。

油田还自主研发了网电式钻机、全电动压裂机组、连续油管作业车等装备，关键装备全部实现了国产化。以前要花20万元买的桥塞，国产化后只要2万元。页岩气开发的链条全面打通，以科技自立自强保障国家能源安全[①]。此外，江汉油田还牵头总结、提炼国内首个页岩气勘探开发井控实施细则等多个标准，为行业发展提供可复制推广的经验。

2021年10月，涪陵页岩气田累计产量站上了400亿立方米台阶，日产气近2000万立方米，可满足4000万户家庭日常用气需求。2000年以来，江汉油田首次在鄂西、渝东地区发现页岩气。涪陵百亿方页岩气田开发建设后，江汉油田迎来了大突破、大跨越的历史机遇[②]。

2.6 茂名石化：愚公移山创业艰

茂名石化，始建于1955年5月，位于粤西的海滨城市——茂名。这座城市因茂名石化被誉为“南方油城”。60多年来，一代代茂名石化人时刻听从党的召唤，以国家需要为第一需要，怀着“我为祖国献石油”的豪情壮志，高唱“爱我中华、振兴石化”的主旋律，在坚决完成国家赋予的使命[③]的同时，也实现了自身的三次飞跃式发展，正在朝着打造世界一流企业、“百年老店”的新时代目标前进。同时，也铸就了“自力更生、艰苦创业”“艰苦奋斗、自力图强、严细求实、团结创新”“事争第一、追求卓越”等不同发展时期的茂化企业精神，成就了“三必须”“四个一次”“五精”等严实精细的管理作风。

2.6.1 “自力更生、艰苦创业”

“自力更生、艰苦创业”是茂名石化创业时期的企业精神。从新中

① 江汉油田页岩气开发红色教育基地：打造页岩气开发的中国样本 符慧，雷丽；-《中国石化》-2021-12-15

② 江汉油田页岩气开发红色教育基地：打造页岩气开发的中国样本 符慧，雷丽；-《中国石化》-2021-12-15

③ 茂名石化建厂60周年_茂名阿峰 -《网络（http：//blog.sina.com）》

国成立到大庆油田诞生前的这段时期，是新中国石油工业最困难的阶段。茂名，因富含油页岩而引起了党和国家领导人的重视。党中央、国务院于1955年初决定开发茂名油母页岩。1956年4月25日，毛泽东主席在著名的《论十大关系》中专门提到茂名“人造石油”：“我们应当尽量利用可能的时间，使沿海工业有所发展。……比如大连有造船工业；唐山有钢铁工业，有建筑材料工业；塘沽有化肥厂；天津有钢铁工业，有机器工业；上海有机器工业，有造船工业；南京有化学工业，还有许多其他工业；现在我们准备在广东的茂名（那地方有油页岩）搞人造石油，那也是重工业。”①

周恩来总理亲笔批示在茂名建设油页岩炼油厂，并将其列为我国“一五”期间156个国家重点建设项目之一，这也是当时广东省唯一的国家级建设工程。1957年9月3日，国务院在《关于茂名页岩油厂设计任务书的批复》中，指出“建设进度应根据长期计划和年度的安排确定”，并对制氢、加氢精制、催化剂重整等车间建设要求做出“建设和不建设这三个车间的不同方案”，还对炼油厂的“防空措施”“露天矿隶属”“设备国产化”“节约投资”等问题给予亲切关怀。这体现了党和国家对石化企业的重视，也为石化优良传统的形成提供了思想指引。

茂名石化，最早称为茂名页岩油厂，是在“地上不长草，地下藏着宝”的荒原上进行的。茂化人在没有城镇做依托的艰苦条件下，在苍凉荒芜的原野上安营扎寨，住茅草棚、睡大通铺、吃粗杂粮、喝矿坑水，不讲条件、不计报酬，怀着“我为祖国献石油”的豪情壮志，团结拼搏，克难制胜，艰苦创业，展开了“挖矿取宝炼石油”的大会战。茂名油页岩矿最后一任矿长黎安兰老人曾回忆说：上万名科技人员、技术工人和民工组成建设大军，用锄头畚箕加扁担，靠肩挑手提板车拉，在雷打岭附近上演了一出现代版的“愚公移山”。②

1957年茂名大头岭兴建起页岩干馏试验厂，1958年第一次产出页岩油。1960~1963年，第一套常减压蒸馏装置建设期间，自力图强的

---

① 茂名石化：新中国自主建设的第一批石化企业《网络（https://static.nfapp.southcn.com/content/201909/26/c2659450.html）》

② 中国第二大露天矿坑的第二春 本报记者 郭舒然，贺林平；–《人民日报》– 2018–02

茂名石化人克服重重困难，演绎了一个个“没有条件创造条件也要上”的动人故事，特别是在装置建设的决战阶段，从厂领导、技术人员到工人共 1900 多人日夜奋战在工地上，实现了由加工“人造石油”向加工天然石油的转变。

羊城晚报

YANGCHENG WANBAO

29

茂名頁岩油厂向毛主席报喜

首次提炼出頁岩油

1958年5月29日《羊城晚报》刊出

《羊城晚报》报道茂名页岩油厂首次提炼出页岩油

茂名石化因油而生，因油而兴，成为我国打破西方石油封锁的一个突破口。它的建设，结束了华南地区没有石油工业的历史，为我国甩掉“贫油”的帽子作出了应有的贡献。1993 年 9 月 25 日，到访的党和国家领导人为茂名石化题词：“弘扬艰苦创业精神，谱写石化发展新篇”。

左上：为厂区原始地貌
左中：为页岩油公司筹办处厂牌
左下：为页岩油试验炉
右上：为筹建处在阳春开办农场，自力更生解决职工生活问题
右下：为第一套常减压蒸馏装置

2.6.2 “艰苦奋斗、自力图强、严细求实、团结创新”

“艰苦奋斗、自力图强、严细求实、团结创新”是茂名石化三次跨越式发展时期的企业精神。

（1）第一次跨越式发展

1961年，第一套常减压蒸馏装置建成投产，极大鼓舞了茂名石化广大干部职工。面对资金不足、建设队伍撤走等重重困难，他们做大炼油的决心不动摇，干劲不减，坚持自力更生，扩大自己的工程设计和建设队伍，集中一切财力、物力上新装置。

1966~1984年，茂名石化不断改进与创新，实现了由单一燃料型炼厂向“燃料－润滑油”型炼厂的转变；公司原油一次加工能力达到600万吨/年，成为当时中国南方最大的炼油基地。到1998年，第四套常减压蒸馏装置（500万吨/年）建成投产，成为国内首家千万吨级炼油企业，实现了第一次跨越式发展。

（2）第二次跨越式发展

上大乙烯，充分利用资源，提高企业竞争力，是茂名石化人的夙愿。1992年茂名30万吨/年乙烯工程获国务院批准，被列入国家“八五”重点建设工程。该项目1993年开工建设，采用“主业＋监理”管理模式，工程建设指挥部、监理、设计、施工、供应、外商“六位一体”，实施了4个“百日会战”，克服了工期短、投资大、场地小、交叉作业多、施工要求高等困难，仅用33个月就建成中交。为我国大型乙烯工艺技术与设备国产化工业化应用探索出一条现实路径，实现了第二次跨越式发展。

（3）第三次跨越式发展

为满足国家油品质量升级的需要，抓住机遇实现大发展，2008年茂名石化提出建设油品质量升级改造工程，将发展目标确定为“率先建成世界一流大型炼化一体化企业和石油化工产业基地”，制定了“三步走”的发展战略：

第一步，全力加快炼油改扩建工程建设，实现第三次跨越式发展；

第二步，调优装置结构，盘活存量资产，全面提高发展质量与效益，炼油、化工达到世界先进水平；

茂名30万吨/年乙烯工程
建设指挥部成立
（1992.8.15）

30万吨/年乙烯工程开工
锅炉点火成功
（1995.11.28）

100万吨/年乙烯改扩建工程
竣工
（2006.7.28）

百万吨/年常减压蒸馏装置
建成投产，原油一次加工
能力达到2350万吨/年
（2012.12.5）

第三步，大力实施差异化、绿色低碳，创新驱动发展战略，炼油做强做大、化工做特做优、整体做“深”做“绿”，实现打造世界一流目标。

茂名石化的美好愿景和科学规划使广大干部职工受到了极大的激励。面对油品质量升级改造工程，在运行装置中见缝插针施工，量大面广，场地狭窄，地基处理难度大和时间紧、任务重、标准高等挑战，茂化人发扬“以我为主、只争朝夕、超常工作、克难攻坚”的精神，科学组织、精细管理、团结奉献，保安环、保质量、抢时间、争速度，2012 年 12 月，原油一次加工能力达到 2350 万吨 / 年，实现了第三次跨越式发展。

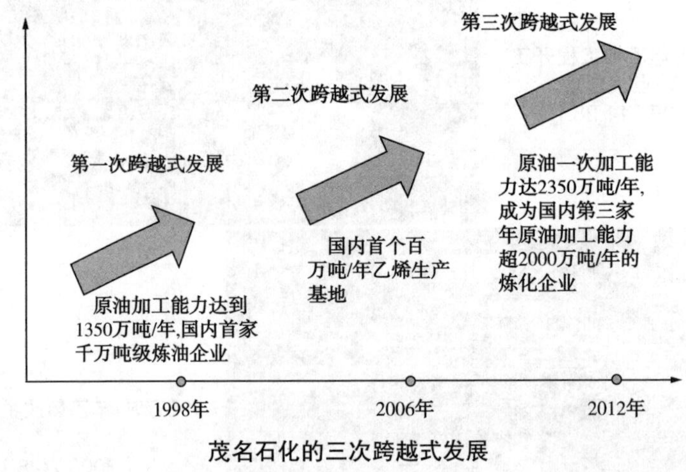

茂名石化的三次跨越式发展

2.6.3 “事争第一、追求卓越”

茂名石化的历史是我国石油化工工业发展的缩影，经历了一穷二白条件下创业的豪迈与艰辛，经历了计划经济体制下成长的快乐和烦恼，经历了改革开放形势下转型的阵痛与喜悦，经历了社会主义市场经济环境下发展的攻坚与顺畅。①

茂名石化在 60 多年的发展过程中，以追求卓越为目标，创下了许多个“第一”。在进入中国特色社会主义新时代后，茂化人发挥企业优良传统，把“事争第一、追求卓越”作为企业精神，怀着满腔的热忱，

① 茂名石化建厂 60 周年 _ 茂名阿峰 –《网络（http：//blog.sina.com）》

向着实现“率先建成人民满意、世界一流大型炼化一体化企业和石油化工产业基地”的目标奋勇前进。

茂名石化的“第一”

1955 年	油页岩炼油厂是广东省第一个国家级建设工程
1978 年	在国内率先引进现代化的加氢裂化炼油装置
20 世纪 80 年代末	国内第一套 25 万吨级海上原油接卸系统
1998 年	我国第一个千万吨级炼油厂
1999 年	国内第一套国产化年加工能力 200 万吨的渣油加氢脱硫装置建成投产
2006 年	我国第一个百万吨级乙烯生产基地
2014 年	建成国内最大的煤制氢装置并投产
2014 年	汽油产量居中国石化第一，成为首家向广东市场供应国Ⅴ汽油的企业

2.6.4 “严实精细”的茂化作风

茂名石化的企业管理是从学习苏联的企业管理经验开始的，此后，以我为主，不断探索，坚持创新，勇于争先，形成了具有企业特色的管理体系和严谨求实的管理作风。

茂名石化在创业阶段，学习大庆“三老四严”“四个一样”工作作风和自力更生、艰苦奋斗精神。在 20 世纪 60 年代，完善并严格执行岗位责任制，推行面向群众、面向基层、面向生产，生产指挥到现场、政治工作到现场、材料供应到现场、设计科研到现场、生活服务到现场的“三个面向”“五到现场”作风，开展苦练过硬本领活动，大搞技术革新，使公司各项工作步入正轨，保证了建设和生产有序推进。

在之后的生产建设中，茂名石化继续发扬优良作风，对工人岗位练兵提出“五过硬”要求，即“流程烂熟，一指就答；设备构造，一清二楚；操作因数，心中有数；处理事故，快准稳细；仪表性能，台台熟悉”；对装置建设和投料试车提出了“四个一次”要求，即“工程质量一次验收合格，装置一次投产成功，产品质量一次合格，产品收率一次达标”；在市场经济条件下，公司又提出了“五精”管理理念，即“生产上精耕细作，管理上精雕细刻，经营上精明严谨，技术上精益求精，财务上精打细算”，以及“眼睛盯住市场，功夫下在现场”等。依靠严细求实的管理，茂名石化人不但建设好了一套套装置，而且娴熟地驾驭了一台台新设备，主要炼油和化工技术经济指标均居国内先进行列。①

2010年，在继续实施已有的科学有效的管理措施的基础上，着力推行“三必须”的精细管理制度，即“管理过程必须科学规范，管理措施必须优化到位，管理结果必须事争第一”，使得茂名石化在中国石化炼化企业中排头兵的地位越来越稳固。

2011年后，公司以打造世界一流为总目标，以各项工作和指标在中国石化炼化企业确保先进、力争前三、奋斗第一为具体目标，提出并践行“人人都是安全员，人人都是HSE第一责任人”“不允许任何一个问题说不清，不放过任何一个低标准，不原谅任何一个小差错”“优化不到位就是没尽责”等一系列管理理念，全面实施精细化、差异化、绿色低碳、创新驱动、人才、文化等六大发展战略，全面推行“管理过程必须科学规范，管理措施必须优化到位，管理结果必须事争第一”的精细管理，全力推进转型发展，最大限度地提升发展质量和效益。通过实施务实创新、从严精细、科学先进的管理，公司形成了拉高标杆，打造一流的氛围，走上了“职责明确、制度管人、流程管事、管理高效”的轨道。

举办青工技术比赛
（1993）

举办精细管理故事会
（2013）

① 茂名石化人的创业兴业精神 董章裕；-《思想政治工作研究》- 2002-12-08

2.7 燕山石化：燕山脚下东方红

燕山石化位于北京市西南郊的房山区，1967 年，北京大房山下还是一片荒山秃岭，可谓“乱石滚滚满山坡，吃喝都用毛驴驮”。为满足人们衣、食、住、行的需要，以及首都和华北地区对燃料油的需求，从祖国各地会集到这里的广大工人、农民、工程技术人员、解放军指战员和大专院校的师生们，在这个沟壑纵横、杂草丛生的山沟里，展开了一场战天斗地的大会战，用“勇争第一、勇扛红旗、勇创一流”的精神建起了我国自行设计、自行制造的一座大型的东方红炼油厂（燕山石化的前身）。

2.7.1 勇争第一，响应祖国号召

20 世纪 60 年代初期，北京市为满足市民穿和用问题，考虑发展化纤工业，并确定发展石油化工工业解决化纤原料的来源。鉴于当时国内形势的需要，按照“靠山、分散、隐蔽”的方针，最终，炼油厂选择建在首都西南大房山下一个狭长的山坳里，并取名东方红炼油厂，1967 年 3 月 14 日，石油工业部成立东方红炼油厂（简称炼油厂）筹建处。该月，筹建处在坟山村东面的山沟中搭建了第一栋木板房开始办公。来自祖国四面八方的建设者，积极响应党中央、毛主席“看来发展石油工业，还得革命加拼命”的号召，在这个“乱石滚滚满山坡”的荒野中，展开了一场战天斗地的大会战。①

1968 年 6 月以后，来自兰州炼油厂安装公司、山东胜利炼油厂红旗总队、石油部抚顺炼油厂建设工程公司等各路建安队伍相继进入工地。8 月开始，装置开槽打基础和设备制造、安装。1969 年 3 月 27 日，炼油厂竖立起第一座炼塔——重达 160 多吨的常压塔。9 月，常减压蒸馏、催化裂化、减黏 3 套生产装置和储运系统、公用工程相继投产成功并生产出合格产品，结束了北京不规模生产石油产品的历史。

为加快我国石化工业的发展步伐，提高石化工业技术水平，1973 年，我国从国外引进的首套 30 万吨 / 年乙烯及其配套装置，在燕山石

① 建设东方红炼油厂 索俐；-《中国石化》- 2015-04-15

化开工建设。忠诚而勇敢的燕山石化人再次响应党中央、国务院的号召，以无私的奉献精神和顽强的奋斗精神，全身心投入乙烯会战。

参加开工的职工，有一半左右是入厂不到两年的学徒，一些老工人过去也没有在这样大型、现代化的装置上操作过。陆续派出大批工人、干部进行对口实习，组织一部分工程技术人员和生产骨干出国实习，组织大部分人员到大庆石油化工总厂、兰州化学工业公司等老企业实习。充分发挥出国实习人员作用，狠抓技术练兵，边讲课，边到现场熟悉流程和设备。前进化工厂裂解车间开展了百次练兵、百次假设事故处理、百问不倒的“三百”练兵竞赛，苦练基本功。并组织职工参与工程质量检查验收、设备检验、仪表调校、设备管线吹扫、试压和化学清洗。还让职工承担烘炉、催化剂装填、系统干燥和单机试运、联合试运工作，受到切实锻炼和考验，在实践中增长才干。①

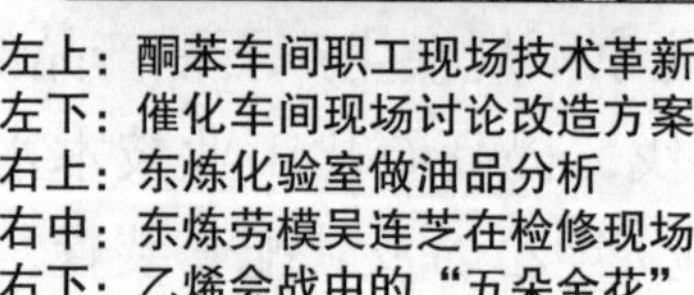

左上：酮苯车间职工现场技术革新
左下：催化车间现场讨论改造方案
右上：东炼化验室做油品分析
右中：东炼劳模吴连芝在检修现场
右下：乙烯会战中的“五朵金花”

① 杨浚与中国第一套 30 万吨乙烯工程 _ 老孙 -《网络（http：//blog.sina.com）》

乙烯会战中的“五朵金花”（焦淑清、佟慧琳、孙黎芬、董艳英、刘惠英），以就要让日本专家看到中国的女工也能顶半边天的倔强，和男同志一样，穿着厚厚的工作服、踏着笨重的大头鞋，站在温度达120℃的钢板前，举着面罩，握着焊把。球罐内，闷热的空气、刺眼的电弧光、呛人的烟气，无不挑战着人体的极限。每当她们钻出球罐，咳一声吐出的痰都是黑红色的。就是在这样艰苦的条件下，五位年轻的女焊工连续工作 180 个日日夜夜，没有人请过一天假，满心里都是“为社会主义祖国争光，为中国工人阶级争气”的信念。最终，她们和焊接队其他队友一起，以提前 4 个月工期，且质量全优的成绩实现乙烯会战第一役——乙烯球罐的组装焊接——首战告捷！[①]

2.7.2 勇扛红旗，打造行业标杆

20 世纪 80 年代，燕山石化为解决“后续加工装置与龙头装置不配套、公用工程与生产能力不配套、生活设施与企业发展不配套”三大问题，以深化改革为动力、以科技创新为支柱，成功地走出了一条系统优化、内涵发展的道路。

企业逐步实现了四个方面的重大转移：在发展战略上，实现了由外延发展为主向内涵发展为主的重大转移；在经营管理上，实现了由生产型向生产经营型过渡的重大转移；在企业改革上，实现了由单项浅层次的改革向配套的较深层次改革的重大转移；在技术进步上，不懈奋斗——打造行业标杆，实现了以引进、消化、吸收国外先进技术为主向改造、创新以至出口技术的重大转移[②]。公司上下无不呈现安定团结、奋发有为的良好态势，践行了“大企业要为国家做大贡献”的责任担当。

20 世纪 90 年代，为进一步增强企业实力、推动行业发展，燕山石化在国内率先启动乙烯装置第一轮改造、炼油系统改造和乙烯装置第二轮改造三大技术改造工程。初心引领方向，使命坚定信念——“爱我中华、振兴石化”“为美好生活加油”，成为一代代燕山石化人矢志不渝的追求。

---

① 不忘初心勇争先 牢记使命创一流——燕山石化发展历程回顾 赵书萱；–《中外企业文化》– 2019-09-10

② 不忘初心勇争先 牢记使命创一流——燕山石化发展历程回顾 赵书萱；–《中外企业文化》– 2019-09-10

←炼油厂大检修（1982）

奋战在催化厂检修现场的燕化人 →

← 燕山石化公司工会召开第三次代表大会,会议号召广大职工积极行动起来,做开创四化先锋队

燕化公司前进化工厂 30 万吨 / 年乙烯装置

2.7.3 勇创一流，绘就宏伟蓝图

进入新时代后，以习近平新时代中国特色社会主义思想为指引，在北京市委市政府的关心支持下，在集团公司党组的坚强领导下，燕山石化领导班子观大势、谋全局，坚定提出牢固树立“勇争第一、勇扛红旗、勇创一流”的理念，以“敢为人先、争先超越”的激情，“严格要求、马上就办、止于至善”的工作标准，“不拿第一决不罢休，不扛红旗决不回头，不创一流决不收兵”的决心，大力营造“依靠燕化人，办好燕化事”的工作氛围，激励全体干部员工干在实处、走在前列，向着基业长青的世界一流企业目标奋勇前行。

2.8 南化公司：民族化工初起步

南化公司的前身是爱国实业家范旭东先生 1934 年在南京创办的永利铔厂，是中国近现代化学工业的起源。永利铔厂，时称“远东第一大厂”，开创了中国化学工业的新纪元。新中国成立后，南化公司在中国共产党的领导下，迎来了全新的发展年代，活跃在社会主义经济建设的大舞台，创造了 30 多项中国化工之最。

南化见证了民族化工不断向前的历史征程。毛泽东主席曾说“讲化学工业，不能忘记范旭东”，周恩来总理亲自为南化公司签发过国务院奖状。2021 年，中国石化集团公司发布“十大红色教育基地”，南化以“民族工业从这里起步”的主题入选。

2.8.1 爱我中华：“四大信条”兴实业

永利铔厂创办之前，我国沿海各省所用肥田粉都要从英国、德国进口，“每年进口三十万吨左右，支付外汇两千数百万元，漏卮之巨实堪惊人”。

永利卸甲甸硫酸铔厂全景（1937）

永利铔厂开工日职员留念
（1934.9.18）

为振兴民族实业，1933年11月22日，时任水利制碱公司经理的范旭东先生毅然呈文实业部请求办厂。经前后5次、历时27个月的详细地质勘探，并从运输条件、资源条件、劳动力来源和发展条件等全面考虑及周密分析，最终选定南京卸甲甸为厂址。

1935年5月至1936年底，机件陆续从各国运到南京卸甲甸。同时，美国氮气工程公司先后派来技师3人指导建筑厂房、安装机件。侯德榜亦于1936年3月24日自美回国，任永利铔厂厂长兼总工程师，具体主持永利铔厂安装工程。永利铔厂设备来自美、德、英、瑞典等国厂家，在侯德榜精心设计、精心采购、科学严密地组织下，设备安装全部配套。12月底，永利铔厂工程进入全面验收和各种设备的单体试车阶段，并对操作工人进行严格的考核。永利铔厂在建成初期已具备亚洲第一流的先进设备和素质较好的工程技术队伍。

1937年1月4日，技师、技工均进入岗位，开始倒班制作业。1月26日，生产出第一批合格的硫酸。1月31日，在液氨贮槽中收到纯度为99.9%的液氨，完全合乎设计要求。2月5日，第一批国产硫酸铵顺利产出，接着硝酸也正式投产。永利铔厂一次试车成功，当年生产肥田粉（硫酸铵）1.87万吨，其肥效显著，能与英国卜内门“狮马”名牌化肥相比，打破了英、德诸国对我国化肥市场的垄断。

范旭东（左二）、侯德榜（左一）等在永利铔厂

在旧中国，民族经济生存条件恶劣，范旭东等先生之所以能

够不畏艰难创办永利实业，就在于他们有着拳拳的爱国之心和强烈的社会责任感。范旭东先生提出永利“四大信条”，并号召全体永利人以更统一的意志，更集中的力量，发展实业。

永利“四大信条”是：第一，我们在原则上绝对的相信科学；第二，我们在事业上积极的发展实业；第三，我们在行动上宁愿牺牲个人顾全团体；第四，我们在精神上以能服务社会为最大光荣[1]。数十年来，“四大信条”已成为南化发展的精神支柱，激励着南化奋勇前进。

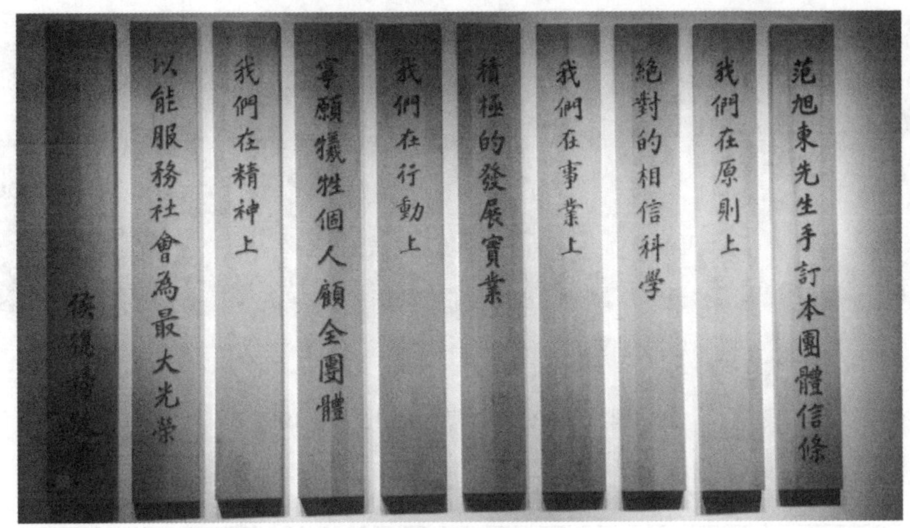

永利“四大信条”

2.8.2 振兴石化：枯木老树焕新春

旧中国的永利錏厂，虽号称“远东第一大厂”，但由于国民政府腐败以及日军侵华，从 1934 年建厂到新中国成立前的 15 年间，生产只能维持低水平，产品只有合成氨、硫酸、硫酸铵和硝酸四种，化肥年产最高也仅有万余吨，基本上是在挣扎中前进。

1949 年中华人民共和国成立，“一唱雄鸡天下白”。永利錏厂这棵即将枯萎的民族化工之树，终于迎来了勃勃生机的春天。

中华人民共和国成立后的永利錏厂，历经几个发展阶段，从永利錏厂，到永利宁厂，到南化公司，到南化（集团）公司，工厂规模不

① 发展文化力 促进经济力 田简文; –《化工管理》– 1995–05–01

断扩大，技术实力逐步增强。作为我国化学工业的一支生力军，以崭新、奋进的姿态活跃在社会主义经济建设的大舞台上，其成就为世人所瞩目。不仅在产品、工艺、设备等方面创下数十项“中国之最”，还为我国企事业单位输送了万余名化工精英。公司也从一个只相当于县级化肥厂规模、只生产寥寥几种产品的小厂，发展成为集化工生产、化工机械制造、科研设计、建筑安装等于一体的特大型综合性联合企业，跻身于“中国企业五百强”。

1950年，侯德榜主动向国家提出走社会主义道路、实行公私合营的要求。1952年，永利公司成为国内首家实行公私合营的大型企业。

新中国第一家公私合营的大型企业（1952）

南化之最（部分）

1937 年	永利錏厂生产出中国第一包肥田粉（化肥）
1951 年	永利錏厂技师余祖熙首次试制成功硫酸生产用的 V1 型催化剂，攻克了我国硫酸工业生产的“卡脖子”问题
1952 年	余祖熙领导、组建永利錏厂触媒车间，建成了我国第一套催化剂生产装置，成为我国第一个催化剂工业的奠基人
1952 年	建成中国第一套防老剂生产装置。防老剂先后获得国家发明奖、国家经委“金龙奖”、被国务院发展研究中心评为“中华之最”。目前，南化公司防老剂市场占有率全国第一
1952 年	第一个防老剂车间建成
1953 年	新中国第一本发明证书颁给“侯氏碱法”。目前侯氏“联合制碱法”仍然是国际制碱领域的先进技术
1956 年	第一台高压容器试验成功，结束了我国不能生产高压容器的历史
1958 年	正式更名为南京化学工业公司，新中国第一家公私合营企业正式运营
1965 年	第一套催化剂生产装置建成

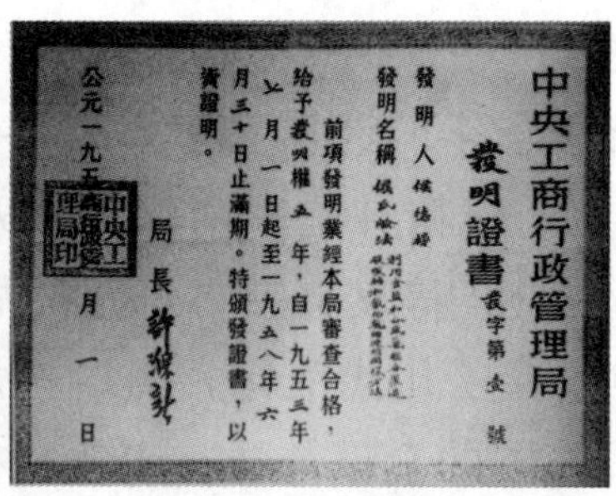

中央工商行政管理局

發明證書 發字第壹號

發明人 侯德榜

發明名稱 侯氏減法

前項發明業經本局審查合格，給予發明權五年，自一九五三年七月一日起至一九五八年六月三十日止滿期。特頒發證書，以資證明。

局長 許滌新

公元一九五 月 一 日

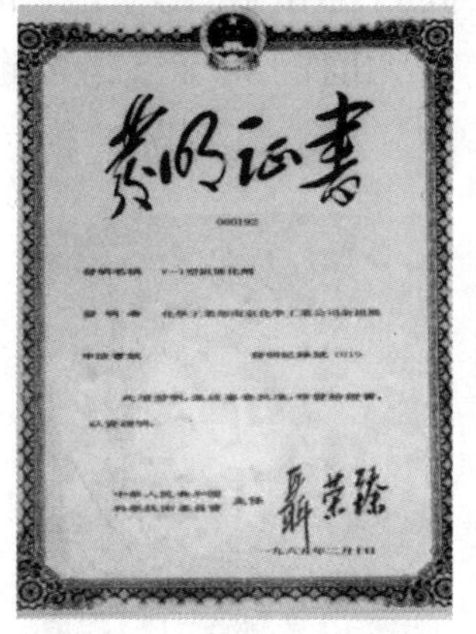

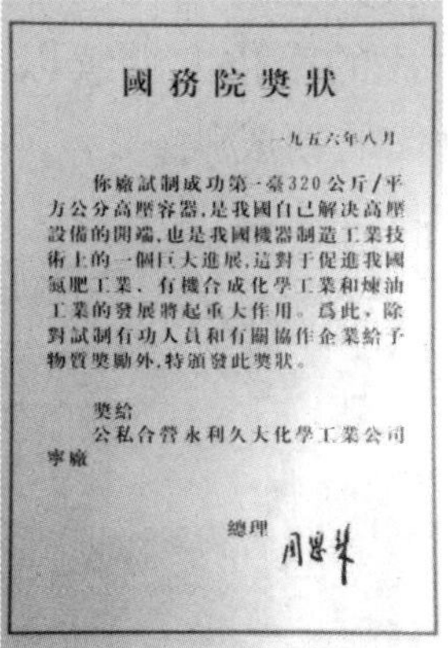

國務院奬狀

一九五六年八月

你廠試制成功第一臺320公斤/平方公分高壓容器，是我國自己解决高壓設備的開端，也是我國機器制造工業技術上的一個巨大進展，這對于促進我國氮肥工業、有機合成化學工業和煉油工業的發展將起重大作用。爲此，除對試制有功人員和有關協作企業給予物質奬勵外，特頒發此奬狀。

奬給

公私合營永利久大化學工業公司寧廠

總理 周恩來

左上：第一包化肥
左下：第一套催化剂生产装置发明证书
右上：第一份发明专利证书
右中：第一套高压容器奖状
右下：第一份橡胶防老剂——中华之最

2.8.3 南化精神：创业、求实、奉献

历史成就了南化，南化辉煌了历史。

南化在新中国成立后数十年的不断壮大发展，既得益于党和国家的正确领导，也得益于南化非常注重培育符合自身特点的企业精神。在社会主义建设时期，在改革开放阶段，南化人不断进取，艰苦创业；勤劳实干，增长节约；注重效益，忘我工作，充分体现了中国工人阶

级的优良品德和风格。

南化总结几十年的经验和实践，将南化企业精神概括为“创业、求实、奉献”。南化精神是对南化几代人矢志不渝地振兴民族化学工业，建设企业文化的高度概括，是南化人主人翁思想的结晶。

南化精神诠释了几代南化人团结自强的创业雄心、科学严细的求实态度、爱厂为国的奉献情怀。南化精神的培育和弘扬，既提高了职工的思想和素质，也为南化向着更高目标奋进注入了生机和活力。它将激励着新时代的南化人继续以一往无前的英雄气概创造出无愧于前辈、无愧于时代的新成就。

范旭东雕像

侯德榜雕像

2.8.4 精细作风：“十查十算一建议”

改革开放后，特别是1983年始，南化大踏步地面向全国，走向世界，利用自身技术、人才、装备和产品等方面的优势，对外扩大合作和经营范围，对内深挖潜力，精细管理，走出了一条南化自己的内涵发展道路。

南化持续开展“十查十算一建议”活动，增产节约、增收节支。“十查十算一建议”从10个方面，发动职工提合理化建议，做好开源节流、增产增收工作，不仅取得了直接的经济效益，强化了企业基础工作，提高了企业的经营管理水平，而且使广大职工的精神面貌发生了深刻的变化，每个人都能以主人翁的态度，想企业所想，急企业所急，干主人翁的事，尽主人翁的责，重视生产经营，关注经济效益。[①]

1984 年到 1990 年，“十查十算一建议”取得 8000 万元的直接经济效益。

南化“十查十算一建议”[②]

十查十算	一建议
一查原料、能源消耗，算超损超耗账	提合理化建议
二查装卸、运输，算重复作业、轻载、空载损失账	
三查跑冒滴漏，算物料、能源损失账	
四查生产控制，算违反工艺指标损失账	
五查设备生产强度，算经济运行效益账	
六查产品质量，算降低等级、超重超标损失账	
七查劳力使用，算窝工浪费账	
八查固定资产投资，算有无增创利润账	
九查设备修理质量，算返修、拖延进度损失账	
十查流动资金占用，算资金时间价值账	

2.9 洛阳石化：自强不息洛化人

洛阳石化位于古都洛阳东北部黄河北岸的吉利区境内，是国家第五个五年计划期间批准建设的 500 万吨 / 年燃料型原油加工企业。1976 年 8 月筹备建厂，1977 年底开工建设，现已发展成为国家中部地区炼油、化工、化纤一体化生产的特大型石化企业。洛阳石化四十多年的发展历史，是一部洛化人艰苦卓绝的创业史，也是一部洛化人自强不息的奋斗史，铸就了“自加压力、自强不息、自我超越”的洛化“三自”精神，形成了“从严、过细、求实、高效”的洛化企业作风。

2.9.1 两次创业奠基洛化“三自”精神

洛阳石化在不断发展壮大的过程中，企业名称多次变更，从最早的河南炼油厂，到 20 世纪 80 年代的洛阳炼油厂，到 90 年代的洛阳石油化工总厂，再到如今的中国石化股份有限公司洛阳分公司。企业名

① 以“十查十算一建议”为内容 开展增产节约活动的做法 -《财务与会计》- 1987-05-15
② 以“十查十算一建议”为内容 开展增产节约活动的做法 -《财务与会计》- 1987-05-15

称虽变，但洛化人自加压力、自强不息、顽强拼搏、开拓进取的创业精神不变，从严治厂、精细管理、自我超越的管理作风不变。

洛阳炼油厂厂徽　　洛阳石油化工总厂厂徽

洛阳石化从一开始的筹建，就确定了“自己设计、自己制造设备、自己建设”的“三自”创业方针。20 世纪 70 年代中期，靠着当时仅有的一辆汽车、100 吨钢材、100 立方米木材，洛阳石化开始了艰难创业之路。80 年代，不坐等“重新上马”吃闲饭的洛阳石化建设者，硬是凭着国家每年拨出的少量维护费，苦战 35 个月，形成了 100 万吨 / 年的生产能力①。此后，洛阳石化人通过边生产、边建设，滚动发展，终于使 500 万吨 / 年炼油装置投入运转，为国家贡献了一个特大型炼油厂。90 年代，洛阳石化人一方面发扬“千辛万苦、千山万水、千言万语、千难万险”的“四千四万”精神，把别的企业不要的重油、渣油、蜡油、落地油拿来加工；另一方面，在加工中实行“滴油淘金”，力争把每一滴油吃干榨净。

经过建设炼油、发展化工化纤两次艰苦卓绝的创业历程，洛阳石化目前正向着“大洛阳石化”的第三次创业目标奋进。

企业精神在洛阳石化的历次创业奋斗中发挥了积极的支柱作用。1986 年，洛阳炼油厂第一次党代会提出“创新、拼搏、合作、奉献”的企业精神，成为第一次创业建设 500 万吨 / 年炼油工程的精神支撑；1991 年，在对企业精神不断充实、完善和总结的基础上，第四次党代会提出“自加压力、自找苦吃、自强不息”的“三自”洛化精神，成

① 看清大局更图强——洛阳石化总厂发展之路 –《网络（http：//www.laoziliao）》

为企业第二次创业，建设油、化、纤一体化石化基地的精神动力；2000年，根据企业发展需要，第四次党代会将洛阳石化企业精神正式确定为“自加压力、自强不息、自我超越”。

“零点起步”动员大会（1978.1.1）

建设初期，坚持“自己设计、自己制造设备、自己建设”

洛阳石化的三次创业

创业阶段	创业目标	标志
1977~1993 年	建设炼油	建成年产 500 万吨炼油工程及其配套项目
1994~2000 年	发展化工化纤	全面建成洛阳化纤工程，形成“洛阳石化基地”
2000 年至今	建设大洛阳石化	建成化纤产业链

“三自”精神是洛阳石化在长期生产经营建设中自觉形成的经营宗旨、价值观念、认同信守的道德行为准则，是几代洛化人奋斗追求的思想品德、精神风范的高度概括和精辟表述，也成为洛阳石化第三次创业发展的不竭精神动力和力量源泉。

2.9.2 和谐发展升华洛化“三自”精神

新世纪以来，洛阳石化弘扬“自加压力、自强不息、自我超越”的“三自”精神，继续坚持创业，实施“三步走”战略，实现洛阳石化的第三次大发展。

在第三次大发展中，洛阳石化坚持以人为本，协调发展，增强企业的凝聚力，维护地区稳定，促进企业和谐发展，提出“大洛阳石化”的建设理念，形成了“五个一”精神和“四特”精神。

（1）“五个一”精神

“五个一”即“一盘棋、一家人、一条心、一股劲、一个目标”，是洛化人在装置检修、开工实践中总结出来的企业精神。它既是对“三自”企业精神的经典演绎，也是对“三自”企业精神的进一步丰富和发展。“五个一”精神，反映出的是顾全大局，服从指挥，步调一致，合拍共振的集体主义精神；反映的是不畏艰险，攻坚克难，敢打敢拼，勇往直前的拼搏奋斗精神；反映的是患难与共，风雨同舟，齐心协力，众志成城的合作奉献精神；反映的是精诚团结，勇挑重担，精益求精，争创一流的高效团队精神；反映的是孜孜以求，忘我拼搏，奋发有为，追求卓越的执着进取精神。“五个一”精神就是“检修、开工”精神，是企业“三自”精神在特殊生产经营过程中的再一次升华，是企业进入新时期、面对新任务、迎接新挑战、取得新成就的不竭动力。

（2）“四特”精神

“四特”即“特别顾大局、特别守纪律、特别能吃苦、特别会战斗”。不仅在装置大检修中，洛化人展现了“四特”精神，在2008年的汶川地震抗震救灾中，洛化人慷慨解囊、迅速组织救援突击队、积极运输救灾物资，同样展现了“四特”精神。

“四特”精神不仅升华了洛阳石化的“三自”精神，诠释了“五个一”精神的深刻内涵，同时铸就了具有新时期鲜明特色的洛阳石化精神。

2.9.3 “严、细、实、效”锻造洛化作风

从严治内、严格管理，是洛阳石化不断发展壮大的一个重要法宝。洛阳石化在继承弘扬“三老四严”“四个一样”等石油石化优良传统的同时，还凝练了“从严、过细、求实、高效”的洛化优良作风。

“从严、过细、求实、高效”，就是把严格管理、精细管理作为企业加快发展的重要支撑，从严治内，求实务虚，实现安全生产、高效发展，以保障洛阳石化企业战略的顺利实施，保障洛阳石化做精做强做大并重的发展目标的实现。

洛阳石化积极探索以基层建设、基础工作、基本功训练为主要内容的“三基”工作管理长效机制建设，常年举办“三基”知识轮训班，并把继承石油优良传统与引进、创新现代管理理念相结合，不断提高

← 装置检修一丝不苟

法兰整理井井有条 →

← 调度中心运筹帷幄

“严、细、实、效”的管理水平，形成了以 ISO 14001、ISO 9001、HSE 三大管理体系为核心的现代化管理体系，并整合发布实施 QHSE（质量、健康、安全、环保）管理体系。

“自加压力、自强不息、自我超越”的洛化“三自”精神，和“从严、过细、求实、高效”的洛化企业作风，不仅造就了洛阳石化的辉煌历史，也将继续保证其在新的时代开拓奋进，铸造新的辉煌。

2.10 荆门石化：“抢”建炼厂大会战

荆门石化位于湖北省荆门市，始建于 20 世纪 70 年代初，是在当时苏联重兵压境、战备形势十分紧张的情况下建设起来的。经过 50 多年的发展，如今已成长为原油年加工能力达 600 万吨、可生产 44 个品种 100 多个牌号产品的石油石化企业，是全国石油炼制加工手段最齐全的骨干企业之一，属于国家特大型企业之一。

2.10.1 会战抢建炼厂

荆门炼油厂是在特殊的年代，以大会战的形式在内地建设的一座大型炼油厂，当时是国家抢建的战备项目。这次会战是在五七油田会战（即江汉油田）中，为了建设能够生产多种军用油品的战备炼油厂而进行的一次炼厂会战。当时，在五七油田会战指挥部下设置了第八分指挥部，专门负责荆门炼油厂会战。从机关设置到队伍编制，统一采用了军队管理模式。

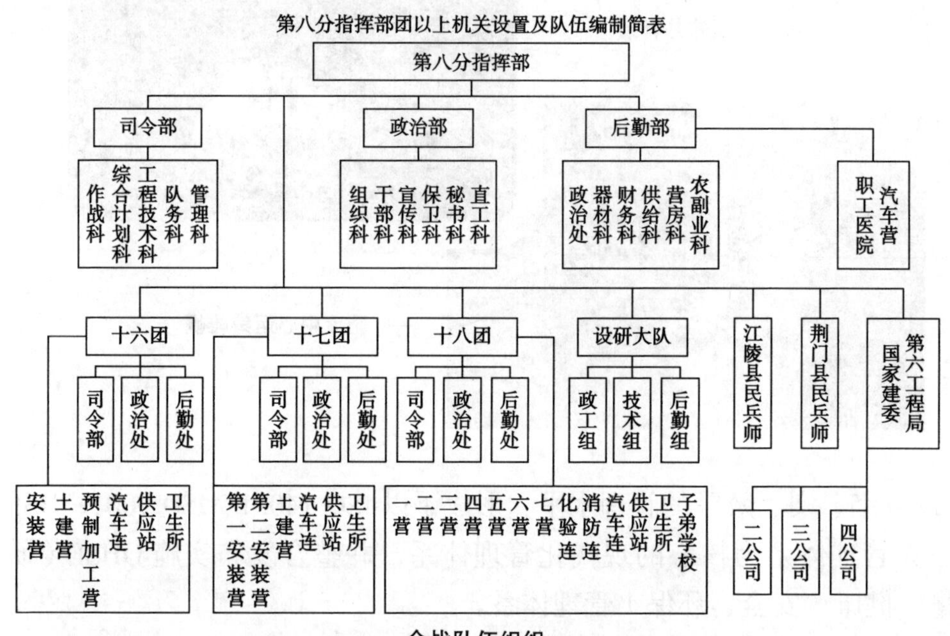

会战队伍组织

参加会战的广大荆门石化人在石油系统党组织领导下，在当地党和政府的关怀、支援下，发扬了艰苦奋斗精神，头顶青天，脚踏荒山，以无产阶级革命气概，与天斗，与地斗，克服了重重困难，只用了三年时间，就在荒凉的山沟里竖起了一座座炼塔，安装了一台台油罐，建成了初具规模的现代化炼油厂，并一次拿出了合格产品，形成生产能力。

荆门炼油厂大会战，从选址、设计到队伍入场、施工建设，若用一个词来形容，就是“抢”。抢时间、抢工期、抢任务、抢效率，抢出了炼厂建设的高速度，抢出了社会主义事业的高速度。在设计上，只用了 4 个月就完成了第一设计方案，然后“三结合”审查（军、干、群结合；领导干部、工人、技术人员结合；设计、生产、施工结合），用了 1 个月，就形成第二设计方案，也是最后的方案；接着，4 万人的建设大军在 2 个月内进驻厂地；2 个月完成“三通一平”等开工准备；从常减压装置破土动工到生产出合格产品，只用了 8 个月；而整个炼油厂，从定点到基本建成，仅用了 3 年时间。速度是比较快的，质量也是比较好的。

荆门炼油厂是在极艰苦的条件下通过会战建设的。会战体现了石油石化人对石油精神的传承与发扬，体现了石油石化人为党、为人民、为祖国贡献一切的革命精神。

“三结合”分析设计方案

厂区道路施工

2.10.2 “一不怕苦、二不怕死”精神

炼油厂建设初期，由于工程任务紧急，几万人一下子来到一个几千人的小山城，安营扎寨于一片几无人烟的山岗上。

路，不通！

水，不通！

电，不通！

加之春寒料峭，阴雨连绵，满地泥泞。席棚里早已铺铺相接，机关的几栋活动板房也令人眼馋。

但是，参加会战的干部和群众自觉地“先生产、后生活”，学习大庆“干打垒”精神，发扬“一不怕苦、二不怕死”的革命精神，自己动手，盖了十多万平方米的席棚房。一住就是三年，直到 1972 年以

自力更生搬运物资

后，才着手建设正式住房。由于施工队伍较缺，广大职工就自己加工预制板，自己烧砖，自己做木工活。

会战中，太多人露宿过荒野，太多人缺吃少烧、三餐不全。在这样的条件下搞建设，靠的是什么？靠的是人们的社会主义觉悟，靠的是无产阶级“一不怕苦、二不怕死”的革命精神。当时，这里传颂着许多豪言壮语，如：

“头顶青天，脚踏荒原，心向北京”；

“天大的房，地大的床，铺地盖天建炼厂”；

“苦不苦，想想长征二万五；累不累，想想革命老前辈”。

……

会战者们清楚，这种困难是暂时的，是前进中的困难。为了国家，为了人民，这种苦是值得的，这种奋斗是幸福的。

2.10.3 “板车长途运输队”精神

“板车长途运输队”精神源于会战初期的一个土建连队。当时，焦枝铁路还没有建成，从各地运来的物资都卸在襄樊车站，最多的时候，积压到40000多吨，有400多个车皮卸不了货，会战急需的施工机具和设备材料不能及时运到工地，工程上不去。

板车队人拉肩扛运物资

六局三处二连（土建连队）组织了一个板车长途运输队，两次从荆门到襄樊，把施工急需的工具、器材抢运回来。这一路，往返520多里，要过30多道坡，每天走100多里山路。队伍首次回到荆门时，指挥部组织了两千多人夹道欢迎，给他们披红戴花。

从此以后，“板车长途运输队”

精神，在全战区得到了发扬。在会战中，在缺少必需的物资、缺少必要的工具的情况下，荆门石化人就是靠这种精神，把成千上万吨货物，从车站拉进工地，从仓库搬到现场。

2.10.4 “芦席棚里制氧气”精神

“芦席棚里制氧气”精神源于会战时的氧气厂。会战开始时，有些厂房来不及施工，一些施工中急需的材料，不得不因陋就简地在芦席棚中生产。氧气厂的一套制氧设备，是十多年以前的产品，先后转手了9个单位，辗转了20000多公里，都没有用起来，长期在露天风吹雨打，有的机件已经生锈，配件也有短缺。同时，氧气厂的职工除一人搞过制氧工作以外，其余都是新手，再加上图纸资料不全，要马上生产出氧气来，困难确实很多。氧气厂的职工迎着困难上，自己动手盖芦席棚，自己动手打基础，自己动手安装设备，用派出去请进来的办法学习技术，用土办法控制室内温度、湿度。在大家的共同努力下，奋斗了30个日日夜夜，终于生产出了纯度为99.8%的合格氧气，满足了施工需要，受到了会战指挥部和湖北省的表扬。

芦席棚里制氧气

会战指挥部大力推广氧气厂这个典型，几个月时间内，全战区出现了几十个这样的“芦席棚工厂”。如，施工中电石供应不足，工程处供应科自己动手采石头、烧石灰，土办法搞起电石炉，生产出合格电石；如，施工中灯泡消耗大，六局的家属组织起来，办起了灯泡厂，生产了大量灯泡；如，金属预制、机械加工、汽车修理等，都是各单位自力更生、因陋就简地进行施工或作业。

2.10.5 “土法上马”精神

“土法上马”精神源于江陵民兵师。1970年会战时，该师的一个团负责修建横跨铁路的七一桥。当时并不具备施工条件，但为了抢时间，这个团一不等、二不靠，充分发挥人的能动作用，坚持土打土闹。没有汽车运石头，就到十多里外的山里挑石头；没有破碎机，就用榔头敲；没有搅拌机，就用人工搅拌；没有吊车，就用土扒杆；没有木模，就用土模。艰苦奋战四十五天，一座高 11.8 米，宽 8.6 米，跨度 35 米的混凝土双曲拱桥建成了。

工程处学习民兵师的“土法上马”精神，在油罐安装过程中，由于当时卷板机、剪板机没有运到，他们就向荆门车站借来一把大锤，一把錾，干了起来。荆门炼厂会战中，很多工程就是这样用土办法、土工具打上去的，为会战赢得了时间。

2.10.6 “蚂蚁啃骨头”精神

在焊接直径 6 米、高 36 米多的减压塔时，因为没有手提砂轮机打坡口，六局三公司就集中了一百把锉刀、一百个人，硬是把六百多米长的坡口锉了出来。

为了确保施工顺利进行，在打 1 台 10000 立方米原油罐基础时，由于道路没有修好，沙子运不进去，江陵民兵师就组织了几百人，翻过两座山，往返十几里，到竹皮河运沙子。民兵们用水桶挑，脸盆端，两天就运回了 120 多立方米沙子，满足了工程需要。

蚂蚁虽小，集体力量大；骨头虽硬，还是会被万千蚂蚁而啃食掉。

在荆门会战中，一个个看似不可逾越的困难，就是这样被建设者们靠着“蚂蚁啃骨头”的精神而克服。

2.10.7 “造、改、修”精神

会战中，制氢装置转化炉急需翅片管，而这种翅片管是用优质合金材料做的，焊接难度比较大，质量要求比较高，国内没有现货，进口又来不及。

怎么办？荆门石化人的回答是“自己干！”

机修厂工人自力更生，奋斗了 9 个月，经过 30 多次试验，终于掌握了制造技术，完成了两百根翅片管的制造任务。

整个荆门炼厂会战中，造、改、修的，不仅有零配件，还有成套设备。如，氧化沥青是新添装置，共 48 台设备，除 19 台通用设备是从库存中挖潜来的，其余的 29 台设备，包括氧化釜和成型机等主要设备，全都是自己制造的，自制设备达 60% 以上。

在三年的会战中，荆门人发扬“造、改、修”精神，共自制设备148台，达164吨；改装设备13台，达90吨；加工零配件11万多件，达547吨。这对于解决设备配件缺口、加快工程进度，起到了很大作用。

2.11 长岭炼化：驼鹤山中报国心

20世纪60年代，大庆、胜利等油田相继开发，中国告别了“贫油”历史。而原油的加工仍然是制约经济社会发展的“瓶颈”。为此，党和国家决定，在全国各地布局建设一批新炼厂，以满足能源供应。长岭炼油厂（长岭炼化的前身）就是当时规划建设的炼厂之一。

长岭炼化位于湖南岳阳风景秀丽的洞庭湖畔，始建于1965年，1971年5月建成投产。经过50年的发展，目前已拥有炼油化工生产装置35套，原油加工能力1150万吨/年，主要生产汽油、柴油、航煤、石脑油、液化石油气等60余种产品①，先后荣膺“国家一级企业”“全国文明单位”“全国安全文化建设示范企业”。

1986年，经过系统的科学总结，长岭炼化把企业的优良传统与新形势的要求融为一体，提炼出了“艰苦奋斗、争创一流”的长炼精神；21世纪，“忧乐、驼鹤、突击、铁梅、山茶、闯将”六种精神是对“艰苦奋斗、争创一流”长炼精神的丰富和升华。

2.11.1 “艰苦奋斗、争创一流”长炼精神

1965年1月，在党和国家领导人的亲切关怀下，根据三线建设、备战备荒的战略要求，长岭炼化历经七次选择，最终落户在驼鹤山下。

近万名建设者怀着“爱我中华，产业报国”的初心，带着“建设毛主席家乡炼油厂”的豪情，从五湖四海会聚长岭，在老红军古德勤、李云等同志带领下，战天斗地，开山劈石，“有条件要上，没有条件创造条件也要上”，用热血与汗水，诠释了“苦干实干”“三老四严”的石油精神，湖南石化工业的种子从此生根发芽。

受“文化大革命”影响，长炼建设曾一度被迫停下来。正式建设是从1969年初开始的，“三大会战”不到2年时间，达到“三通一平”要求。1970年初，长炼生产装置建设大会战全面拉开，短短16个月，

① 新环保税背景下A企业环境成本控制研究 汤伦；-《南华大学博士论文》-2020-05-01

一座现代化的炼油厂就拔地而起。第一期工程比兰州炼油厂施工周期缩短了一年半，比大庆炼油厂缩短了 5 个月，创造了一个令人鼓舞的纪录。1971 年 2~3 月，炼油装置进入了联运前的紧张试运阶段，同时也掀起了技术练兵热潮。5 月 7 日，长炼的 4 套炼油装置和配套系统正式整体联运，一次开车成功，并在当天相继生产出合格产品，史称“五七”联运。“四朵金花”的绽放，标志着长炼的诞生，也昭示着长炼人振兴石化、产业报国的梦想从此启航。

正是在“艰苦奋斗、争创一流”的长炼精神鼓舞下，一代代长炼人在山沟里建起了一座现代化的炼化一体化企业。

← 建厂大会战期间长炼人靠着人拉肩扛搬运物料

老红军古德勤（左二）在现场和科技人员讨论问题 →

← 现场作业，齐心协力

“技术比武” →

2.11.2 新时代长炼“六种精神”

50多年来，长炼老一辈建设者用“没有条件创造条件也要上”的豪迈气概，谱写了一曲又一曲“天翻地覆慨而慷”的壮歌。

企业文化是企业的灵魂，是推动企业发展的不竭动力。51年前，老一辈创业者们将“艰苦奋斗、争创一流”的种子播撒在驼鹤山下，催生了长炼企业文化的萌芽。50余年来，长炼以文化理念为指引，把文化建设融入生产经营、改革发展、党的建设的全过程，形成了积极向上、健康和谐、独具长岭特色的企业文化——“六种精神”，即：

- 心怀大者的“忧乐精神”；
- 深山拓荒的“驼鹤精神”；
- 攻坚克难的“突击精神”；
- 严细认真的“铁梅精神”；
- 敬业奉献的“山茶精神”；
- 敢为人先的“闯将精神”。

长炼51周年，百人共绘51米企业“六大精神”文化长图

长炼51周年，长炼人齐声合唱满载几代人情感的《长岭是我美丽的家》

“六种精神”既是对长炼50年奋斗历程的再总结和再升华，也是“艰苦奋斗、争创一流”的长炼精神在新时代的丰富和发展。“六种精神”为长炼精神赋予了新的时代内涵。

2.11.3 “求实、严细、文明、创新”的长炼作风

在艰苦创业时期，“建设好毛主席家乡炼油厂”是每个长炼人坚定

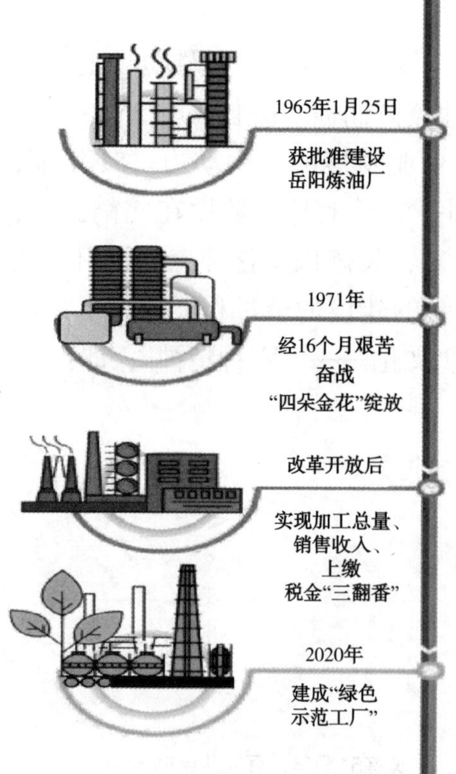

的信念。常减压装置作为炼厂初期“四朵金花”的龙头，每个产品质量、产量有丝毫不稳都会给其他三套装置平稳运行带来一定影响。“在装置联运之初，各岗位的人员就像战士站岗一样守在现场，盯着设备运行连眼睛都不敢眨，大家手里就像端着满满的一碗水，生怕泼了半滴”，原常减压车间党支部书记罗学其回忆起那段激情燃烧的岁月，至今仍是心潮澎湃，不能自已，“装置是我们自己建的，我们绝不允许生产不稳。”

历史总会记住奋斗者的时代闪光。1978 年，党的十一届三中全会召开，为长炼进行整顿改革、集中精力搞好生产建设擂响了战鼓，逐浪市场竞争的新征程由此启航。长炼人坚持“岗位责任制大检查”等传统，以“沟见底、轴见光”的标准狠抓管理。有一台槽车漏油脏污了路面，他们组织全厂员工清扫；有一批油品出厂质量有瑕疵，他们追到深圳收回，留下了“千人扫马路”“千里追油车”的佳话，也树立了企业的风气和形象。

长炼把传统管理和现代化管理方法有机结合，形成了具有长炼特色的企业管理模式，概括为：以从严从细、高效高能为基本原则，以三基工作为基础，以全面质量管理为中心环节，以岗检为主要形式和手段，以集中决策、分层管理、全员参与、综合协调为管理方式，以提高职工队伍素质为根本措施，以赶超世界先进水平为目标的综合管理。

自 2007 年以来，长炼全力推进大项目建设、全力推进科技自主创新、全力提高经济效益、全力确保安全稳定，开始了“二次创业”。以“艰苦奋斗，争创一流”的姿态，聚焦“建设走在前列的优秀企业”奋斗目标，绿色转型、技术创新、党建引领“三管齐下”，炼油加工能力达每年千万吨，衍生产品 30 多种，孵化出 10 余条石化产业链，为国家和地方经济建设作出了积极贡献，成为中部地区一颗闪亮的石化明珠。

2.12　石科院：临危受命解燃眉

新中国成立初期，西方国家对中国禁运，石油产品缺口很大，特别是航空汽油、航空煤油、航空润滑油等完全依赖从苏联进口，航天、导弹、原子弹等先进设备所急需的特殊润滑油品更是一片空白①，严重制约了国防建设，解决特殊油品国产化的问题迫在眉睫。

1958 年 10 月，国务院批准成立石油工业部石油科学研究院，这就是后来的石油化工科学研究院前身。在其成立后的短时间内，成功研制出喷气战斗机专用航空燃料生产技术和常规武器、原子弹、导弹等尖端武器所需的特种润滑剂，解决了当时国防工业研制“两弹一机”的燃眉之急。

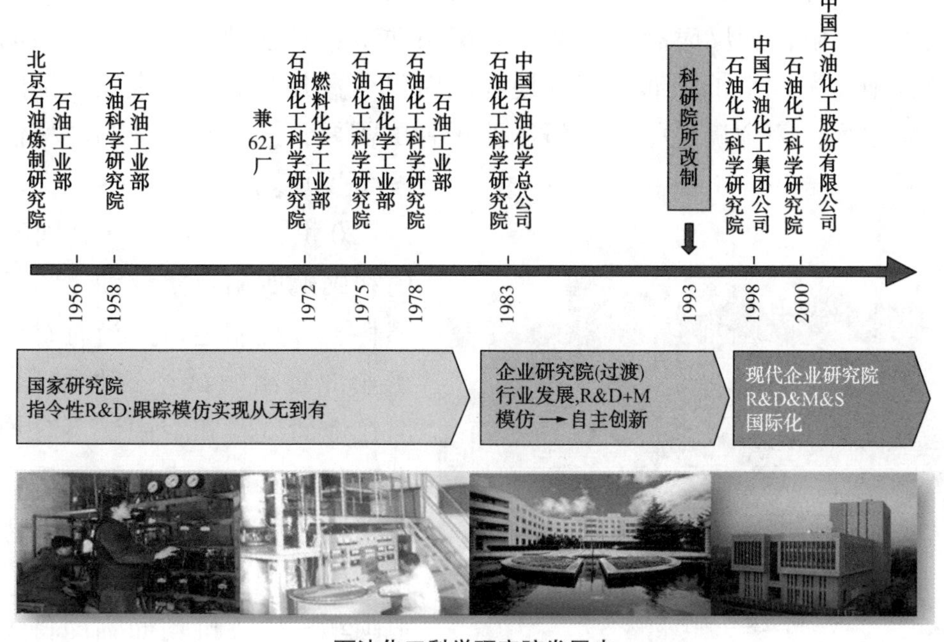

石油化工科学研究院发展史

① 信仰的伟大 科学的丰碑 – 侯祥麟同志先进事迹学习材料 –《互联网文档资源（http：//wenku.baidu.com）》

2.12.1 全氟碳油、“33号添加剂”，解决国家重大战略所需

1959年，国家科委和石油工业部向石油科学研究院正式下达研制用于核工业的三种特殊润滑油任务，只说明要求能耐元素氟的腐蚀，没有任何技术指标及性能方面的具体要求，更没有任何可资参考的技术资料①。只有一点样品，但当时也并不清楚它所含元素和分子结构。那时正值国家经济困难时期，科研设备落后，防护装置简陋，而研究试剂中所含的氟毒性大、腐蚀性强，又极易爆炸，因此科研工作的开展十分危险。

石油科学研究院接受任务后，由副院长侯祥麟领导进行攻关研制。在资料贫乏、技术力量薄弱、仪器、设备短缺，以及国家三年困难时期科研人员都吃不饱饭的情况下，他们组织和带领科研人员，平地起家，组建研究室和课题组，建设实验室和厂房，查寻资料，解剖样品，探索技术路线。在身体受到化学物质一定伤害及有中毒和爆炸危险情况下，他们反复进行研究试验，攻克了一个又一个技术难关②。为了掌握反应规律，寻找设备故障，石科院科研人员顾不得太多危险，几十次拆卸电解槽和反应器。终于在1962年底，石科院研制出了全氟碳油及其他品种润滑油、润滑脂，使我国跻身少数几个能生产全氟碳油的国家之列，完全满足了国家研制原子弹的需要，助力我国成为“核俱乐部”国家之一。

侯祥麟（两院院士、曾任石油化工科学研究院院长）

20世纪50年代，中国军用和民航所用航空煤油（喷气燃料）一直靠进口。当时石油工业部曾组织试产这种油料，但在地面试验和空中试飞时均出现喷气发动机火焰筒严重烧蚀问题。后来由于中苏关系恶化，航空煤油进口日渐减少，中国军民用飞机均面临即将飞

① 信仰的伟大 科学的丰碑－侯祥麟同志先进事迹学习材料－《互联网文档资源（http：//wenku.baidu.com）》

② 我国石油化工技术的开拓者——侯祥麟 李翠哲；－《化工管理》－2012-07-01

不起来的危急局面。当时石油工业部部长曾沉重地说："搞不出航空煤油来，我们过天安门都得低着头啊！"

在这种紧迫情势下，石科院组织起6个研究室的力量，亲自带领科研人员日夜苦干，经过研究、试验、失败，再研究、再试验、再失败……无数次挫折和失败，无数次总结、探索、分析、对比，他们终于找到镍铬火焰筒烧蚀的原因，并研究出了一种从根本上解决这一难题的添加剂配方。

试验很快取得成功，随后指导生产厂在1961年生产出合格的航空煤油，并于1962年正式供应中国民航和空军部队，1964年这项被定名为"33号添加剂"的发明被列为国家级成果，1965年，应用此添加剂生产的航空煤油获得国家新产品成果一等奖[①]。之后，石科院科研人员又承担了导弹和远程导弹所需各类润滑油、脂的研制任务。这些科研任务也都是在一无参考资料，二无技术指标的情况下圆满完成，保证了我国第一次导弹发射和各种运载火箭、人造卫星的发射成功，获得了国家科学技术进步奖特等奖。

2.12.2 培育"五朵金花"，实现国家油品自给

20世纪60年代，石科院开发的流化催化裂化、催化重整、延迟焦化、尿素脱蜡、新型催化剂和添加剂，被誉为中国炼油史上的"五朵金花"，是实现中国现代炼油技术从无到有的标志。

"五朵金花"提法从哪里来的呢？原石油工业部于1962年10月在北京香山召开炼油科研工作会议。这次会上确定了石油工业部要集中各方面的技术力量，独立自主地开发炼油新工艺、新技术，主要是：流化催化裂化、催化重整、延迟焦化、尿素脱蜡，以及有关的催化剂和添加剂等5个方面的工艺技术。因为当时大家刚看完电影《五朵金花》，那部影片讲述的是五位美丽的、都叫金花的白族姑娘的爱情故事。于是在会上大家就把要开发的这五项新技术，叫作炼油工业的"五朵金花"。从此"五朵金花"在我国炼油行业叫响了。后来"金花"逐渐延伸，成为石油化工业内重大新技术的一个代名词。

"五朵金花"是关乎国民经济生产建设的重大科研项目，受到上上

① 信仰的伟大 科学的丰碑－侯祥麟同志先进事迹学习材料－《互联网文档资源（http：//wenku.baidu.com）》

下下高度关注。当时，陈俊武、武宝琛、林正仙、闵恩泽等石化科技专家都投入这些项目的科研开发中。

据当年负责有关催化剂研制工作的闵恩泽院士回忆:“五朵金花”项目研究开发工作大都在石油科学研究院进行。“五朵金花”之一的催化重整是制取高辛烷值汽油组分和轻质芳烃的重要手段，这项工艺在石化工业中有着举足轻重的作用。但由于这项工艺需要金属铂，而铂比金子还贵重，中国无铂，全靠进口，一些人认为搞这项技术不符合国情，没有必要[①]。时任石油科学研究院副院长的侯祥麟从工艺实际要求出发，力排众议，支持用铂作为催化剂配方材料，使我国催化重整技术获得突破性发展。

在培育“五朵金花”的日子里，石油科学研究院科研人员在研究院、在实验室、在炼油厂之间奔波着、急着、盼着，千方百计、争分夺秒，让这些炼油新工艺早点开花结果。功夫不负有心人，“五朵金花”终于结出丰硕的成果：到1965年底，在中国炼油工业生产中，“五朵金花”炼油新技术先后开发成功，并实现了工业化，使十年规划原定在1972年完成的任务大大提前了，使中国本来十分落后的炼油工业技术很快接近了当时的世界水平。到1965年底，我国炼油年加工能力达1423万吨，石油产品品种达到494种，汽油、煤油、柴油、润滑油等4大类产品产量达到617万吨，自给率达到100%，从此结束了中国人民使用“洋油”的历史。“五朵金花”均在60年代被列为国家级成果，并于1978年获得全国科学大会奖。[②]

2.12.3　重质油轻烯烃，炼油技术走出国门

从20世纪80年代开始，由于相继发现了多个油田，我国石油供应实现了自足，并且还有富余。当时国家提出要“用好我国的一亿吨原油”。可我国生产的原油轻组分少，难以兼顾汽、柴油的生产供应和为石油化工提供原料，解决问题的唯一办法就是用重质原油生产乙烯和丙烯。这项技术的开发对国民经济的发展意义重大。[③]

① 正是“金花”烂漫时——中国科学院 –《网络（http：//www.cas.cn/zt）》

② 与祖国风雨同行——记我国炼油技术的奠基人侯祥麟 杨守娟; –《中国石化》– 2005-09-10

③ 汪燮卿：创新是责任也是兴趣 – 人民网能源频道 – 人民网 –《网络（http：//energy.people.com）》

1986 年，时任石油化工科学研究院副院长的汪燮卿被委以重任，主持开发重质油生产轻烯烃这个重大课题。用重质油生产轻质烯烃，是走中国特色的科技发展道路，中国的原料性质、市场需求决定了我们必须开发这个新技术。“某种程度上，我们是临危受命，应该义无反顾”，汪燮卿说。

1990 年 11 月，开始进行催化裂解技术（DCC-Ⅰ型）的首次工业试验。工业试验初期，开车不是太顺利。现场各方面专家，采集数据，分析操作，寻找原因，商讨对策。当时该试验万众瞩目，首次工业试验成败关系重大。那时现场技术小组的专家们去车间分班倒，聚在一起碰情况、讨论技术问题一天几次。1991 年催化裂解工业化技术（DCC-I 型）通过了中国石化总公司组织的技术鉴定。鉴定意见认为，催化裂解成套技术开辟了一条用重质原料生产以丙烯为主的轻质烯烃的新途径，有独创性，属当今国际先进水平。该技术已转让到国内众多企业，并通过美国 SW 工程公司于 1994 年转让到泰国并建厂，实现了我国炼油成套技术的首次出口。①

20 世纪 90 年代，DCC 项目获得成功后，石油化工科学研究院又根据市场需求，开发了一系列的催化裂化新技术，并使其形成系列，不断充实完善，得到了广泛应用，取得了良好的经济效益，DCC 等技术因而被誉为“催化裂化家族技术”。其中：DCC 技术获得 1995 年度唯一的一项国家技术发明奖一等奖，并实现了我国炼油技术的出口；开发了新型 ZRP 分子筛、重油加工组合工艺技术、中压加氢改质技术、中压加氢裂化技术、低压组合床重整技术、新型溶剂芳烃抽提技术，以及用于神舟系列载人宇宙飞船、导弹、卫星、舰艇和水陆装甲车等的特种润滑油、脂等，技术基本达到国际水平，部分技术达到国际先进甚至国际领先水平，一批技术和产品开始走出国门，陆续进入东南亚、中东和欧美市场。②

2.12.4 体制改革，做好石化行业国家队

1993 年，当时院所搞科研体制改革，一个重要的趋势就是研究院

① 汪燮卿：创新是责任也是兴趣 – 人民网能源频道 – 人民网 –《网络（http：//energy.people.com）》

② 中国石油化工股份有限公司石油化工科学研究院 – 搜狗百科 –《网络（https：//baike.sogou.com）》

自己开发技术，赚钱养活自己。研究单位自己赚钱养活自己，没有上面的拨款，这是很难的一件事情。另外从石油化工科学研究院本身来讲，老百姓里面也有各种不同的想法：研究室成果多的，就老想自己办公司，当时办公司是一种趋势，自己赚钱。石油化工科学研究院的做法是，第一，先去调查研究，凡是进行了这种改革的大院大所，它们运转得如何。所谓运转如何，除了能不能养活自己，关键在行业里面，开发的技术还能不能起作用，因为国家级的研究院，就应该开发全行业里面的核心技术，支持全行业技术的发展。第二，要结合行业特点，一般炼厂都是建立大的装置，研究院不是单靠某一个开发的技术就可以建一个工厂的，石油化工科学研究院当时确定“开发的技术是面向全行业所需要的核心技术”目标，比如做一个专利给炼厂，由炼厂销售产生效益，产生利润，然后再提一部分科研基金给研究院，这样一种模式就是所说的大循环，国家级研究院就是要承担全行业的科研任务，这样支持全行业技术进步，由它创造效益，然后再拿出一部分效益返回给科研单位，这应该是一个良性的互动。后来石科院几十年来一直坚持这样一个模式。

进入 21 世纪，面对中国炼油工业面临的清洁油品生产、产品结构调整、降低生产成本等诸多挑战，石科院科学地分析未来发展趋势，提前开展了相关课题的研究，在清洁汽、柴油生产，提高原油加工深度，增加轻质油收率，含硫、含酸和重质、劣质原油加工等方面，成功地开发并实施了多项技术，支撑了炼油工业的发展，同时进行了必要的技术储备[①]。逐步形成了符合中国炼油装置特点、具有我国自主知识产权的清洁汽油生产成套技术，使中国石化炼油企业在重大挑战面前，以较少投资、较低成本并在较短时间内实现了汽油质量升级，产生了显著的经济效益和社会效益。

石科院以石油炼制技术的开发和应用为主，注重油化结合，兼顾相关石油化工技术的研发。近年加强了在新型替代燃料和新能源领域的创新，正在向全方位的以炼油为主、油化结合的能源型研发机构转

① 院况介绍 –《网络（http：//ripp.sinopec.com）》

变。多年来，石科院在技术创新方面既重视与企业和设计单位的合作，注重市场拉动的作用，又十分重视开展导向性基础研究和应用基础研究，积累科学知识和工艺、工程经验，发挥知识创新对技术创新的推动作用。目前，石科院拥有从原油评价到各项炼油工艺技术及催化剂开发，直到石油产品研制和评价的全炼油厂成套技术的开发实力和研发优势。经过 60 余年的建设和发展，石科院已经成为科研力量雄厚、装备齐全，石油炼制与石油化工科研开发、技术许可、技术咨询和技术服务相结合的综合性研究开发机构。①

站在新时代的新征程上，石科院坚守“临危受命解燃眉”的初心使命，砥砺奋进再出发。随着我国开启全面建设社会主义现代化国家新征程、向第二个百年奋斗目标迈进，石油化工技术发展呈现出新的发展特点、面临新的挑战②，石科院将创新作为引领发展的第一动力，继续支撑、引领中国石油化工技术发展。

2.13 上海院：解决人民穿衣问题

20 世纪 60 年代，国内仅有少数研究单位从事石油炼制以及石油化工方面的开发研究，就世界范围而言，石油化学工业正以惊人的速度发展。为了迎头赶上世界发展步伐，建立石油化工专业研究机构，培养科研队伍，研制出具有国际水平的催化剂，从而打破国外大公司在世界范围内的垄断地位，填补国家空白，促进石油炼制和化工事业的发展，是刻不容缓的当务之急，具有重要的战略意义。

上海石油化工研究院

为此，1960 年 1 月，中共上海市委召开上海科技工作会

① 院况介绍 –《网络（http：//ripp.sinopec.com）》

② 中国航天科技集团有限公司第八次工作会议隆重召开 立足新阶段 勇担新使命 全面开启航天强国建设新征程 本刊编辑部; –《中国航天》– 2021–09–15

议，同年5月决定筹建上海石油化学研究所，于1961年5月正式挂牌，成为上海市化工局直属科研单位之一。这就是上海石油化工研究院（以下简称“上海院”）的前身。

20世纪60年代初期，自然灾害使我国的粮食和棉花大幅减产，亿万人民不得不节衣缩食，从而牵动了中央和各级地方领导的心，上海市委遵循党中央关于重点解决三年困难时期人民“吃、穿、用”问题的指示，急需发展合成纤维工业，解决粮棉争地。[①]

为什么是合成纤维？

第一，可以节省耕地面积。大约1万吨合成纤维可织成2亿1千尺布，可供1000万人穿着，相当于25万亩棉花田生产的棉花加工成的棉织品数量。而一套年生产能力为9万吨的合成纤维工厂占地面积相当于一座足球场的面积，仅4000平方米。

第二，强度高、耐腐性好。合成纤维的许多性能是天然纤维所无法比拟的。

第三，可满足人们穿着多样化需要。

丙烯腈作为腈纶的主要原料，这类石油化工基本有机原料合成项目技术难度大，涉及面广，包括催化剂研制、工艺合成、分离提纯、分析表征等多个领域。

上海院积极响应党和国家的号召，老一辈科学家们怀着深厚的爱国主义情怀，勇于涉险滩、闯难关，主动承担起当时具有国际先进水平的“丙烯氨氧化合成丙烯腈”课题作为重点攻关项目[②]。先后组织百余人的科技攻关队伍，集中优势兵力，通过反复攻坚，终于突破技术难关。1963年9月，国内首家60吨/年丙烯腈中试车间建成。从设计、土建到安装总共不

“丙烯氨氧化合成丙烯腈”
花车向中华人民共和国成立十五周年献礼

① 上海行业科技情报发展缩影集；-《竞争情报》-2018-10-20

② 上海行业科技情报发展缩影集；-《竞争情报》-2018-10-20

到两年时间。丙烯腈产品经聚合拉丝，获得聚丙烯腈纤维，向中华人民共和国成立十五周年献上了一份厚礼。

年产 60 吨丙烯腈车间

上海院是我国最早从事石油化工技术研发的综合性科研机构之一。1960 年，为解决人民穿衣问题，上海市“闵行会议”决定组建上海市石油化学研究所（上海院前身），承担起腈纶原料丙烯腈的催化技术研究任务。1984 年，上海市石油化学研究所成为中国石油化工总公司的直属科研单位，1990 年正式更名为上海石油化工研究院。其后，该技术成果成功应用于企业 2000 吨 / 年丙烯腈装置，这也是国内第一套丙烯腈固定床生产装置。在初创时期科研条件十分艰苦、技术力量薄弱的情况下，仅仅花了三年多时间，就啃下了石油化工技术领域里的一块“硬骨头”，填补了国内丙烯氨氧化技术的空白。

1978 年，党的十一届三中全会隆重召开，是中国共产党历史上又一个伟大的里程碑，会议确定了把全党工作重点转移到社会主义现代化建设上来的伟大战略决策。党中央为加快经济发展，提出了在国家计划指导下“发展优势、保护竞争、推动联合”的方针，各种经济联合体在许多地区、部门应运而生。

1981 年 9 月，国务院批复同意在上海组建国内第一个跨行业“七厂一所”联合体——上海高桥石油化工公司，上海院所成为联合体一员。

把加强与企业间的联系作为科研成果向生产力转化架设的桥梁，把为企业进行直接的技术服务作为科研工作的一项重要内容来抓，这是上海院坚持的方针，更是上海院科研体制改革的成功做法之一。几年间，根据企业需求，一批新型催化剂研发成功，并应用于企业生产装置，性能达到国际先进水平，经济效益显著，并在兰州石化公司等国内十余家工厂得到普遍应用。

1983 年 7 月，中国石油化工总公司成立。为了加强石油化工特别是基本有机化工原料的研究工作，于 1984 年 12 月将上海院从联合体划出，直属中国石化总公司领导，成为中国石化总公司的直属研究院所。

20 世纪 80 年代初，随着世界范围内科学技术突飞猛进，新技术革命正在成为现代经济增长的主要推动力，国际国内经济发展对科技、人才的竞争日趋激烈。上海院面临市场经济的严峻挑战。

1985 年，中共中央颁布《关于科技体制改革的决定》，给上海院注入了战胜困难的极大智慧和坚定勇气，大家勇于探索、大胆实践，遵循“科学技术必须面向经济建设”的方针，大力开拓科技市场，以积极、稳步实施石油化工催化剂科技成果产业化工程为策略，力求在激烈的市场竞争中拼搏出一条自我生存和发展的新路。

1986 年 4 月，中国石化总公司党组批准将上海院党总支升格为党委建制。

1990 年 3 月，上海石化所正式改名为中国石化上海石油化工研究院。

进入 20 世纪 90 年代，上海院研制的甲苯歧化催化剂替代进口产品，成为大型芳烃联合装置中的国产催化剂，为国家节约了上千万美元的外汇，产生了上亿元的经济效益。上海院研制的甲苯歧化催化剂在国内市场占有率基本达到 80%以上。

1992 年初夏，中国石化总公司给上海院发来贺电——“热烈祝贺上海石油化工研究院开发的 MB-86 丙烯腈催化剂在 5.0 万吨 / 年引进装置开车一次成功”。寥寥数语，表达了中国石化总公司对科研人员成功开发的高性能 MB-86 催化剂的肯定和感谢。

1998 年 7 月，两大石油石化公司管理重组，中国石油天然气集团公司、中国石油化工集团公司成立。上海院归属中国石化集团公司。

在中国石化集团公司的统一部署下，上海院积极贯彻实施资源调整、创新驱动发展战略，着力拓展研究领域，加快科技攻关，多项新型煤化工技术达到世界领先或先进水平。自主开发的 20 万吨 / 年煤制乙二醇成套技术达到国际领先水平，有力支撑了所在企业扭亏脱困，牵头开发成功“高效甲醇制烯烃全流程技术”，使我国成为世界上第一个掌握全流程 MTO 技术的国家，荣获 2017 年度国家科技进步奖一等奖。

← 科研人员在并入“七厂一所”联合体后的上海石化所留影

科研人员在并入中国石油化工总公司后的上海石化所留影 →

上海院把帮助企业解决实际生产中的技术难题作为科研工作重点，通过对传统产业进行技术改造和升级，形成新的效益增长点。“作为企业的研究院，要针对企业的重大需求提供实实在在的、能产生经济效益的技术”，上海院多项技术实现工业应用，产生巨大经济效益：在基本有机原料方面，甲苯歧化成套技术、丙烯腈成套技术、干气法制乙苯技术在多家企业得到应用，获得积极评价。成功开发多项增产芳烃技术，为中国石化成为全球第三家拥有芳烃成套生产技术的专利商作出了贡献。基础研究取得突破，成功开发的全新结构分子筛获得国际结构代码 SOR，标志着中国石化成为我国首个获得分子筛结构代码的企业。

创新是引领经济发展的第一动力，必须依靠创新驱动培育核心竞争力。未来，上海院将继续以创新驱动发展，大力开发绿色清洁、环境友好的新技术和新产品，同时加强前沿技术和应用基础研究，把握未来关键技术发展方向，为培育战略新技术、新产业提供技术引领和支撑，牢记初心使命，坚定创新信心，着力增强自主创新能力，加速科技创新与成果转化，为中国石化全面可持续发展和高质量发展提供更有力的技术支撑，为国家的科技进步作出更大贡献。

2.14 北化院：中国化工研究机构的摇篮

2.14.1 不忘初心，秉承使命

中国石油化工股份有限公司北京化工研究院（以下简称“北化院”），是中国最早从事石油化工综合性研究的最大的研究机构。其历史可以追溯到由著名爱国实业家范旭东先生、著名科学家侯德榜博士于1922年8月在天津塘沽成立的黄海化学工业研究社，被誉为“中国化工研究机构的摇篮”。

黄海化学工业研究社

1937年七七事变以后，天津塘沽沦陷，黄海化学工业研究社随久大精盐、永利碱厂一同迁往内陆地区，并继续开展研究直至抗战结束。

1950年，黄海化学工业研究社迁址北京，1952年，经董事会全体董事和全体员工一致同意，将社中一切财产和所有工作人员并归中国科学院，成为中国科学院工业化学研究所。

1956年国家化工部决定组建北京化工研究院，同年9月开始筹建，1958年6月1日，继承着先行者孜孜以求的科学精神，肩负着发展中国化学工业的国家期待，北京化工研究院正式挂牌成立。这一时期的北化院，不负祖国重托，一方面，以高瞻远瞩的眼光确立了以石油化工、国防化工为中心的研究方向；另一方面，继续发扬先行者的科学探索精神，将个人身家性命抛在一边，用实验室彻夜不眠的灯火，用拳拳爱国情怀中永不停歇的脉搏，迎来了共和国化学研究最初的黎明。北化院是中国最早从事石油化工综合性研究的科研机构之一，有力支撑新中国现代石油化工工业的从无到有、从小到大、从弱到强。

北化院成立之初就承载着发展新中国石油化工事业的历史使命，老一辈科学家在科学探索和强国富国之路上创造了辉煌业绩。

2.14.2 高能燃料，助力“东方红一号”

1970 年 4 月 24 日，在酒泉卫星发射中心，随着我国第一枚运载火箭长征一号发出轰鸣，“东方红一号”卫星飞向广袤无垠的太空。中国从此成为世界上第五个自行研制和发射人造卫星的国家，中国人自此叩开了通往浩瀚宇宙的大门。时至今日，“东方红一号”卫星仍在围绕地球飞行。在天气晴好的日子，许多天文爱好者还会拍摄这颗卫星经过祖国上空的照片。这些照片所承载的，是一段刻骨铭心而历久弥新的故事。①

1958 年 5 月，在中共八大二次会议上，有代表在发言中提到中国的人造卫星问题，并就此展开了热烈讨论。毛泽东主席沉默良久后，大声地说出一句话：“我们也要搞人造卫星！”当毛泽东主席发出“我们也要搞人造卫星”的号令后，全国沸腾了，“这个号召宣告了中华民族有信心、有勇气登上空间活动的舞台。”时任“东方红一号”卫星总体设计组副组长潘厚任回忆道。

发射人造地球卫星是一项庞大而复杂的系统工程，涉及包括研制、生产、发射、测控在内的众多领域②。登天之路还有一个绕不开的问题，那就是卫星的运载火箭需要高能燃料，北化院承担着高能燃料的研发任务，为了完成这项艰巨的任务，科研人员开始了追逐梦想的艰难探索，1964 年研制成功高能燃料偏二甲肼，用于发射我国第一颗人造卫星“东方红一号”的长征一号运载火箭。“东方红一号”卫星的成功发射，是 20 世纪震撼世界的重大事件，它宣告着一个东方航天大国的崛起。“东方红一号”卫星也与核弹、导弹一起，被誉为“两弹一星”，成为中华民族科技强国战略的重要标志，载入了中华民族伟大复兴的史册。

1980 年，乙丙橡胶军工产品为我国洲际导弹发射成功作出重要贡献；1988 年，新型高效聚丙烯 N 催化剂专利技术获得美国许可，使我国跻身世界聚丙烯催化剂技术强者之列。1964 年，应用北化院技术，我国建成国内第一套石脑油裂解深冷分离中试装置；20 世纪 70 年代建

---

① 东方红一号飞天记（解码 · 中国航天日）– 科技 – 人民网 –《网络（http：//scitech.people.com.cn）》

② 东方红一号飞天记（解码 · 中国航天日）– 科技 – 人民网 –《网络（http：//scitech.people.com.cn）》

成国内第一套 5000 吨 / 年聚丙烯装置；1988 年建成国产第一台 2 万吨 / 年乙烯裂解炉。几十年来，北化院不断攻坚克难，一系列填补新中国空白的重要科技成果载入史册，为国家安全和经济建设作出了重大贡献。

“东方红一号”卫星与长征一号运载火箭

2.14.3 “干，就要干好”：石化科技人的无悔追求

毛炳权是北化院教授、中国工程院院士，他用自己的行动诠释了石化科技工作者的拳拳爱国之心，矢志不渝的科学探索精神。

1933 年 11 月，毛炳权出生在广东东莞县的一个小康家庭，在遭受日本侵略的影响下，他渐渐明白了“落后就要挨打”的道理，坚信“化学工业能够生产出新中国国防和生产建设必不可少的炸药、化肥等产品”。于是，他毫不犹豫地选择了投身化工事业。1954 年，作为被大连工学院化工系保送留苏学习的 10 名学生之一，毛炳权又来到了莫斯科化工学院。1959 年，怀着一颗以所学知识报效祖国的赤诚之心，毛炳权回到了祖国，分配至成都工学院，他以满腔的热情投入新中国化学工业的建设中。①

早在 20 世纪 70 年代，在北化院唐士培教授的带领下，毛炳权等一批人即开始了聚丙烯络合Ⅱ型催化剂的研究开发工作。多年坚实的

---

① 无悔的追求——记中国工程院院士、北京化工研究院毛炳权教授 梁晓云；-《中国石化》-1999-10-23

理论基础使他有了发挥才干的广阔天地。1982 年，毛炳权作为络合Ⅱ型催化剂的主要发明人，获得国家发明奖三等奖。80 年代，毛炳权又带领专题组成员参加了国家“六五”攻关项目“以炼厂气为原料的千吨级聚丙烯技术”的研制工作，该项目于 1985 年获国家技术进步奖二等奖和中国石化总公司科技进步奖一等奖。以上述两项技术为基础，全国目前已建成 60 多套间歇法聚丙烯装置，年生产能力超过 50 万吨，年产值约为 30 亿元。①

中国工程院院士、
北京化工研究院毛炳权

20 世纪 80 年代，由发达国家开发的被称作第三代聚丙烯催化剂的聚丙烯高效催化剂几乎垄断了国际催化剂市场。我国先后从国外引进了 10 多套大型聚丙烯装置，每年在进口催化剂方面就要花费近千万美元。为了打破受制于人的局面，走在科研发展的前列，毛炳权和他的专题组毅然决定研制自己的专利产品。这是一条从未走过的、充满荆棘的坎坷之路。但为了给祖国争口气，1984 年，毛炳权和他的专题组将自己置于没有退路的起点上。

做试验，失败，讨论，修正，再试验……一点一点地探索，一步一步地前进。辛勤的汗水终于浇灌出鲜艳的花朵。1985 年 4 月，毛炳权和同事们成功地研制出了一种新型催化剂，被他们命名为“N 型高效催化剂”。毛炳权作为第一发明人的 N 型催化剂获得国家科技进步奖二等奖，填补了国内聚丙烯催化剂的一项空白，同时成为我国第一批申请的专利之一，并相继取得美、日、德、英、意、荷兰、比利时等国专利②。1993 年 10 月，30 吨 / 年的 N 型催化剂扩大中试装置在北京奥达石化新技术开发中心建成，为 N 型催化剂在国内、国外的进一步推广打下了坚实的基础。目前，聚丙烯 N 型催化剂在国内市

① 无悔的追求——记中国工程院院士、北京化工研究院毛炳权教授 梁晓云；–《中国石化》– 1999–10–23
② 无悔的追求——记中国工程院院士、北京化工研究院毛炳权教授 梁晓云；–《中国石化》– 1999–10–23

场占有率已达 60% 以上，累计为石化企业增效 1.5 亿元以上。

科学的道路是永无止境的。由于 N 型催化剂仅能应用于均聚物，在研制聚丙烯 N 型催化剂的同时，毛炳权就已在探索应用于共聚物的大球催化剂。1990 年，毛炳权正式接受了国家计委和中国石化总公司下达的“聚丙烯球型催化剂”的“八五”攻关项目。毛炳权又一次接受了挑战。“干，就要干好！”正是靠着这种拼搏的精神，球型催化剂 1991 年顺利通过实验室研究与中间试验的鉴定，并取得了中国专利。由于积劳成疾，毛炳权病倒了，做完手术，刚从昏迷状态中清醒过来的毛炳权紧握住身边同事的手，急促地说：“快，赶紧派人把我送去开车，否则报告就出不来了。”当同事告诉毛炳权报告已出来时，他这才放心地养病。

回顾毛炳权所走过的大半生，坎坷、幸运，委屈、光荣交织在一起，但无论是身处逆境，还是在鲜花的簇拥中，一个信念始终未曾改变，那就是“报效祖国”。正如毛炳权自己所言：“几十年，大多数是被动地跟着历史浪潮走，一生中只做过两次选择：一是报名参军，从此改变我人生的道路；二是入大学时选择了石油化工专业，对石油化工，从不熟悉到熟悉，到喜欢，到热爱，几十年来无怨无悔。”①

在历代科研人员的不懈努力下，北化院自主创新实力不断增强。每年承担多项国家级研究课题，以及中国石化重大项目、“十条龙”攻关项目、关键核心技术攻关、颠覆性技术攻关等重点科技开发任务；坚持开放式合作创新，与国内外先进企业、知名高校、科研机构深入开展学术交流与技术合作；注重基础前瞻新领域探索，瞄准科技前沿不断培育新动能，为满足国家战略需求和中国石化高质量发展作出重要贡献。

---

① 无悔的追求——记中国工程院院士、北京化工研究院毛炳权教授 梁晓云；-《中国石化》- 1999-10-23

3 弘 扬

中国石油石化工业从无到有、从小到大、从弱到强，中国石化连续多年位列《财富》世界五百强前五，我国从一个依赖“洋油”“洋布”的国家发展成为位居世界前列的石油石化大国。今后，中国石化要继续成为党和人民可以信赖和依靠的“大国重器”就要大力传承石油精神、弘扬石化传统，牢记“中国石化生来为党为国家为人民”的初衷，服从服务于国家战略，把忠诚、担当、奉献、奋进作为座右铭，保持“朝受命、夕饮冰，昼无为、夜难寐”的斗志，把个人的奋斗梦想、公司的发展愿景融入“为中国人民谋幸福、为中华民族谋复兴”的初心和使命中，坚定不移在党的领导下走中国特色现代国有企业发展壮大之路。

3.1 上海石化：金山卫里建“金山”

1972 年 6 月 18 日，中共上海市委决定，在金山卫建设上海石油化工总厂，以解决 8 亿人民穿衣难的历史问题。金山卫襟江带海，滩涂广阔，适合石化工业基地生产装置多、占地广又少占用农田的需要。自此一批来自五湖四海的新金山人，在这里以豪迈的气魄填大海、辟交通、兴工业、造新城，开始谱写上海石油化工基地建设的新篇章。

几十年来，在党中央领导决策、关怀下，在国家有关部委、中国石化和上海市领导的帮助下，在几代石化职工的共同努力下，上海石化取得了举世瞩目的辉煌成就[①]。上海石化的建设发展史,是艰苦创业、团结拼搏的奋斗史，是积极探索、勇于改革的创新史，是取得显著经济效益、为国家和人民作出重大贡献的成就史。

从一期工程到六期工程，从国有企业到国际上市公司，上海石化在实践中成功地跨越前进道路上一个又一个艰难险阻，实现了一次又

① 建设具有国际竞争力石化企业的奋斗之路——上海石化 30 年建设发展的成就、经验与展望 –《石油化工技术经济》– 2002–08–25

一次的飞跃，成为中国最大的炼油化工一体化综合性石油化工企业之一，也是中国重要的成品油、中间石化产品、合成树脂和合成纤维生产基地。在我国石化工业的建设发展史上，创造了“金山速度”；为国有企业改革提供成功范例，开创了“金山道路”；为国民经济发展作出重要贡献，创造了“金山效益”；为国家经济建设提供了大量有效供给，作出了“金山贡献”；为我国社会主义企业发展提供了成功样本，丰富了石油精神、石化传统的内涵，培育了企业发展的不竭动力——“金山精神”。

3.1.1 金山精神：“艰苦创业、科学求实、团结进取、忘我献身”

上海石化的建设，始于围海创业。1972 年 12 月 25 日，上海市金山县、浙江省平湖县 15 个乡镇 5 万多名农民工，扛着锄头、铁锹，来到金山卫的海滩上围海造堤，“千军万马战金山”，为中国最早一批化纤装置打下地基。①

1974 年元旦，上海石化一期工程开工建设。一期工程是广大石化职工，在响应毛主席号召，为解决 8 亿人民穿衣问题这一崇高目标的激励下，顶青天、踏荒滩、住猪棚，围海创业。他们甚至大多数都没有搞大型石油化工的经验，但上海石化人发扬了自力更生、艰苦奋斗、科学求实的精神，积极学习先进技术，群策群力，在建厂的实践中学会了驾驭现代化大型石油化工企业的本领，培育了大生产意识和作风，孕育了“艰苦创业、科学求实、团结进取、忘我献身”的“金山精神”。他们热爱金山、建设金山、美化金山，践行“爱我中华、振兴石化”的光荣使命，使得金山变成了真正的金山银山。

3.1.2 纤丝传承红色基因，创新引领行业未来

20 世纪 70 年代，为解决全国人民穿衣难题，经毛主席圈阅、周总理批准，引进成套化纤装置的金山工程光荣而生。半个世纪过去了，从穿衣工程、丰衣工程到产业报国，上海石化紧紧围绕国家和人民需要，走出了一条科技创新发展之路。

---

① 上海石化红色教育基地：创新引领行业未来 石宣；王佳麟；–《中国石化》– 2021–12–15

勘测人员在滩涂上测量

围海工程现场（1973）

养殖场猪棚改建的上海石化总厂筹建指挥部（1973）

2012 年，上海石化建成 1000 吨 / 年碳纤维装置。中国终于有了拥有自主知识产权的碳纤维产业化装置。

2018 年，上海石化试制出具有国际先进水平的 48K 大丝束碳纤维，成为国内首家、全球第四家掌握大丝束技术的企业。①

2021 年 1 月 4 日，总投资 35 亿元的上海石化 48K 大丝束碳纤维项目打下第一根桩。

① 上海石化红色教育基地：创新引领行业未来 石宣；王佳麟；–《中国石化》– 2021–12–15

细如丝，韧如根，厚如魂，一根丝延绵半个世纪，这是砥砺半个世纪的自强梦，是为党为国为民的初心使命。

上海石化红色教育基地

当初金山卫的围海建厂，是要解决全国人民穿衣问题；如今的大丝束碳纤维项目，是为实现高水平科技的自立自强。时空不同，人员不同，内容不同，但有一样却不曾改变，那就是石化人为党为国为民的初心。碳纤维广泛应用于国防军工、航空航天等领域，是战略性材料，技术壁垒森严。上海石化人铆着一股劲，研发团队独辟蹊径，“驯服”了碳纤维生产所需的无机溶剂。现在，上海石化是国内唯一掌握大丝束碳纤维自主知识产权的企业；中国石化碳纤维专利数量居国内第一、世界第三。[①]

3.2 天津石化：“四心”光耀海河边

3.2.1 丹心报国

20 世纪 70 年代，国家炼油项目投入建设，毛泽东主席亲自圈阅批复了全国四大化纤基地之一——天津大化纤建设项目，实现了天津市几代领导人和天津市人民的梦想。“我为祖国献石油，我为祖国建化纤，我为化纤献青春”成了当时创业者的共同理想。来自全国四面八方的建设者们，在天津海河边的盐碱滩上开始了艰苦创业。

作为全国四大化纤基地之一，天津石化的投产，极大地缓解了当时全国每人每年仅一丈七尺三寸布票的紧缺，做到可以为全国人民每人提供一米化纤布料；炼油产品销往六七个省市，航空煤油成为空军储备用油和国家元首专机用油，在盛大的国庆阅兵仪式上，党和国家领导人检阅的空军飞机使用的就是天津石化的航空煤油；公司的利税

① 上海石化红色教育基地：创新引领行业未来 石宣；王佳麟；–《中国石化》– 2021–12–15

总额曾列天津市第一，全国排名第 21 位。原公司党委书记李金琨动情地说：“当年的创业者就凭着革命加拼命的拼搏精神、艰苦奋斗的创业精神、无私奉献的献身精神和团结合作的协作精神，创造了天津石化的辉煌。”①

几代天津石化人正是在这种“我为祖国献石油、我为祖国建化纤、我为化纤献青春”的共同理想感召下，怀着“爱我中华、振兴石化”的家国情怀，在海河边谱写了一部天津石化的艰苦创业史。

新时代的天津石化，已经站到了新的发展起点上，仍将秉承“丹心报国”的家国情怀，朝着“建设世界一流环渤海炼化一体化产业基地”目标奋勇前行。

3.2.2 真心实干

盐碱滩上的“三间房”，曾经是放羊人避风遮雨的简陋草房，而在大会战建设时期，却成为石化开拓者们的“豪宅”。拓荒的建设者们在一望无际的盐碱芦苇丛中勘察地形，三通一平时，只有这个“三间房”是他们唯一休息的地方。为了抓紧工期，尽快完工，他们在这荒凉之地建起了席棚和干打垒的土房。睡通铺、吃窝头、喝苦咸水；晴天一身土，雨天一脚泥；在方圆十平方公里的水塘荒碱地上，建设者们靠人拉肩扛、土方会战、“毛驴车”会战，硬是将水塘荒碱地垫高了一米，艰难地开通了拓荒之路。②

在艰苦创业阶段，条件之恶劣无法想象。在凛冽的寒风中，建设者们住在简易的席棚里，穿上厚厚的衣服，盖上所有能保暖的东西，一夜醒来仍四肢冰冷。每到雨季遇到大雨，雨水直接进了屋里，脸盆、衣服等全漂在水上，大家只好蹚着水干活。晚上肆虐的蚊虫向建设者们示威，大家只好穿着雨鞋、披着雨衣工作。就是在这样的环境下，他们每月工资仅 30 多元，晋升一级工资也不过多 4.2 元。

曾参加创业的鞠光亮老人回忆，为了使建筑材料及时拉运到现场，水泥卸货任务就落在了职工身上，50 公斤一包的水泥落在那些从未干过重活的孩子们肩上，身体被压得七扭八歪，还出现了党团员“夹个

---

① 天津石化建设者之歌——“老照片·讲述创业者的故事”现场纪实 周美玲；–《中国石化》– 2007–06–20

② 天津石化建设者之歌——“老照片·讲述创业者的故事”现场纪实 周美玲；–《中国石化》– 2007–06–20

儿”的场面。当时有一名刚调来的王大姐，她刚刚切除了一片肺叶，可她每次都主动多扛，尽管领导多次劝阻，但每次一有扛水泥的任务，队伍里总是闪动着她的身影。一列火车 40 车皮，每个车皮装运 50 吨，人们一通宵就卸下 40000 袋水泥。炎热的夏天，水泥把肩膀浸透脱去了一层皮，又红又肿。没有洗澡的地方，他们就在河沟里冲洗满身的泥土。①

当时工地建设正处于紧要关头，一场大地震突然降临。有一位叫赵国亮的老师傅为了及时赶到工地，在公路断裂、交通停运的情况下，步行将近一天从市区丁字沽来到大港，并主动请缨加班加点工作，而且一干就是 40 多天。

平板车土方会战

是什么精神和力量支撑着老一辈建设者们度过那艰苦岁月呢？原公司党委副书记王波忠激动地说：“这就是毛泽东思想锤炼的一代人啊！”是的，就是一批这样的“真心实干”的拓荒者，为天津石化创造了奇迹。②

3.2.3 匠心至善

匠心打造绿色企业。2018 年，天津石化启动了建设世界一流绿色企业行动计划，制定了 2018 年度绿色企业创建实施方案，扎实推进绿色企业创建工作。全年公司化学需氧量、氨氮、二氧化硫、氮氧化物同比分别减排 43.9%、42.6%、9.8%、3.4%，环保设施投用率、排放合格率 100%，废水、废气、VOC 等污染物排放均达到国内领先水平③。在集团公司炼油板块所罗门绩效评价中，公司能源消耗指标位于全球第一组群，连续 8 年获得集团公司环保工作先进，成为中国石化首批 10 家绿色企业之一。

① 天津石化建设者之歌——“老照片 · 讲述创业者的故事”现场纪实 周美玲；–《中国石化》– 2007–06–20

② 天津石化建设者之歌——“老照片 · 讲述创业者的故事”现场纪实 周美玲；–《中国石化》– 2007–06–20

③ 中国石化天津石化的绿色发展经 – 原创新闻 – 中国经济新闻网 –《网络（http：//www.cet.com.cn）》

匠心打造“花园式工厂”。长期以来，天津石化坚持绿色低碳发展战略，在努力打造“无异味工厂”、创建绿色企业的同时，持续举办国内最大规模的公众开放日活动，广邀地方政府、社区居民和媒体记者，走进石化生产作业区，现场了解清洁生产技术，亲身感知环境保护成果，不断深化企业与公众之间的认同感。作为远近闻名的现代企业文化示范景点——化工苑，塔林辉映、绿树成荫、百花盛开、孔雀争艳、群鹿嬉戏，呈现出一幅人与自然和谐共处的精美画卷。梅花鹿是国际公认的环境指示动物，在天津石化，作为“环境监测员”的梅花鹿与石化装置相依相伴、繁衍生息，以其健康活泼、恬静怡然的神采，吸引着众多来宾的目光，已成为远近闻名的打造环境友好企业的“形象代言人”。

3.2.4　同心并力

50 多年来年复一年、日复一日地艰苦奋斗使得天津石化在发扬和继承石油精神前进的基础上，不断取得新的进步，并孕育出天津石化精神：艰苦创业的精神。天津石化的艰苦创业精神就是永葆对党忠诚、产业报国的政治品格，就是坚守求真务实、真抓实干的责任担当，就是发扬精细严谨、追求卓越的优秀品质，就是践行“一家人一条心、一个目标一股劲”的天津石化理念。

3.3　镇海炼化：打造世界一流石化基地

1975 年 5 月 23 日，为解决浙江省长期以来燃料供应严重不足的问题，设计原油加工能力 250 万吨 / 年的浙江炼油厂（现镇海炼化）正式开工建设，在一片海涂上打下了第一根混凝土预桩。两年后，一期工程中的常减压装置试车出油一次成功。

从此，中国东海之滨，一座世界级石化基地悄然崛起。

46 年来，浙江炼油厂的名称从浙江镇海石油化工厂、中国石化镇海石油化工总厂、镇海炼油化工股份有限公司变更为镇海炼化（全称为：中国石油化工股份有限公司镇海炼化分公司）。镇海炼化已发展成为全国最具竞争力的炼化一体化基地，被树为“国资央企新标杆”。

1975 年浙江炼油厂开工建设

3.3.1 牢记嘱托，建好“一号工程”

20 世纪末，镇海炼化的原油加工能力已经达到了一个新的高度。但是之江大地上，油气资源先天禀赋不足。虽然浙江是全国闻名的小商品市场、中国塑料城、小家电之都、纺织品基地等，而其重要原料——素有“石化之母”的乙烯，却只能大量依赖国外进口。

习近平总书记在浙江工作时曾先后三次来到镇海炼化，亲自推动乙烯项目立项、核准、开工，并称镇海炼化为“浙江宝贝”，并在 2006 年 11 月 6 日出席大乙烯奠基仪式时发表重要讲话，提出了“世界级、高科技、一体化”的殷切期望。这是浙江省的第一套大乙烯，被称为“一号工程”，填补了浙江乙烯工业的空白，辐射带动整个长三角地区经济发展。[①]

镇海炼化奠基

（2006.11.6）

新世纪，“世界级、高科技、一体化”成为镇海炼化的奋斗目标。

十多年来，镇海炼化牢记总书记嘱托，按照党中央打造

① 长江经济带上的绿色明珠 齐铁健；–《中国石油石化》–2021-07-01

世界一流决策部署和国务院国资委深化改革三年行动计划和对标世界一流管理提升行动安排，在中国石化党组的正确领导下，扎实推进对标提升行动。

2021 年，镇海炼化实现营业收入 1178 亿元、利税 322 亿元、全员劳动生产率 525 万元 / 人；入选国务院国资委国有重点企业“管理标杆创建行动”标杆企业。

3.3.2 振兴石化，打造中国旗舰

在党旗下成长起来的镇海炼化，牢记党和国家的嘱托，担负着振兴中国石化的使命。40 多年来，筚路蓝缕，以启山林；开天辟地，敢为人先。

镇海炼化创业至今，已累计实现利税超 3600 亿元，其中“十三五”期间累计实现利税超 1500 亿元，以铁一般的事实彰显了我国基本经济制度的巨大优势，进一步证明了我国国有企业是完全能够搞好的。

镇海炼化在多个领域创造了“第一”：

- 浙江第一套大乙烯，被定为“一号工程”，填补浙江乙烯工业的空白。
- 首次实现百万吨级乙烯在芯片、操作系统等分散控制系统的全面国产化。
- 首次实现数字工厂和物理工厂同步建设、同时交付。
- 浙江省规模最大的 5G 专网。基地各类仪器仪表、开关阀门、视频监控等设备都将陆续接入 5G 专网。
- 自主研发应用国内独一无二的“智能仪表健康管理平台”，所有仪表可直接接入平台进行维护。
- 全国最具竞争力的炼化一体化基地，被树为“国资央企新标杆”。

乙烯中控室

实践证明，镇海炼化作为大国重器，当之无愧。

3.3.3 精益极致，锻造乙烯“国芯”

乙烯被称为“石化工业之母”，是石油化工的基础性原料。乙烯产量更是衡量一个国家石油化工发展水平的重要标志之一。

镇海炼化人认为，大乙烯是一块待加工的“璞玉”，只有精雕细刻，才能使它成为“大器”。在“十三五”期间，镇海炼化着眼持续发展，打造“实力、活力、魅力”的镇海炼化，细化实施 18 个专项规划，加快将企业建设成为技术先进、具有国际竞争力的世界级炼化基地，打造中国特色国有企业品牌，使其成为中国石化的一张名片。

2020 年度国家科学技术奖励大会在北京举行。镇海炼化参与完成的“复杂原料百万吨级乙烯成套技术研发及工业应用”，获国家科技进步奖一等奖。该项目使我国率先成为全面掌握复杂原料乙烯成套技术的国家，有力支撑起我国石化工业的高质量发展。镇海炼化大乙烯作为我国百万吨级乙烯成套技术工业应用装置中运行最平稳、最有效益的装置，代表了我国科技在乙烯工业创新创造中的最高水平，是“中国创造”的一张重要名片，同时也是精益极致、追求卓越的石化优良传统的体现。

3.3.4 “三色”辉映，建设美丽中国

“十四五”开局之年，习近平总书记明确提出，高质量发展是我国经济发展的必由之路。作为引领高质量发展主力军的长江经济带，要走出一条生态优先、绿色发展的新路子。镇海炼化响应总书记号召，推进“红绿蓝”三色高质量发展，锚定“世界级、高科技、一体化”绿色石化基地这一总目标，努力拼搏，为中国石化未来发展探路引航。

国家科学技术进步奖
证　书
为表彰国家科学技术进步奖获得者，特颁发此证书。
项目名称：复杂原料百万吨级乙烯成套技术研发及工业应用
奖励等级：一等
获 奖 者：中国石油化工股份有限公司镇海炼化分公司

乙烯工程发明获国家科学技术进步奖一等奖（2021.9.23）

党建红——在党旗下成长为大国重器。

镇海炼化在党旗下诞生，在党旗下成长，在党旗下壮大，血液里有着鲜明的红色基因。在新时代，以习近平新时代中国特色社会主义思想为指引，汲取百年党史的奋进伟力，站在浙江“三地一窗口”的高度，镇海

炼化主动融入长三角一体化发展国家战略和浙江省、宁波市经济社会发展规划，推动企业更高质量发展，发挥大国重器的作用。

2021年镇海炼化，以“打造世界一流石化基地”入选中国石化第一批红色教育基地，以及央企100个爱国主义教育基地。

生态绿——工业文明与生态文明交相辉映。

“绿水青山就是金山银山。保护生态环境就是保护生产力，改善生态环境就是发展生产力。”作为党领导下的央企，镇海责无旁贷地担负起了建设“美丽中国”的使命，启动了一系列建设绿色企业的措施。如实施“无废无异味”绿色工厂、采取“能减则减、可用尽用、应分尽分、应烧尽烧、常治长效”措施，实现“废气不上天、固废不落地、废水不出厂”；建成68套在线监控系统，对外排废气、污水以及厂界空气质量全方位24小时在线监控；实施重油制氢装置碳黑进电站锅炉回用，实现内部处置率98.99%；内部综合利用各类固废1372.28吨。

在自然环境上，镇海炼化顺应自然，保护自然。自2020年起，分两阶段升级改造“东亚－澳大利亚候鸟迁飞区”的重要群栖之地——白鹭园。2021年6月5日世界环境日之际，中国石化首次发布10大“美丽石化——生态排放景观”企业案例，镇海炼化白鹭园位列其中。

发展蓝——为中国石化未来发展探路引航。

镇海炼化的“十四五”战略，提出了擘画“12345”的蓝图。即：锚定一个总目标，坚持双轮驱动，实施三大战略，立足四大定位，实现五方面跨越。宏伟的发展蓝图为镇海炼化打造中国石化旗舰型标杆企业，为中国石化未来发展探路引航奠定了明确而清晰的发展思路。

炼塔林林，白鹭袅袅

工业文明与生态文明交相辉映

镇海炼化“十四五”发展蓝图

一个总目标	打造“世界级、高科技、一体化”绿色石化基地
双轮驱动	坚持“科技创新＋管理创新”双轮驱动发展
三大战略	打造全产业链的发展战略 深化数字化转型的改革战略 持续赋能赋智的人才战略
四个定位	对标世界一流管理提升的标杆 为中国石化未来发展探路引航 浙江省烯烃产业链上下游企业共同体牵头单位 宁波市石化产业链龙头企业
五个跨越	全产业链发展和科技创新 企业规模和质量效益实现跨越 数字化运营和一体化管控实现跨越 赋能赋智和人才成长实现跨越 党建质量和水平实现跨越

3.4 西北油田：奉献边疆塔河畔

西北油田历史久远，其前身是1955年组建的地质矿产部华北地质局226队，1960年扩组为地质矿产部第一矿产普查勘探大队，1967年转战青海，1978年挺进新疆进行资源勘探。自进疆以来，坚定不移地履行政治、经济和社会责任，有力推动了国民经济建设、石油石化工业发展和地区经济社会进步。紧紧围绕国家和自治区经济建设需要，大力推进理论创新、技术创新，大力推进增储上产、效益开发，建成了我国最大的古生界海相碳酸盐岩缝洞型油气田，为保障国家能源安全作出了积极贡献。目前，西北油田已成为中国石化上游第二大油田，新疆第二大原油生产企业。

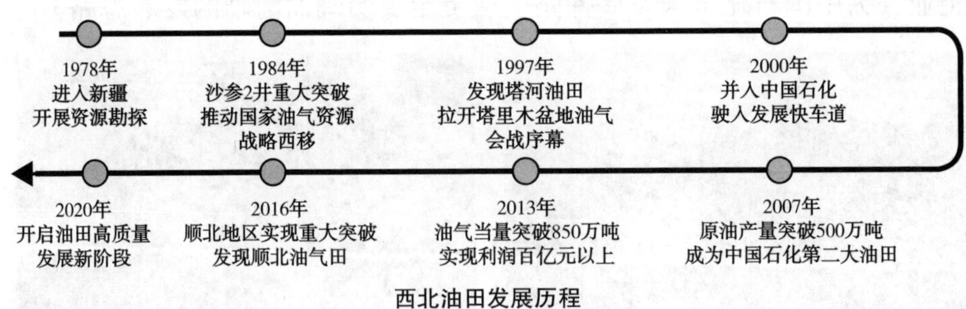

西北油田发展历程

在企业文化建设方面，西北油田始终以中华文明和中国共产党先进文化为指导，传承“三光荣”精神和“大庆精神”，大力弘扬“石油精神”，发扬石化优良传统，提炼形成了“敢为人先、创新不止”的塔河精神。

3.4.1　继承“三光荣”精神，会战塔河油田

20世纪八九十年代是西北油田的艰苦创业时期。在特定的时代背景和环境条件下，这一阶段没有正式提出企业文化的概念，而是自觉继承和发扬地矿系统“三光荣”精神和认真学习“大庆精神”。“三光荣”精神，即“以献身地质事业为荣、以找矿立功为荣、以艰苦奋斗为荣”，对弘扬地质行业优良传统、培养过得硬的地质队伍、推动地质文化建设、促进地质事业发展，起到了积极作用。

进军塔里木盆地

在塔里木石油大会战中，西北石油人自觉继承和发扬地矿系统“三光荣”精神，认真学习“大庆精神”，将石油精神和地矿精神相结合，不怕苦、不怕累，用实际行动诠释了铁人精神。

1984年9月22日，在西北大漠深处，沙参2井获得高产工业油气流，从此拉开了我国海相古生代油气田勘探与开发的序幕，塔里木石油大会战正式开启。

沙参2井的钻进过程并不一帆风顺。沉寂了亿万年的油气流夹带着地层深处的砂石，从地下喷薄而出，砂石撞击到井架上，火星会引发大火。50公里以外可以看到直刺苍穹的浓烟，20公里外可以听到震耳欲聋的狂啸。

王守忠和他带领的6008钻井队正是钻探沙参2井的主角。作为一线指挥员，王守忠在沙参2井一系列抢险工作中带领敢死队冲锋在前，烈焰中，他站在火势最猛处，任凭熊熊烈焰炙烤皮肉，热油灼烫腿脚，衣帽烧破了，毛发烧焦了，皮肤烧伤了……历经56个日日夜夜的抢险奋战，国家的油井、设备等上亿元财产保住了。烈火高温检验了他的筋骨，千难万险锤炼了他不畏艰险的品质，他被人们称为“石油铁人”。身先士卒，冲锋在前，6008钻井队用行动生动诠释了优秀共产党人不怕牺牲、勇于奉献的高贵品质。在生死关头，没有一个人畏惧，没有一个人退缩，他们用一不怕苦、二不怕死的实际行动诠释了铁人精神，取得了抢险保井的重大胜利。

在沙参2井抢险现场一名外国专家曾目睹王守忠拼命冲上火线的样子，事后问道:“难道你不怕死吗？”

“油井是国家的，拼上命也要保住这口井！”王守忠铿锵有力地回答。

王守忠像所有地质人一样，是“以献身地质事业为荣，以艰苦奋斗为荣，以找矿立功为荣”的三光荣精神的伟大践行者和发扬者，他也像所有石油人一样，是“苦干实干”石油精神的继承者。“石油铁人”是人们对他的尊称，也是对像王守忠一样的石油人的致敬。王守忠1985年1月被授予“地质矿产部劳动模范”，1985年8月被授予“新疆维吾尔自治区劳动模范”，1989年9月荣获“全国劳动模范”称号，1991年3月荣获全国“五一劳动奖章”，同年被授予地质矿产部特等劳动模范。

沙参2井是塔里木油气大会战里程碑式的大发现，也成为西北石油人的精神航灯。西北油田在沙参2井立起纪念碑，激励着一代代的西北石油人前赴后继，攻坚克难，攻关塔里木盆地勘探开发世界级难题。

3.4.2 “敢为人先、创新不止”的塔河精神

进入21世纪，通过两轮重组（2000年新星公司整体并入中国石化、2008年勘探西北分公司与西北油田分公司整合重组），西北油田进入了全新的“油公司”管理模式。

人民日报

RENMIN RIBAO

沙漠春雷

——塔里木盆地沙参二井出油记

塔里木盆地北部打出一口高产油气井

《人民日版》报道塔里木沙参 2 井出油（1984）

沙参 2 井纪念碑广场

在企业快速发展的过程中，西北油田也不忘企业文化建设，对企业文化不断进行梳理、提炼，提出了“敢为人先、创新不止”的塔河精神；新时代，又进一步将塔河精神升华为“三敢三创”。

“三敢”：即敢于探索、敢于拼搏、敢于超越；

“三创”：即创新发展、创业报国、创建和谐。

企业的发展和进步，离不开“创新”二字。是创新引领了企业快速发展的步伐，是创新给塔河油田插上了腾飞的翅膀。西北石油人长期奋战戈壁荒漠、以苦为荣、为油而战的核心价值，加上创新发展的理念，赋予了“塔河精神”新的内涵。

“塔河精神”，既是对“三光荣精神”的传承和弘扬，也是“石油精神”在新时代的发展和升华，寄托了西北石油人对祖国能源事业的高度责任感和使命感，成为推动西部加快增储上产，实现跨越式发展的强大动力。

一代代西北石油人精神相传，情筑大漠。面对世界级勘探开发难题，敢于拼搏，勇于亮剑，支撑西北油田发展成为我国陆上十大油田之一，谱写了大漠戈壁弘扬铁人精神的宏伟史诗。多年来，西北石油先后获得全国科学大会奖、全国地质勘查功勋单位、全国五一劳动奖状、全国文明单位、国家西部大开发突出贡献集体、国家科技进步奖一等奖等国家级荣誉 10 余项，省部级荣誉 100 余项。

石油井场有铁人，科研攻关有巾帼。西北油田的巾帼们也不让须眉，不断在科研攻关中担负起了重任。朱秀香和她的团队就是担负储量申报的一支科研团队。她们通过分析基础资料、创新油藏描述方法，实现油藏的精细描述与储量的精确计算。团队的 10 多个女性中，很多人有一个或者两个孩子，一边要忘我攻关，一边要照顾家庭。在铁人精神的鼓舞下，她们刻画出 5500 米至 8000 多米储集油气空间的形态，计算出油田公司 2021 年新增探明地质储量，得到了国家储委的认可，为建设千万吨级油气田夯实了资源基础。

只有荒芜的戈壁，没有荒凉的人生。一支面对着世界级难题能够无所畏惧、冲锋陷阵，创造一个个奇迹的石油队伍，同样有着无比光辉灿烂的精神世界和精彩人生。面对新的历史发展机遇，西北石油人秉承既“敢”又“创”的塔河精神，继续创造我国西部石油、天然气勘探开发的奇迹。①

奋进的塔河人

朱秀香团队在讨论项目

① 创新给塔河油田插上腾飞的翅膀 本报记者 宗钢 周兴岩 李彦荣；–《中国石化报》– 2008–07–03

3.5 新星石油：敢为人先求卓越

3.5.1 敢为人先，追求卓越

新星石油有限责任公司前身是原地质矿产部的石油地质海洋地质局，是李四光任地质部部长时于 1956 年成立的。当时是计划经济体制，地质矿产部负责找油。50 多年来，这支队伍为我国石油工业发展作出了巨大的贡献，特别是大庆油田的发现留下了历史的功绩。1996 年机构改革，以原地质矿产部石油地质海洋地质局及其所属石油系统的普查勘探、科研队伍为基础，成立了中国新星石油有限责任公司。新星这个名称是原国务院副总理邹家华提出来的。新星公司所辖西北、西南、东北、华东、中南、华北、广州海洋局、上海海洋局等 8 个油气勘探开发局。发现和建设了塔河大油田，曾先后在中国陆地及海洋 76 个盆地进行了系统的油气普查工作。①

新中国成立以来，经过地矿、陆上石油、海洋石油三个方面的共同奋斗，我国石油天然气勘探、开发取得重大进展。但是，随着改革与发展的步伐加快，经济建设和社会发展的跨世纪宏伟工程的实施，对作为国家能源命脉的石油工业提出了更新更高的要求，而我国当前油气产量增长缓慢，油气开发的后备基地严重不足，油气能源的供需矛盾日益突出，已成为制约国民经济发展的“瓶颈”。为缓解我国油气能源紧缺的局面，必须调动各方面的积极性，实行“多家办油”的方针。以地矿部油气勘查、开采队伍为基础组建的中国新星石油公司，是我国油气勘探、开发的主力军之一，这支队伍曾为我国一系列大中型油气田的发现作出巨大贡献，为中国石油工业的崛起并跻身于世界产油大国之列发挥了奠基和导向作用。这支队伍成为国有独资石油公司后，更有利于充分发挥其优势和潜力，有利于运用多种思路更多更快地发现油气田，为我国石油工业注入了新的活力。②

中国新星石油公司的成立是我国加快石油工业改革与发展的重大决策，是深化地矿行业改革的重要举措。从此，我国形成了由政府部

① 中国石化集团的一颗新星——新星石油公司总经理詹麒答记者问 穆国民；张文康；–《中国经贸导刊》

② 中国石油工业的一颗新星——祝贺中国新星石油公司成立；–《石油科技论坛》– 1997–02–15

门行使油气资源和石油工业行业管理、三家各具特色和优势的国家石油公司在社会主义市场经济环境下合法竞争和相互支持的新格局。成立中国新星石油公司，是新时期加速我国石油工业发展的需要。新星石油精神是在特定的背景下孕育而生的，“敢为人先，追求卓越”是新星石油在以“苦干实干”“三老四严”为核心的石油精神上的进一步发展和延续。

3.5.2 艰难探索，勇敢创新

20世纪60~70年代，国内的石油队伍曾在塔里木盆地进行大量的勘探，但成果甚微。1984年，以油气发现见长的原地矿部西北石油局凭着科学的找油思路和百折不挠的精神，在塔北雅克拉构造创造了奇迹，实现了我国古生代海相油气的重大突破，揭开了塔里木崭新的一页。以此为开端，大批石油队伍开赴塔里木，形成了勘探高潮。

然而，巨大的勘探投入却未能产生与之匹配的勘探成果，到90年代中期，仅获得了几亿吨的探明储量，只占塔里木盆地200多亿吨油气资源量的极少部分。巨大的资源量与微乎其微的探明储量，巨大的投入与少之又少的产出，巨大的盆地与极其有限的可供勘探区，这三大突出矛盾，严重阻碍了塔里木石油勘探事业的发展。①

在困难面前，西北石油局进行了深刻反思，并在新星公司和各方专家的有力支持下，对勘探情况进行了科学分析，终于找到了问题的症结。原来，多年来塔里木的石油勘探主要集中在埋藏相对较浅、风险相对较小的中生界和新生界，虽然这些层系具有比较可观的油气储量，但并非主力生油层，而且局部层系含油面积有限。因此，开发初期产量较高，而随着勘探规模扩大和时间的推移，这些层系的地层压力逐渐下降，原油产量也逐年减少。找出了问题的症结所在，勘探目标就明确了。1996年，西北局决定，把寻找主力生油层作为研究重点。

一不做，二不休，西北局还通过体制改革，加强了综合研究队伍，将地质和物探技术力量有机结合，把国家重点科技攻关项目与部、局研究项目有机联合，达到了集中研究力量、确保科研经费、研究目的

① 西部突进 本报记者 宗钢; –《中国石化报》– 2000–10–07

明确、研究重点突出的目的。针对勘探技术手段落后的状况，西北石油局果断投入大量资金，引进并采用了具有当代国际先进水平的三维可视化技术、三维地震数据相关处理、地震属性参数提取以及模式识别等技术方法，有效地识别了地层裂缝、溶洞发育带。西北石油局在测井中还运用了成像测井新技术，有效判别和区分了岩溶裂带。①

新的思路加上新的技术，西北石油局在西部油气勘探中终于获得了重大进展。

3.5.3 艰苦创业，拓展业务

新星公司自并入中国石化以后，历经了多次重组整合，发展势头很好。公司的主营业务分为工程服务、地热开发、矿业开发三大板块。其中，海外工程服务是新星公司这几年最值得骄傲的业务。虽然受金融危机影响，但是新星公司的海外工程服务各项指标创历史新高，位居中国石化集团上游企业海外工程的前列。新星公司在海外非油工程方面也取得了规模化发展。新星公司的控股公司中地海外建设集团已经连续三年入围全球 ENR225 强，屡次受到国家部委的褒奖，2009 年被授予“中国对外承包工程企业社会责任奖”。此外，新星公司在地热开发上也取得了进展。2006 年新星公司与冰岛合作组建了陕西绿源地热能源公司。目前在咸阳和雄县两地的供暖面积已发展到 260 万平方米，累计减排二氧化碳 30 万吨。②

新星公司的发展史，既是一部艰苦创业奋斗史，也是一部优良传统传承史。在中国共产党的带领下，我国石油工业历经了从无到有，从有到强的巨大飞跃，茫茫荒原阻不断石油人建设新中国的铿锵脚步，漫漫冰雪冻不住石油人奉献石油花的满腔热血，一路走来，一代又一代石油人用热血和汗水凝聚成以“苦干实干”“三老四严”为核心的石油精神。新星公司是在建立社会主义市场经济体制和转变政府职能，实行政企分开的背景下诞生的。公司成立以来，新星公司继续发扬艰苦奋斗、善打硬仗的优良传统，在经济发展和内部改革等方面都取得

① 西部突进 本报记者 宗钢；–《中国石化报》– 2000-10-07

② 闪亮“新星”——访中国石化新星石油公司总经理詹麒 孙艳莉；–《中国石油石化》– 2010-04-01

了骄人的业绩，为石油工业和国家经济发展作出了新的贡献[①]。新星公司近年来取得了超常发展，充分体现了新体制、新机制的优越性和科技进步的作用，也体现了决策科学化、民主化的重要性。新一代的青年石油人，正如新星一样，必将继续传承老一辈建设者的优良传统，发扬石油精神，深挖其蕴含的时代内涵，以顽强的意志、奋斗的姿态，创造出无愧于历史、无愧于时代、无愧于人民的业绩，为实现中华民族伟大复兴的中国梦作出更大的贡献。

中国新星石油公司整体并入中国石化集团

3.6 长城公司：打造“中国的世界级润滑油品牌”

3.6.1 从零起步

在我国“大跃进”的 1958 年，国民经济发展急需石油产品。为贯彻中共中央“人造石油和天然石油齐头并进，大中小相结合，全民大办石油，石油遍地开花”的方针，加快试验和人造石油技术，经石油工业部和北京市批准筹建了煤炼油厂。

由此，长城公司的工业生产始于 1958 年 11 月竣工投产的第一座方型炉。不久，煤炼油厂停产，重新建设成以“627”装置为代表的 621 厂，生产国防军工所需的含氟合成油脂。在党的十一届三中全会精神指引下，踏上了“确保军用，发展民用”之路，成为我国第一个高档润滑油专业生产企业。之后，长城牌润滑油生产规模由小到大，自动化程度逐步提高，品种牌号不断增加。

① 中国石油——新星璀璨 再铸辉煌 练铭祥；–《中国矿业》– 1999–09–15

面对资源匮乏、技术落后和新中国建设的需要，长城石油人积极进行技术革新，在艰难困苦中为中国建设奋斗，为新中国石油工业的发展作出了重要贡献。1959 年，承担原子弹原料研制的铀浓缩工厂因为国外停止润滑油的供应而面临停工。内无工业基础、外无技术援助，中国的润滑油工业纯粹是从零起步。由于工作条件艰苦，为了保证清洁度，工人们会主动在操作时把工作间内的通风停了，手脚套上塑料袋，在高温且含有毒性的油气蒸发中进行研发。尽管条件艰苦，符合要求的产品最终被生产出来，保障了新中国第一颗原子弹爆炸成功①。顾全大局、无私奉献、勤俭节约、爱矿如家是建设时期石油人的特征。改革开放以来，长城石油人脚踏实地贯彻石油事业，开拓创新探索石油技术，建成了世界知名的创造型国际能源化工公司。这是新时期石油人对“埋头苦干”精神、“开拓创新”精神的完美诠释。在新时代，响应国家“一带一路”倡议，长城石油加快技术创新与应用，借“一带一路”打造国际品牌，让中国石油走向世界。这正是长城石油“埋头苦干”的新道路。

润滑油管区一角

长城润滑油前身——621 厂的工人进行油品实验

① 中国制造：工匠精神与科技创新的交融 _ 股票频道 –《网络（http：//stock.591hx.com）》

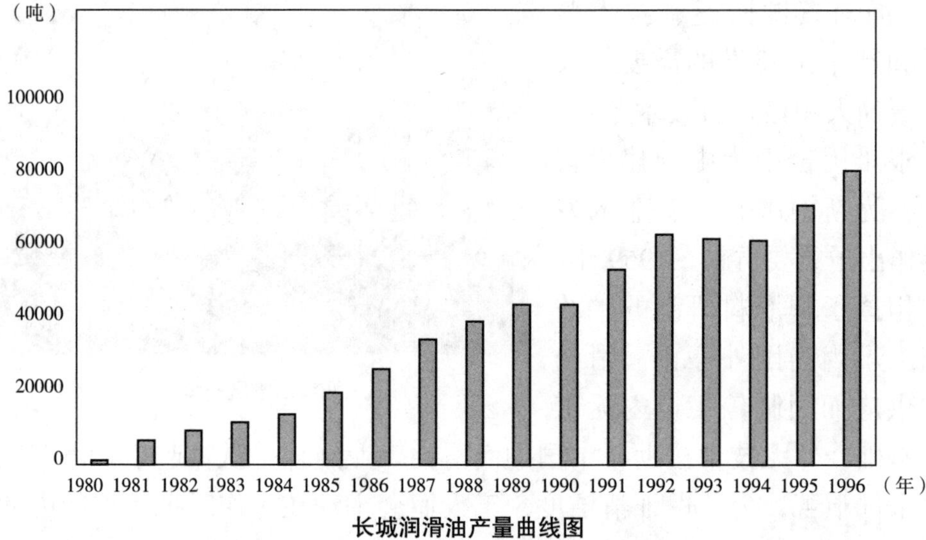

长城润滑油产量曲线图

可以说，长城润滑油从出生就饱含着对国家发展的深切情怀。60 年后的今天，虽然研发条件和工作环境已经大不相同，但从长城润滑油年轻一代工程师身上，依然可以看到老一辈们不惧挑战、精益求精的大国工匠精神。①

3.6.2 助力大国重器

为了保证油品质量，今天的年轻一代工程师们仍然要从头到脚穿上厚厚的防护服，目不转睛地看着油品一滴滴穿过滤膜，一站就是四个小时。在长城润滑油的发展历程中，工匠精神在新老两代之间完成了交接。以 2008 年北京奥运会举办为契机，中国石化润滑油公司充分利用中国石化奥运合作伙伴的身份，开展了长城润滑油的奥运营销。同时，中国石化润滑油公司发挥服务中国航天 50 年的技术优势，确立了航天润滑科技的差异化品牌定位，借力“神舟飞船”“天宫一号”的发射，全面实施航天营销战略。②

从落后到领先，长城润滑油仅仅是中国制造的一个缩影。“神舟”飞天、“玉兔”落月、“蛟龙”入海、高铁驰骋等一大批享誉世界的辉煌成就史无前例。而在成功的背后，能够支撑中国制造不断创造奇迹

① 中国制造：工匠精神与科技创新的交融 _ 股票频道 -《网络（http：//stock.591hx.com）》

② 十年磨一剑：长城润滑油品牌崛起之路 张秀甜；-《石油商技》- 2012-08-15

的软实力，正是代代传承的大国工匠精神。①

对于中国的航天事业来说，长城润滑油是一个始终如一的随行伙伴。从中国第一颗人造卫星“东方红一号”到“神舟”飞天、从“嫦娥”奔月到“天宫”对接，长城润滑油进行了大量的科技创新，克服了太空飞行超高温、大温差、强氧化、高负荷、高转速、高真空、高辐射、多介质等恶劣环境对润滑油的考验，走过了一条满布荆棘的自主创新之路，助力中国成为世界少数几个掌握航天润滑技术的国家之一②。从长征系列运载火箭，到高铁“复兴号”，从嫦娥系列卫星，到极地科考船“雪龙号”，长城润滑油始终秉承着自强不息的长城精神，以强大的技术研发实力，成为“大国重器”背后的隐性力量。

3.6.3 走向世界的中国品牌

在携手中国航天的同时，长城润滑油并没有止步。“任何时候不以牺牲质量为代价换取短期经济效益”的理念已经成为长城人的共识。长城人将这个理念贯穿到工作的每一个环节，坚持把产品品质作为打造百年品牌的基础性工程，以技术为先，以品质为本③，不断努力通过将航天润滑油技术民用化，让最新科技成果惠及民生。

如果沿着历史长河逆流而上，四大发明、瓷器、铸造工艺等古代文明，无一不是领先世界的巨大成就。而聚焦新中国成立后的 70 年，从航天、高铁等战略领域到手机、家电等民生产品，中国制造的成就同样令人骄傲。④

1990 年，美国学者约瑟夫·奈提出“软实力”概念。这种无形的影响力，成为获取竞争优势的重要资本。在全球制造业高度竞争的大环境下，制造业软实力成为考量国家经济发展的新标准。⑤

从软实力的标准来考量，生生不息的工匠精神成为中国制造软实力的最大底气。20 世纪 90 年代初，中国正式开放了润滑油市场。国外品牌长驱直入，国内品牌亦如雨后春笋般涌现，全国大大小小的润

---

① 中国制造：工匠精神与科技创新的交融 _ 股票频道 –《网络（http：//stock.591hx.com）》

② 中国制造：工匠精神与科技创新的交融 _ 股票频道 –《网络（http：//stock.591hx.com）》

③ 十年磨一剑：长城润滑油品牌崛起之路 张秀甜；–《石油商技》– 2012–08–15

④ 中国制造：工匠精神与科技创新的交融 _ 股票频道 –《网络（http：//stock.591hx.com）》

⑤ 中国制造：工匠精神与科技创新的交融 _ 股票频道 –《网络（http：//stock.591hx.com）》

滑油调和厂一度达 4000 多家。中国经济的蓬勃发展在扩大润滑油市场容量的同时，也加剧了润滑油市场竞争的激烈程度。在“多、散、乱、差”的经营环境之中，长城润滑油腹背受敌。面对市场挑战，只有作出最快、最恰当回应的企业才能得到丰厚的回报。中国石化果断进行了润滑油品牌的整合，将品牌目标确立为打造“中国的世界级润滑油品牌”。①

经过 20 多年的奋斗，如今的长城润滑油实现了将 21 大类 2000 多种产品应用于汽车、冶金、纺织印染、电器仪表、机械制造、压缩机和冷冻机、建材等领域，成为流淌在现代经济生活中不可或缺的润滑力量，也让以长城为代表的中国润滑油品牌成功打破了壳牌、美孚等国外品牌对润滑油高端市场的控制局面，极大地提升了中国润滑油自主品牌的形象。②

长城润滑油的品牌崛起之路，不仅是中国润滑油市场品牌化历程的一个缩影，见证了中国润滑油产业快速发展的历程，也是中国工匠精神在润滑油领域的弘扬和发展。

3.7 江汉油田：攻坚川蜀页岩气

长江与乌江交汇处，重庆涪陵区边界有个小镇，因遍布灰黑色的岩石而得名“焦石镇”。20 世纪末，安静的小镇迎来了意外的访客，他们带着人们没见过的工具走走停停，敲敲打打，跟着他们到来的人越来越多，小镇迎来巨变。但最初，绝大部分人都还不知道，这个深山里的小镇正悄然涌动着中国页岩气的第一股春潮。

20 世纪 60 年代，12 万大军荒原会战，建起了南方重要石油勘探开发基地——江汉油田。半个多世纪里，石油石化人一次次出征，从江汉油田到涪陵页岩气田，油气报国的誓言铮铮，石油会战的精神代代传承，推动涪陵页岩气田累计产量达到 400 亿立方米。③

面对页岩气开发这一世界级难题，中国石化从零起步，不断探索。

---

① 十年磨一剑：长城润滑油品牌崛起之路 张秀甜；–《石油商技》– 2012–08–15

② 中国制造：工匠精神与科技创新的交融 _ 股票频道 –《网络（http：//stock.591hx.com）》

③ 江汉油田页岩气开发红色教育基地：打造页岩气开发的中国样本 符慧；雷丽；–《中国石化》– 2021–12–15

这是一场从无到有，从常规到非常规的天然气工业革命。涪陵页岩气田攻坚克难，创造了一个又一个的奇迹。

3.7.1　攻坚克难，打造页岩气开发“中国样本”

2012 年，中国石化页岩气开发队伍挺进武陵深山，但我国在页岩气开发上可以说是无经验、无技术、无设备、无人才，很多人都是第一次听说“页岩气”。不得已，页岩气勘探开发初期只能“跨国联姻”。由于国内外地质特征和开发环境的差距，国外技术在国内“水土不服”。“跨国联姻”还面临高昂的成本——关键装备只租不卖，就连每次设备售后维护都要支付昂贵的服务费。①

当时，一个可钻式桥塞要 20 万元，就这么贵我们也得买。然而，就在 2012 年 11 月 28 日，涪陵页岩气田的“功勋井”——焦页 1HF 井横空出世，获得了 20.3 万立方米 / 天的高产工业气流。现场沸腾了，积压已久的情绪瞬间释放，有人笑得合不拢嘴，有人在树后悄悄抹眼泪。在石油石化人的笑与泪中，中国翻开了页岩气商业化开发的序章，涪陵页岩气田为当时北美以外世界首个页岩气重大商业发现。2014 年 3 月提前进入商业化开发，使中国成为美国、加拿大之后世界上第三个实现页岩气商业化开发的国家。

这期间，涪陵页岩气田立足自主研发，瞄准国内首创，自主研发关键装备，全部实现国产化，打破国外技术垄断；首创中国页岩气立体开发调整技术体系，达国际先进水平；建成国内首个国家级页岩气示范区，为全球页岩气开发提供中国样本。最重要的是，涪陵页岩气田连续 8 年无井喷失控事故、无工业火灾事故、无环境污染事故、无上报安全环保责任事故，被自然资源部评价为页岩气开发的“绿色典范”。自此，涪陵页岩气田的成功开发成为我国能源开发史上的一块新里程碑，开启了我国能源革命的新征程。②

3.7.2　创新引领，攀中国页岩气“珠峰”

在中国能源革命的新征程中，涪陵页岩气田走出了一条“引进、吸收、消化、再创新”的路子。2012 年底，涪陵页岩气田打造了首口

① “涪气”，页岩气开发的中国样本 王海坤；王彦；-《中国石油石化》- 2021-11-01

② “涪气”，页岩气开发的中国样本 王海坤；王彦；-《中国石油石化》- 2021-11-01

“功勋井”，而此前对于页岩气的开发中国石化已经有过一段时间，效果一直不理想。涪陵页岩气开发的突破，是基于我们进行“再创新”的结果。①

此后的2013年，随着涪陵页岩气田全面投入开发，江汉油田的大批科研工作者们，在无任何经验可借鉴的情况下，向世界级的页岩气开发难题发起了冲锋。在钻井工艺上，科研团队每天“宅”在井场，与钻井技术“死磕”到底，最终实现多项技术瓶颈的重大突破。在长水平段分段压裂技术研究中，创新团队经历上千次的材料试验，顺利完成国产化桥塞研发。如今，国产化桥塞已升级迭代数次，研发出的可溶桥塞成为具有世界领先水平的关键设备。现在桥塞不仅不用进口，价格也低到2万元一个，反过来甚至影响了全球钻井桥塞的价格。截至目前，涪陵页岩气田所有关键开发技术100%实现了国产化。②

气田是在联合攻坚、创新下，由“单打独斗”走向“并肩作战”，攀中国页岩气“珠峰”，承一国能源之命脉。一代人有一代人的使命，一代人有一代人的担当与作为，涪陵页岩气人在页岩气开发的十年时间里，如苦行僧般长久守望；他们长途奔袭、枕戈待旦；他们精诚所至、金石为开。涪陵页岩气人是不讲条件、不计名利、不畏艰辛、不辱使命的。可以说，这“四不”就是锻造中石化人的精神炭火。涪陵页岩气人“一盘棋、一家人、一条心、一起干”的理念，深入骨髓的精神动力，正在能源革命的新征程中，批量锻造着新时代的“铁人”。

3.7.3 挑战世界级难题，书写中国奇迹

面对页岩气勘探开发这一世界级难题，中国石化不惧挑战，2017年3月涪陵页岩气田如期建成100亿立方米年产能。2018年、2020年、2021年，累计产气分别突破200亿立方米、300亿立方米、400亿立方米，大踏步迈过4个百亿产量阶梯，实现跨越式发展。在储量方面，2020年10月，经自然资源部评审认定，涪陵页岩气田累计探明储量达7926.41亿立方米。

---

① “涪气”，页岩气开发的中国样本 王海坤；王彦；–《中国石油石化》– 2021-11-01

② “涪气”，页岩气开发的中国样本 王海坤；王彦；–《中国石油石化》– 2021-11-01

左图：涪陵页岩气田钻井“井工厂”施工平台

右图：涪陵页岩气田白涛集输站

3.7.4 绿色低碳，生态优先，促进地方和谐发展

采用“丛式井”设计、“井工厂”施工、集中建设集气站点等，节约单井土地征用面积30%以上；投用国内首个页岩气产出水处理厂，实现废渣不落地、废水不外排、废气不上天。气田连续9年保持安全环保“四无”目标，被自然资源部评价为页岩气开发“绿色典范”，助力实现“双碳”目标。

驶向未来浪潮已起，但远未及巅。随着人工智能、量子计算、大数据、物联网、5G等新一代信息技术的快速发展，全球新一轮科技革命与产业变革蓬勃兴起。在此背景下，涪陵页岩气田作为我国首个大型页岩气田，在建设之初就已经高起点地把握时代脉搏，开展智能气田研究和建设，以期遇见更好的未来。目前，气田依托信息平台，压裂、试气的生产实时数据一目了然，三维展示让气田地面设施及地下井筒一览无余①。“十四五”已经来临，智慧的涪陵页岩气田将会向着年产“百亿方”的目标迈进。这就需要在科技攻关的重点方向取得新的突破。唯有创新，才能掀开页岩气开发的新篇章。

涪陵页岩气田里飞翔的白鹭

① “涪气”，页岩气开发的中国样本 王海坤；王彦；–《中国石油石化》– 2021–11–01

3.8　仪征化纤：石化老厂焕新春

中国石化仪征化纤公司（简称仪征化纤）位于历史文化名城扬州仪征市，西毗六朝古都南京，南临长江。它筹建于 1978 年，是与我国改革开放同步建设和发展起来的国内最大的、现代化的化纤和化纤原料生产基地之一。从化纤工业的建设和发展来说，它是我国改革开放的一个缩影。[①]

3.8.1　艰苦创业，坎坷起步

1978 年 4 月 11 日，作为国家改革开放初期 22 个重点引进项目之一，仪征化纤项目被列为成套引进的新技术项目。7 月 4 日，江苏石油化纤总厂筹建领导小组和筹建指挥部正式启动筹建，“三通一平”、设备引进谈判工作等热火朝天地展开。从地方政府到部队官兵，从大专院校到各地企业，四面八方调来了一大批管理与技术骨干。

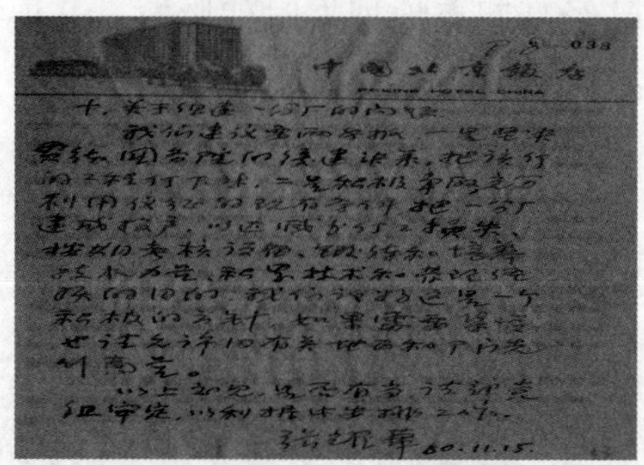
中国北京饭店
PEKING HOTEL CHINA

十、关于仪化一纺厂的问题

张耀华 80.11.15.

上左：1978年部队支援仪征钻探工作的军用车辆

上右：1978年筹建指挥部在仪征县招待所的办公旧址

下图：1980年11月15日时任仪化工程筹建指挥部副总指挥张耀华亲自起草的“情况汇报”

正当现场“三通一平”完成、设备引进合同已签字订货之际，由于改革开放初期国家财力所限，1980 年 12 月 10 日，纺织工业部以（80）纺建字第 88 号文，转发国家计委、建委、国务院“清办”、财政

① 解决百姓穿衣民生大事 陆秀宏；翟瑞龙；–《中国纺织报》– 2018–07–16

部、中国人民建设银行关于停缓建南京乙烯等四个项目的通知，明确江苏仪征化纤工程停缓建。

为了救活仪征化纤项目，仪化建设者敢为人先，大胆创新，开创国有企业“借债建厂、负债经营”的先河，最终优化流程，扭亏为盈。

3.8.2 借债建厂，负债经营

1981 年 6 月 25 日，纺织工业部和中国国际信托投资公司给国务院上报了《关于联合建设经营仪征化纤总厂的请示报告》，运用国家拨款和国外贷款共同建设经营涤纶一分厂，在国家只拨款 3 亿元的情况下，通过内外借贷的方式建起了总投资 10 个亿的一期工程。同年，中国国际信托投资公司在日本金融市场发行 100 亿日元债券，为仪征化纤一期工程筹集到所需资金。这种“借鸡下蛋”的独特投资建设方式，在国家大型建设项目史上还是首创，被人们称为“仪征模式”。

从 1982 年 1 月正式开工后，1983 年 8 月 19 日，中国人民解放军 83123、83111、83454 部队 900 名指战员来到仪征化纤工地，承担输水管线等工程的 15 万土方覆盖任务，支援国家重点工程建设，之后又有多支部队陆续来到仪化工地支援建设，协助军训和训练新工人，以及慰问演出等，仪征化纤与部队结下了深厚的军民鱼水情。

3.8.3 衣被天下，打破垄断

1984 年 12 月，仪征化纤涤纶一厂第一条聚酯生产线全线打通，生产出合格的聚酯切片。

1990 年，仪征化纤一、二期工程全面建成投产，形成了年产 50 万吨化纤和化纤原料生产能力，占全国合成纤维产量的 1/3，涤纶产量的 1/2，相当于全国棉花总产量的 1/8，能给全国人民每人每年提供 5 米布料，添一套“的确良”新衣，成为我国最大的化纤和化纤原料生产基地[①]，为终结中国人凭票买布的历史作出了重要贡献。

那时的“的确良”面料是紧俏产品，因其挺括耐穿且可以免烫，深受老百姓青睐，一件难求，曾风行一时。随着人们生活水平的提高，开始讲究穿得舒适的人们认识到涤纶面料不透气、不吸汗的缺点，一

① 解决百姓穿衣民生大事 陆秀宏；翟瑞龙；–《中国纺织报》– 2018–07–16

统天下的“的确良”衬衫逐渐向涤棉、纯棉、绒布格纹衬衫等转变。

随着时代的变化，仪征化纤不断创新。后来，其同中国纺织科学研究院等单位共同承担的国家“十二五”科技支撑计划项目的超仿棉产品，商品名为“仪纶”（聚酰胺酯纤维），是通过分子设计和构建创造的新一代合成纤维，为全球首创，兼具了天然纤维与合成纤维的优良特性，具有手感柔软、常压染色、抗起球和吸湿快干等功能。①

1995 年，仪征化纤三期工程全面建成投产。

1998 年，仪征化纤随中国东联石化集团有限责任公司整体加入中国石油化工集团公司，资源优势、产业链优势和一体化优势进一步凸现。

2000 年 12 月，国内首套 10 万吨 / 年国产化聚酯装置建成投产，一举打破了国外技术垄断，开辟了中国聚酯装置建设国产化的道路，大大降低了聚酯项目建设的技术门槛和投资成本。

上左图、上右图为仪征化纤的产品

下右图为仪征化纤生产现场

3.8.4 仪化“力纶”，助力港珠澳大桥建设

近十几年来，仪征化纤瞄准超高分子量聚乙烯纤维、芳纶纤维这两大特种纤维，与科研院校联合攻关，取得了重要突破。目前，仪征化纤拥有 3 条超高分子量聚乙烯纤维生产线，产量达到 2300 吨，品种扩大到 50 多个。

很多人对港珠澳大桥建设的纪录片印象深刻，在港珠澳大桥收官

① 解决百姓穿衣民生大事 陆秀宏；翟瑞龙；-《中国纺织报》- 2018-07-16

之战的接头安装发挥重要作用的吊带，就是由 14 万根超高分子量聚乙烯纤维组成的，正是通过这些细丝线，吊起了港珠澳大桥的下沉隧道。这样一根直径 0.5 毫米的细丝线，承重力却能达到 35 公斤，其强度是钢丝的 18 倍。①

仪征化纤超高分子量聚乙烯纤维，商品名为“力纶”。近年来，仪征化纤充分发挥国内唯一干法纺丝生产线的优势，加大产品结构调整，先后开发、生产了 50 多个“力纶”品牌细旦、高强、有色等系列产品，国内市场占有率达 20%，已实现航空母舰、新型战机、防弹装甲与防弹衣、跨海大桥建设、防切割和冰凉纺织品等军民两用。②

从改革开放初期的借债建厂负债经营到衣被天下打破垄断，再到一条绝不普通的绳子，仪征化纤实现优化流程，扭亏为盈。在实践中，仪征化纤逐渐总结提炼出“自强、求实、创新”的企业精神，其内涵随着改革发展与时俱进。在推进“十二五”发展战略的企业文化中总结为：求真务实，开拓进取，精细严谨，追求卓越。

展望未来，仪征化纤公司将以习近平新时代中国特色社会主义思想为指引，全面贯彻落实党的二十大精神，始终牢记中国石化“为美好生活加油”、仪征化纤“为美好生活添彩”的使命，传承“求真务实，开拓进取，精细严谨，追求卓越”的企业文化，把仪征化纤公司打造成为主业突出、结构合理、技术先进、绿色低碳、资产优良、人员精干、文化独特的百年老店，建成“国内领先、世界一流”的新材料专业公司。

3.9 石化新能源：氢能产业布新局

随着能源大变革时代的到来，石油石化行业转型升级已迫在眉睫。从“卖油郎”到布局新能源。新中国成立 70 多年来，广东石化产业从几近空白起步，到目前已建设成为跨国石油巨头扎堆布点、生产规模宏大的世界级石油石化基地。广东石化，为氢能产业的领头羊，同时也是华南地区最大的现代化石油化工企业之一。

据中国氢能联盟预计，作为超前布局氢能产业的地区之一，广东

① 解决百姓穿衣民生大事 陆秀宏；翟瑞龙；-《中国纺织报》-2018-07-16

② 解决百姓穿衣民生大事 陆秀宏；翟瑞龙；-《中国纺织报》-2018-07-16

在打造氢能产业集群方面占据了先发优势。广东在氢燃料电池电堆等研发制造方面处于全国领先地位，在培育新能源汽车发展方面也有着得天独厚的优势。①

3.9.1 政策保障，促进氢能发展

氢能是公认的清洁能源，目前正迎来快速发展的战略机遇期。中国石化提出打造世界领先洁净能源化工公司愿景目标、构建“一基两翼三新”产业格局，氢能在其中占据重要的地位②。中国石化“十四五”氢能专项规划制定了将中国石化氢能发展定位为“中国第一大氢能公司”的目标。

广东省提出将氢能和燃料电池列为优先发展产业，先后发布了《广东省人民政府关于加快新能源汽车产业集群行动计划》《广东省培育新能源战略新兴产业集群行动计划》《广东省推进新型基础设施建设三年实施方案》和《广东省加快氢燃料电池汽车产业实施方案》等，鼓励氢燃料电池汽车应用和氢能基础设施发展。③

3.9.2 超前布局万亿氢能产业

氢能产业大热并非一日。2016年，国务院印发的《“十三五”国家科技创新规划》提及，发展氢燃料电池技术。规划一出，北京、上海、武汉、大连在内的城市纷纷布局氢能产业。

（1）佛山领跑

佛山很早就认识到了氢能这一战略性新兴产业的颠覆性意义，并敏锐捕捉到了氢能产业的巨大潜力。2018年，佛山出台了《佛山市氢能源产业发展规划（2018~2030年）》，提出到2020年，佛山市氢能源相关产业累计产值将达到200亿元，建设加氢站28座；到2030年，产业累计产值1000亿元，加氢站57座。

佛山通过政策补贴，并配合引进氢能产业链上下游企业，打造技术研发平台等一系列举措，逐渐在氢能产业上处于了领跑阶段。

① 广东掘金万亿氢能产业：佛山领跑、茂名“氢变”、广州建研发中心 本报记者李振，实习生李嘉炜；–《21世纪经济报道》– 2021-04-09

② 广州石化：转型发展中实现与城市的和谐共融 本报记者黄敏清；–《中国石化报》– 2021-08-17

③ 珠三角氢能产业发展及制约因素分析 唐旭东；–《石油石化绿色低碳》– 2021-02-20

目前，佛山已建成广东新能源汽车产业基地等三大氢能产业基地，汇聚了超过 90 家涉氢企业和科创平台，构建起国内最完善的氢能产业链；佛山还建成并运营了加氢站 15 座，氢能基础设施建设领跑全国；开通氢能源公交线路 28 条，投运氢燃料电池汽车近 1400 辆，氢能终端应用推广规模全国最大。①

佛山还将氢能产业逐渐辐射到隔壁云浮市。数年前，佛山、云浮联手跨区域布局氢能产业，通过共建氢能基础设施配套网络，加强技术研发与产品联合推广应用，抢占氢能产业制高点。

以佛山（云浮）产业转移工业园为例，其氢能产业目前已经初步形成了一条完整产业链。上游有制氢储氢企业，中游有燃料电池电堆及动力模块生产厂商，下游则是终端用户以及运营公司。如今，云浮从氢能产业荒地变身氢能产业高地。

（2）茂名“氢变”

除佛山、云浮外，“南方油城”广东茂名也对氢能产业情有独钟。茂名“十四五”规划建议提出，要打造世界级绿色化工和氢能产业基地，将绿色石化、化工新材料和氢能源产业培育打造成支撑茂名未来发展的战略性支柱产业集群和战略性新兴产业集群。

作为南方石化重镇，茂名不仅拥有良好的化工产业基础和大量的高技术人才，而且从制氢、储氢装备制造到管输系统，相关基础配套十分完善。仅茂名石化一年产氢量就达到 80 多万吨，化工副产氢气量超过 7 万吨 / 年。

在业内专家看来，茂名本身是全国重要的石化基地，不少项目生产过程中会产生化工副产氢，有望为当地带来大量廉价氢源，一旦形成规模，将辐射粤桂琼三省的氢能产业高地，促使茂名由“油城”向“氢城”转变。

（3）广州研发中心

广州希望通过打造氢能枢纽构建氢能全产业链，成为大湾区氢能研发设计中心、装备制造中心、检验检测中心、市场运营中心和国际交流中心。

---

① 广东掘金万亿氢能产业：佛山领跑、茂名“氢变”、广州建研发中心 本报记者李振，实习生李嘉炜；-《21 世纪经济报道》- 2021-04-09

2020 年，广州发布的《广州市氢能产业发展规划（2019~2030 年）》提出，到 2030 年，建成集制取、储运、交易、应用一体化的氢能产业体系，实现产值 2000 亿元。重点建设黄埔氢能产业创新核心区、南沙氢能产业枢纽、番禺乘用车制造及分布式发电研发基地、从化商用车生产基地和白云专用车生产基地。

目前，广东市场占据了中国氢燃料电池汽车累计普及量的 38%，今后也将成为中国氢能产业发展的重要区域。①

3.9.3　多城联合打造氢能走廊

2020 年底，广东省发改委印发的《广东省加快氢燃料电池汽车产业发展实施方案》（下称《方案》）提出，要鼓励省内氢燃料电池系统、电堆、膜电极等企业加强合作，加快开发具有自主技术的氢燃料电池高性能电堆，实现规模化生产。

《方案》还提出，依托广州开发区、佛山南海高新区、佛山（云浮）产业转移工业园等产业园区推进氢燃料电池产业发展，支持茂名发展以氢源供应、氢气储运及设备等为特色的氢能产业，培育形成错位竞争的氢燃料电池产业集群，提高产业整体竞争力。

值得注意的是，广东提出近期将重点建设广州—深圳、广州—珠海、深圳—深汕特别合作区氢能运输走廊，逐步在沿海经济带打造氢能高速通道，包括在珠三角核心区、沿海经济带布局建设约 300 座加氢站。

氢燃料电池供氢中心

在专家看来，氢能运输走廊的建立将有望发挥当前广东在氢能产业集群方面的优势，串联各地、产业链上下游企业，推动氢能各环节的规模化应用，拉低氢能应用成本，推动广东氢能产业率先在全国走向成熟。②

① 广东掘金万亿氢能产业：佛山领跑、茂名“氢变”、广州建研发中心 本报记者李振，实习生李嘉炜；–《21 世纪经济报道》– 2021–04–09

② 广东掘金万亿氢能产业：佛山领跑、茂名“氢变”、广州建研发中心 本报记者李振，实习生李嘉炜；–《21 世纪经济报道》– 2021–04–09

4 升　华

党的十九大报告标志着中国特色社会主义进入了新时期。党的二十大报告进一步指出，要高举中国特色社会主义伟大旗帜，全面贯彻习近平新时代中国特色社会主义思想，弘扬伟大建党精神，自信自强、守正创新，踔厉奋发、勇毅前行，为全面建设社会主义现代化国家、全面推进中华民族伟大复兴而团结奋斗。新时代催人奋进，新征程任重道远。在新的历史时代，中国石化仍要始终传承石油精神，大力弘扬石化传统，不忘“爱我中华，振兴石化”的初心，牢记服务国家战略的使命，矢志不渝打造世界一流石化公司，为实现中华民族伟大复兴的中国梦贡献央企智慧和力量。

4.1　央企担当，诠释新时代石化情怀

4.1.1　不负嘱托，端好能源安全饭碗

（1）“能源的饭碗必须端在自己手里”

2021 年 10 月 21 日，习近平总书记亲临中国石化胜利油田考察并作出重要指示，充分肯定石油石化行业的历史性贡献，特别强调“要加大勘探开发力度，夯实国内产量基础，提高自我保障能力”“石油能源建设对我们国家意义重大，中国作为制造业大国，要发展实体经济，能源的饭碗必须端在自己手里”。

总书记的这一重要指示精神深刻阐明了石油石化行业长远发展的一系列根本性、全局性、方向性问题，与“四个革命、一个合作”能源安全新战略、大力提升国内油气勘探开发力度重要批示精神、加快构建“双循环”新发展格局等重要论述一以贯之、一脉相承，蕴含着强烈的忧患意识和深厚的底线思维，为石油石化行业在新发展阶段推进高质量发展指明了前进方向、注入了强大动力。①

① 为端好能源饭碗作出更大贡献 中国石油化工集团有限公司党组书记、董事长 中国工程院院士 马永生；-《学习时报》- 2021-12-13

中国石化作为国有特大型骨干能源化工企业，始终胸怀“两个大局”、心系“国之大者”，不忘初心、牢记使命，忧党之所忧，急国之所急，坚决扛牢保障国家能源安全、引领石化产业高质量发展、担当国家战略科技力量的“三大核心职责”，争当油气增储上产的推动者、洁净能源供应的引领者、国际能源合作的重要参与者，全方位提升企业能源供给保障能力，向党和人民交出一份高质量答卷。①

（2）“一基两翼三新”：贯彻新发展理念、构建新发展格局

为全面把握新发展阶段的新任务新要求，坚定不移贯彻新发展理念、构建新发展格局，中国石化提出了“一基两翼三新”的新发展战略，即以能源资源为基础，以洁净油品和现代化工为两翼，以新能源、新材料、新经济为重要增长极。夯实一基，巩固两翼，做大三新。

“一基两翼三新”的新发展格局，是中国石化打造基业长青的世界能源化工公司的新战略布局，是新时代中国石化实现更高水平的“爱我中华，振兴石化”的家国情怀的新展现。

4.1.2 绿色发展，实践美丽中国承诺

（1）“绿色企业行动计划”

“美丽中国”是中国共产党十八大提出的概念，强调把生态文明建设放在突出地位，融入经济建设、政治建设、文化建设、社会建设各方面和全过程。习近平总书记在党的十九大报告中明确指出，要加快生态文明体制改革，建设美丽中国。

生态文明建设是关系中华民族永续发展的根本大计，实现绿色发展是中央企业应尽的政治责任。绿水青山就是金山银山，建设生态文明，关系人民福祉，关乎民族未来。自2018年4月起，中国石化启动了“绿色企业行动计划”，这一计划是国内规模最大的全产业链绿色企业创建行动，目标是到2023年，中国石化成立40周年之际，所属企业全部完成绿色企业创建，努力为社会提供更多清洁能源和绿色产品。②

“绿色企业行动计划”包含绿色发展、绿色能源、绿色生产、绿色

① 为端好能源饭碗作出更大贡献 中国石油化工集团有限公司党组书记、董事长 中国工程院院士 马永生；–《学习时报》– 2021–12–13

② 中国石化国内首推“绿色企业行动计划”编辑部；–《石油石化绿色低碳》– 2018–04–20

服务、绿色科技、绿色文化等六大计划，是新时代中国石化绿色发展的行动纲领，也是中国石化贯彻落实党的十九大精神、致力于成为生态文明实践者、美丽中国建设者的庄严承诺[①]。中国石化多年来始终坚持和领跑绿色发展，在未来也必将成为绿色发展、建设美丽中国的央企典范。

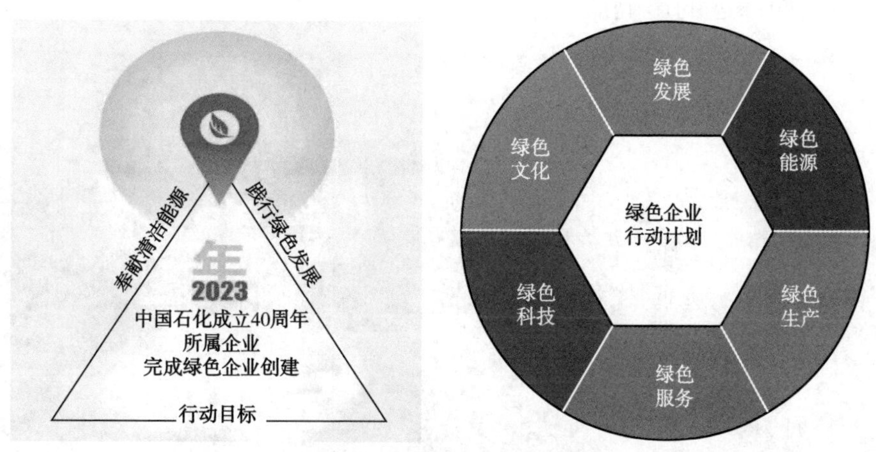

《中国石化启动绿色企业行动计划》

中国石化绿色发展行动和未来计划

时间	行动和计划
2012 年	发布《环境保护白皮书》
2013 年	启动“碧水蓝天”环保专项行动
2014 年	启动“能效倍增”计划
2016 年	推出中国石化公众开放日活动
2017 年	涪陵页岩气建成 100 亿立方米产能 自主研发生产的 1 号生物航煤首次跨洋商业载客飞行
2018 年	我国国产程度最高的 LNG 项目——天津 LNG 项目正式进入商业运营
2023 年	成为清洁能源和绿色产品的主要提供者，引领行业绿色发展
2035 年	绿色生产体系全面建成，绿色低碳发展水平达到国际先进水平
2050 年	绿色低碳发展水平达到国际领先水平，成为人与自然和谐发展的现代企业典范和生态文明建设标杆

① 中国石化国内首推“绿色企业行动计划”编辑部；–《石油石化绿色低碳》– 2018–04–20

（2）能源绿色低碳转型升级

我国能源供给体系以化石能源为主，而二氧化碳排放主要来自于化石能源消费，其中煤炭排放占 76.6%，石油排放占 17.0%，天然气排放占 6.4%。实现中央提出的“3060”双碳目标，是一场深刻的清洁能源革命和生产技术革命，对石油石化企业的发展战略、发展质量必然产生广泛而深远的影响。①

全国首个百万吨级 CCUS 项目：
齐鲁石化—胜利油田 CCUS 项目

中国石化认真贯彻习近平总书记关于加快清洁高效开发利用，提升能源供给质量、利用效率和减碳水平的重要指示，充分发挥拥有石油、天然气、炼化、储运、研发等全产业链优势，促进投资链、供应链、贸易链、服务链等互为支撑，扎实推进“四化”（化石能源洁净化、洁净能源规模化、生产过程低碳化、能源产品绿色化），持续助力供给端和消费端同步减碳降碳。制定实施中国石化双碳行动方案，强化碳盘查、碳人才培养、低碳品牌建设等方面工作，布局建设黄河流域节能节水型

① 为端好能源饭碗作出更大贡献 中国石油化工集团有限公司党组书记、董事长 中国工程院院士 马永生；-《学习时报》- 2021-12-13

清洁能源供给基地、长江流域绿色炼油化工和天然气供给基地、粤港澳大湾区炼化及新材料供给基地、海南自贸港离岸现代石化基地，加快京津冀“地热+”清洁能源供给体系、雄安新区资本金融高水平运作基地建设，全力推进碳达峰碳中和工作。推进能源结构转型，落实能耗“双控”要求，推进减污降碳协同增效，实现由高碳向低碳、由低端向高端的转型升级。推动能源结构由多方发力向同向发力、各自为战向协同作战、孤军作战向集团会战的转变，推进跨专业、跨产业、跨行业协同融合。①

中国石化在深耕石化工业的同时，还具有向“油气煤电化”耦合协同转型升级的广阔前景，目前在能源资源协同发展上的积极探索，规模效应已经初步显现。加大新能源开发利用力度，综合布局推动氢能、地热、光伏、风能、生物质能等发展，积极构建便利高效、适度超前的充换电网络，到2025年新能源供给能力力争达到千万吨标煤，逐步搭建起多能互补的综合能源供应体系。抓好CCUS（二氧化碳捕集、利用与封存）技术产业化规模化应用，建成齐鲁石化—胜利油田百万吨级CCUS示范项目，推进华东、中原等其他地区CCUS项目建设，到2030年CCUS规模达到千万吨级。②

4.1.3 不负嘱托，践行脱贫攻坚精神

精准扶贫、乡村振兴是我国为实现“两个一百年”奋斗目标确定的国家战略。脱贫攻坚精神是在脱贫攻坚伟大斗争中锻造形成的，是中国共产党性质宗旨、中国人民意志品质、中华民族精神的生动写照，是爱国主义、集体主义、社会主义思想的集中体现，是中国精神、中国价值、中国力量的充分彰显，赓续传承了伟大民族精神和时代精神。2021年9月，党中央批准了中央宣传部梳理的第一批纳入中国共产党人精神谱系的伟大精神，脱贫攻坚精神是其中之一③。习近平总书记将

① 为端好能源饭碗作出更大贡献 中国石油化工集团有限公司党组书记、董事长 中国工程院院士 马永生；-《学习时报》-2021-12-13

② 为端好能源饭碗作出更大贡献 中国石油化工集团有限公司党组书记、董事长 中国工程院院士 马永生；-《学习时报》-2021-12-13

③ 伟大精神——民族复兴的精神伟力 吴帆；陈婷婷；全威帆；-《先锋》-2021-09-15

脱贫攻坚精神的核心概括为："上下同心、尽锐出战、精准务实、开拓创新、攻坚克难、不负人民"。

中国石化扶贫历程始于 1988 年，始终践行脱贫攻坚精神，着眼贫困地区长远发展，按照习近平总书记"摘帽不摘责任、摘帽不摘政策、摘帽不摘帮扶、摘帽不摘监管"的重要指示精神，科学谋划，从加强基层党组织建设、发展乡村经济、参与美丽乡村建设等方面探索构建可持续的帮扶机制，推进脱贫攻坚与乡村振兴的有机衔接，为让脱贫群众迈向富裕生活持续贡献力量。

党的十八大以来中国石化的帮扶成就

脱贫攻坚	成就数量
帮扶任务范围	8 县 750 村
帮扶干部投入	1994 人
帮扶资金投入	21.7 亿元
帮扶受益群众	32 万人
帮扶贫困县农产品销售	1.5 亿元
帮扶贫困县农产品购买	772.13 万元

数据来源：中国石化宣传工作部 . 传承石油精神　弘扬石化传统教育提纲，2019.10

在 2021 年 2 月 25 日召开的全国脱贫攻坚总结表彰大会上，中国石化集团公司荣获"先进集体"称号，公司在甘肃省临夏回族自治州东乡族自治的扶贫挂职干部钱有同志荣获"先进个人"称号。公司是国资委下属唯一一家上台接受国家领导人颁奖的央企。

全国脱贫攻坚总结表彰大会

16 年矢志不渝中国石化扶贫事业的朱卫华获第四届"感动石化"人物

在脱贫攻坚战役中，中国石化涌现了众多的先进人物和先进事迹，如奉献扶贫事业16年的朱卫华（销售公司）；一心为百姓解决脱贫难题，打造脱贫产业，帮扶湖南平江县3个贫困村顺利脱贫的江建兴（长岭炼化）；全国脱贫看甘肃、甘肃脱贫看东乡，帮扶全国最贫困县的中国石化东乡扶贫团队。他们以极大的政治担当，始终牢记使命，铭记党和人民重托，用自己的辛勤付出换来群众的幸福。

长岭炼化扶贫干部江建兴

甘肃“最贫村”东乡县布楞沟村的“藜麦书记”杨成

中国石化修建的东乡县布楞沟村“感恩井”

4.1.4 疫情一线，彰显国企责任担当

（1）武汉抗疫：“国家需要什么，中国石化就生产什么”

2019年末，新冠肺炎疫情在武汉突然暴发！

中国石化在第一时间捐款捐物，全力支援湖北抗击疫情。得知武汉医院消毒剂告急，中国石化风雨兼程500公里，2020年1月25日向武汉捐赠200吨消毒剂；1月29日向湖北捐赠5000万元。为支援疫情防控，2月3日中国石化又向武汉捐赠10000件棉大衣，为医护人员御寒保暖。

“国家需要什么，中国石化就生产什么”。江汉油田、中韩石化、荆门石化、湖北化肥开足马力生产医疗卫生所需的化工原材料。化工销售华中分公司打通 70 多条绿色运输通道，提供聚丙烯医卫原料 3 万多吨，全力保障医卫物资原料供应。

中国石化还不遗余力保障湖北抗疫油气供应。湖北石油、油品销售华中公司、石化机械、天然气公司川气东送天然气销售中心全力保障火神山、雷神山及方舱等抗疫救援医院的油气供应，为湖北保卫战、武汉保卫战助力加油。油品销售华中分公司在湖北投资 200 多亿元，助力湖北疫后重振发展，大力推动当地产业基础高级化、产业链现代化。[①]

（2）“跨界”支援：“为了口罩，我们拼了”

2020 年全国疫情防控的攻坚时刻，疫情阴霾之下，防疫物资极度匮乏，群众一罩难求。

“重要时期站出来，关键时刻顶上去”，中国石化迎难而上。石化党组织决定，由燕山石化于 2 月 24 日连夜启动熔喷无纺布生产线建设项目。经过 12 天艰苦奋战，第一条熔喷布生产线一次开车成功，比计划工期提前 2 天，创造了行业奇迹。截至 2020 年 4 月 15 日两期工程 4 条熔喷布生产线全部建成投产，日产能达 12 吨，每天可助力生产 1200 万只医用平面口罩。石化人以急国家之所急，想人民之所想的家国情怀，以坚强有力的行动，为增产关键防疫物资、保障人民群众生命安全，切实打赢疫情防控的人民战争、总体战、阻击战提供了支持。

“哪个环节薄弱我们就加强哪个环节，哪种物资不足我们就生产哪种资源”，大战之中，方显责任担当。中国石化在国家和人民最需要的时候，以讲政治、敢担当、勇创新、有作为的奋战精神，义无反顾地迎难而上，全力以赴“跨界”支援，有力地诠释了“有条件要上，没有条件创造条件也要上”的石油精神。在日夜拼搏的鏖战中，燕山石化领导干部靠前指挥、率先垂范，项目团队凝心聚力、主动作为，全体员工以坚定的信念彰显了国企“顶梁柱”的大责任、大担当。

“为了口罩，我们拼了！”在为人民生命健康抢机遇的大考中，燕山石化以顽强拼搏的精神和坚持不懈的奋斗，打破行业常规，突破思维限制，土建施工争分夺秒、设备安装紧锣密鼓、开车调试只争朝夕，

① 中国石化 10 家驻鄂企业联合发布社会责任报告 熊海 本报记者 张华；–《中国质量报》– 2021–10–28

以坚定的行动彰显了央企“国家队”的意志和实力。“12 天建成一座厂”，这是中国石化人齐心协力创造的中国速度。中国石化凭借钢铁一般的意志，钢铁一般的作风、钢铁一般的队伍，完成了使命担当，缔造了一个石化传奇。事实证明，为党分忧，为国尽责的红色基因和精神传承在当代中国石化企业、当代中国石化人身上充分葆有。

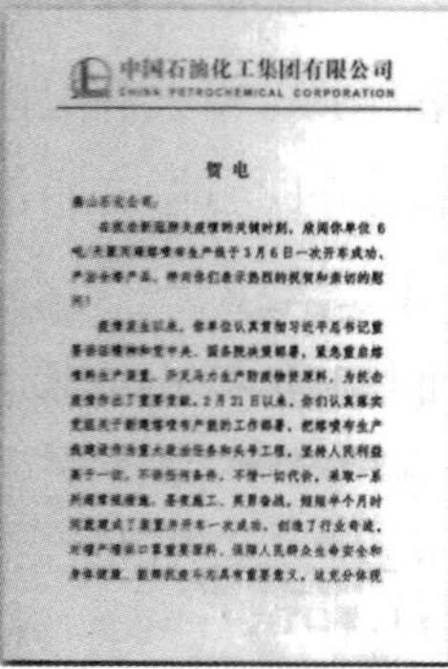

中国石油化工集团有限公司
CHINA PETROCHEMICAL CORPORATION

贺电

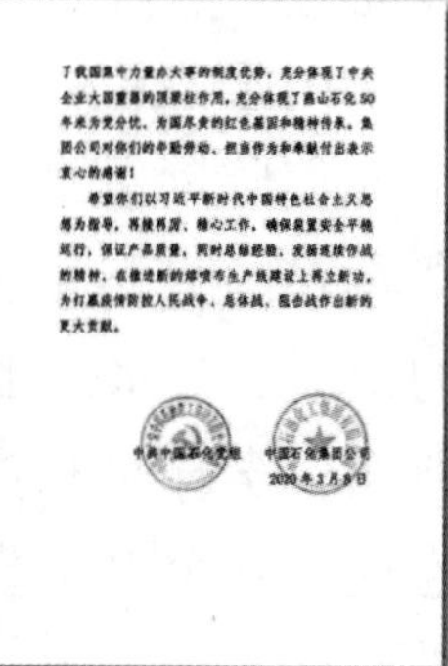

了我国集中力量办大事的制度优势，充分体现了中央企业大国重器的顶梁柱作用，充分体现了燕山石化 50 年来为党分忧、为国尽责的红色基因和精神传承。集团公司对你们的辛勤劳动、担当作为和奉献付出表示衷心的感谢！

希望你们以习近平新时代中国特色社会主义思想为指导，再接再厉、精心工作，确保装置安全平稳运行，保证产品质量，同时总结经验，发扬连续作战的精神，在推进新的熔喷布生产线建设上再立新功，为打赢疫情防控人民战争、总体战、阻击战作出新的更大贡献。

中共中国石化党组　中国石化集团公司

2020 年 3 月 9 日

中国石化集团对燕山石化熔喷布生产线开车成功的贺电

当前，中国石化已建成全球产能最大的万吨级熔喷布生产基地，燕山石化也成功涉足熔喷无纺布生产领域，成功冲出既有产业链条和业务布局乃至相关政策调整带来的限制，迎来了新的结构调整和创新发展机遇。

中央企业抗击新冠肺炎疫情表彰大会上燕山石化熔喷布生产线建设项目事迹报告会

（3）火神山旁的无畏坚守，为生命救援加油

2020 年 1 月 23 日，武汉知音湖畔的滩涂坡地上，打响了火神山医

院建设会战。工程车辆，来来往往；施工机械，轰鸣震天；工人们都在为着一个目标——火速建成火神山医院而加班加点。

中国石化知音加油站紧邻火神山医院工地，加油站罩棚成了参战工人们临时就餐和休息的场地。加油站是一个小型站，包括站长李郑军在内只有 4 名员工。他们一刻不停地为参战工人们提供力所能及的帮助。开水是工人们最急需的，最多时 20 多名施工建设者等着开水泡面。李郑军和员工们 24 小时不停烧水，一天要烧 200 多壶水，一连烧坏 6 个电水壶。直到公司送来 2 台卓玛泉饮水机，开水才能敞开供应。

几天下来，4000 多名参加会战的施工人员都知道，中国石化加油站是能供大家栖息的“红帽子港湾”。

仅 10 天时间，火神山医院就建成了，知音加油站又成为医院抗疫车辆油品定点保供站。

“转送病人的救护车越来越多，说一点不怕，那是假话，但看到救护车上的医护人员在争分夺秒抢救老百姓的生命，我必须坚守岗位，为他们加油，这是我的职责。”李郑军下定决心。每当有救护车驶进加油站，李郑军总是说，“救护车我来加”。为了防止感染，和救护车上的医护人员一样，加油站员工们也都得穿防护服、戴口罩、护目镜和手套。每天加油站还要 3 次全面消杀，李郑军主动承担起最危险和最累的保供任务，由于长期接触酒精、消毒液，李郑军的双手脱皮，裂开一道道血口。

在这场没有硝烟的疫情防控、油品保供战场上，中国石化用自己的实际行动彰显着真挚赤诚的家国情怀，诠释着新时代的中国石化央企担当。正如李郑军在全国抗击新冠肺炎疫情表彰大会上说的那样：“当祖国和人民面临危难的时刻，每一个平凡人的付出，都能汇聚成不平凡的国家力量。”

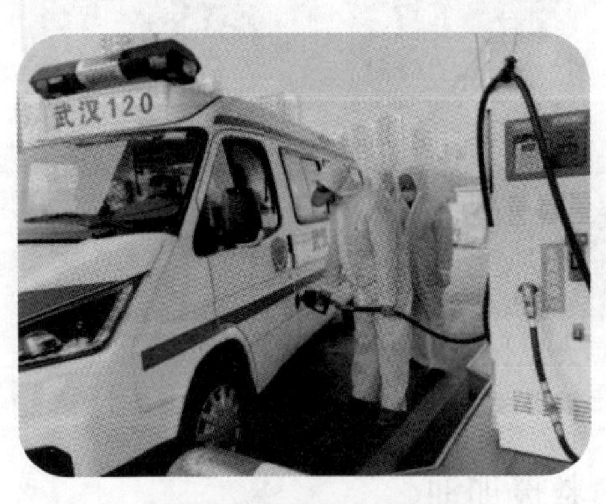

武汉疫情期间知音加油站在为救援车辆加油

4.1.5 自主创新，担当战略科技力量

（1）自觉担当国家战略科技力量

历史上每一次工业革命，都是以能源革命为重要动力；每一次能源革命，又都是以技术革命为先导。只有把核心技术掌握在自己手中，才能真正掌握竞争和发展的主动权。①

中国石化坚持走自主创新之路，自觉把“担当国家战略科技力量”作为公司核心职责，拥有多层级研发机构 60 余家，院士 24 名，研发人员 2 万余名，持续推进“十条龙”科技攻关，形成富有特色的完整科技创新机制，一批重大科技成果不断涌现，专利申请数连续多年居央企首位，在近年来中央企业专利质量综合优势评价中位列第一。

中国石化认真贯彻习近平总书记关于集中资源攻克关键核心技术重要指示，倾尽全力走在前列，聚焦解决石油天然气、基础原材料领域“卡脖子”问题，“十四五”期间研发投入年均增长将达到 10%。大力发展油气和新能源技术，统筹推进前沿领域研究和产业化技术攻关，积极推进进口技术、产品、装备规模化替代，大力攻坚超深层油气勘探开发技术、超高温井下工具等，深入开展可燃冰、干热岩、陆相页岩油气等技术研究，力争依靠科技创新和技术突破在广袤国土下找出更多油气。加快取得引领性技术突破，推进国家急需的高端材料、高端油脂、特种装备等研发，积极布局 CO_2+ 开发利用、储能技术及设施、低碳零碳负碳等重大关键技术研发，助力绿色低碳科技革命。积极参与国家创新联合体、原创技术策源地申报和建设，全面深化科技体制机制改革，纵深推进“科改示范行动”，积极探索“揭榜挂帅”“赛马”“大兵团”攻关机制，努力实现关键核心技术自主可控；大力弘扬科学家精神，培养造就战略科学家、科技英才和一流创新团队，力争在能源科技原始创新和自主创新上出更多更好的成果。②

（2）创新炼就乙烯技术“中国芯”

从 1921 年乙烯生产工业化开始至今，世界乙烯工业已走过百年历

---

① 为端好能源饭碗作出更大贡献 中国石油化工集团有限公司党组书记、董事长 中国工程院院士 马永生；–《学习时报》– 2021–12–13

② 为端好能源饭碗作出更大贡献 中国石油化工集团有限公司党组书记、董事长 中国工程院院士 马永生；–《学习时报》– 2021–12–13

程。由于裂解反应复杂、分离工业流程长、产品纯度要求高，乙烯技术一直被视为技术含量最高的石油化工技术之一，但乙烯成套技术一直被国外专利所垄断，使得我国的石油化工工业在一定程度上受制于人，乙烯技术成了石油石化工业发展的“卡脖子”技术。

乙烯技术国产化成为国家经济建设的迫切需求。1983年底，在中国石化科技发展部的组织下，裂解技术北方研究小组成立了，中国石化北京化工研究院担负起裂解炉核心部分辐射段炉管的设计工作。

“我们是搞石油化工的，如果不能实现裂解炉国产化，进而实现乙烯装置国产化，将愧对后人。”时任中国石油化工总公司总经理的陈锦华发自肺腑地说。

当时国内并没有成熟的裂解炉模型，只能以大量试验数据为基础来验证设计想法。为此，北京化工研究院开展了裂解评价对流段、辐射炉管结焦等大量试验，在此基础上完成了自有裂解反应模型的建立，并据此设计建设裂解炉。同时，他们还研制出碳三液相加氢催化剂，与美国鲁姆斯公司合作开发了单段床碳三液相选择加氢工艺，并在工业示范装置成功开车，开启了乙烯系列催化剂在国内外的推广。

在北方炉研究小组技术人员的刻苦攻关下，1988年10月20日，我国自主设计和建造的第一台两万吨/年乙烯裂解炉在辽阳石油化纤公司建成投产。经过一年的运行、测试和标定，中国石化鉴定宣告了北方炉（CBL-Ⅰ型）的成功。第一台国产化工业裂解炉的成功建设和运行，标志着我国裂解技术取得重大突破，推动了我国乙烯生产装置国产化的进程，加快了我国石油化工行业的发展。

此后，北京化工研究院科研人员不断创新，与兄弟单位一起开发了CBL系列裂解炉，在系统内大范围推广应用，并出口海外。

北京化工研究院自1958年建院，经过几代科研人员的刻苦攻坚，勇于创新，相继突破了物料组成复杂、工艺流程长、操作条件苛刻等技术难题，在我国乙烯技术发展史上写下了浓墨重彩的一笔，炼就了我国乙烯技术的“中国芯”。

目前，以北京化工研究院主导开发技术为基础、配合兄弟单位开发的百万吨乙烯成套技术总体达到了世界领先水平，已在中韩（武汉）石化、中科炼化、古雷炼化、福建炼化、镇海炼化、天津中沙等项目应用。其中，应用乙烯裂解炉技术的装置乙烯产能累计超过 1300 万吨 / 年，为企业带来了数十亿元经济效益；裂解炉技术及催化剂成功出口美国、英国、马来西亚、泰国等国家，使中国石化跻身世界五大乙烯专利商行列。

中国石化首席专家王国清动情地说：“实现了打破垄断，我们无愧于后人！”

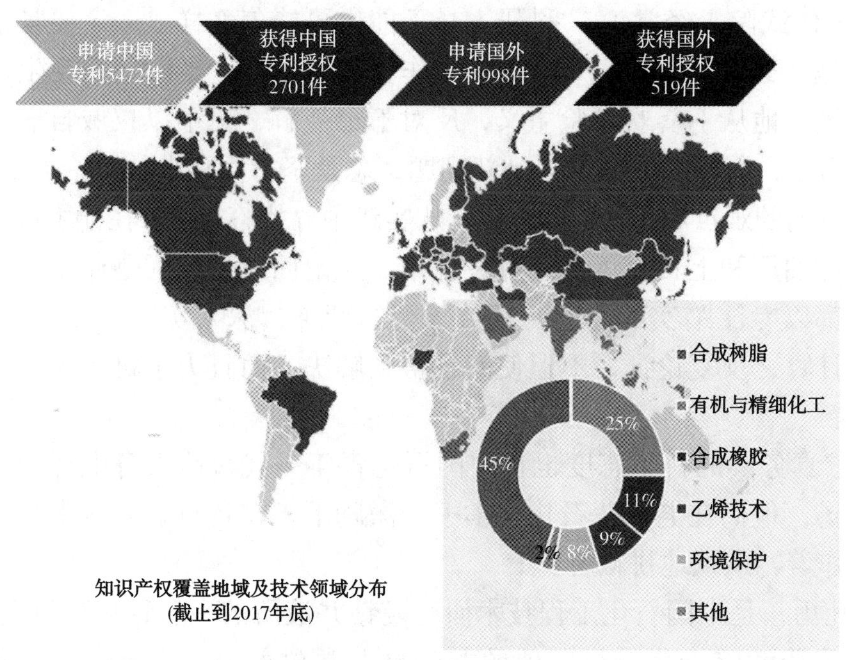

北京化工研究院知识产权概况

4.2　求真务实，彰显新时代石化态度

中国石化是一个知识密集型的企业，有科学的勘探理论、配套的开发技术，有高精度的装置装备、复杂的工艺流程，还有上中下游一体化运行的管理模式，需要干部员工始终坚持实事求是的思想方法，以求真务实的科学态度从事管理、技术、操作等工作，创造出经得起实践检验的工作业绩。

求真务实的优良传统，既体现在老一辈、新一代的石化科学家身上，也体现在企业管理者身上，还体现在普通的石化工人身上。

4.2.1　求真务实的科学精神

求真务实的科学态度在中国石化老一辈科学家——闵恩泽院士、陈俊武院士——身上得到充分而又鲜明的体现。

闵恩泽院士在长岭炼化建设过程中，对不符合科学生产的方案，冒着被批判的风险，坚定地提出自己的意见，避免了国家的巨大损失。在科学面前，闵恩泽考虑的不是个人的得失，而是民族的利益，国家的安危！

陈俊武院士经常说："科研人员不能讲可能怎么样，一定要是什么样就是什么样。"在他 70 多年的工作历程中，有一半时间是在生产一线度过。他从不喜欢经验主义，反对不求甚解，更不以权威自居、以专家自诩，每当在实践中遇到新问题，总是坚持用科学的理论去解释，对待不同的观点和争论，总是坚持从实践中寻找答案①。在他主持过的多个炼油厂和上百套炼油装置设计中，无论面对理论问题还是实践问题，都以专注踏实的态度、精益求精的精神，深入实际，深入一线，精确计算，反复论证，不但使问题得到解决，而且力争每个项目都有所创新。②

求真务实的科学态度也在中国石化青年一代科研人身上得到传承和发扬，他们在老一辈石化科学家的激励下，在各自的领域求真务实地工作着，默默地耕耘着。

孔勇，是中国石化工程技术研究院钻井液所的一名青年科研人员。他以陈俊武院士为榜样，他的办公桌上常放着一本书——《陈俊武传》。孔勇说："陈俊武院士的事迹，让我心潮澎湃、备受鼓舞，他一直站在科学研究的前沿，站在国家最需要的地方，以永不停歇的奋斗精神为中国石化科技创新贡献智慧。我要向他学习，不断发现和思考问题，做一名永不停歇的科技创新工作者。"

贺甲元，中国石化石油勘探开发研究院采油工程研究所的所长助理，作为一线指挥部的重要一员，贺甲元始终牢记着陈俊武院士的一句话——"只有在现场的时间足够多，才能干好工程设计工作"。他时刻以陈俊武院士为楷模，经常不辞辛苦，往返于各个压裂井场。他说：

---

① 中共洛阳市委关于深入开展向陈俊武同志学习活动的决定；-《洛阳日报》- 2019-07-12

② 中共洛阳市委关于深入开展向陈俊武同志学习活动的决定；-《洛阳日报》- 2019-07-12

"陈俊武院士以身许国献石油的精神值得每个青年人学习，作为新时代的科研人员，就是要只争朝夕，奋力拼搏，为国找油。作为一名压裂工程师，推动油气高效增产是我永恒的追求。"

4.2.2 求真务实的管理理念

求真务实的科学态度也体现在中国石化的企业管理理念中。中国石化人坚持实事求是的思想方法，以求真务实的科学态度践行着石化优良传统。如，湖北石油荆门分公司原副经理陈鹏龙、镇海炼化质量监督站站长胡联伟，在工作中始终坚持实事求是的思想方法、求真务实的科学态度。

陈鹏龙在加油站工作时，始终坚持职业操守，严格要求自己。他认为"计量工作就是钱袋子"，一点都不能马虎。他坚持"走基层、访万家"，车里长年必备四样东西：安全帽、手电筒、雨伞、雨靴。陈鹏龙的这种一丝不苟的工作作风，正是对中国石化"三个面向"、"五到现场"优良传统的继承，是求真务实科学态度在石化管理岗位上的展现。

胡联伟，是我国无损检测行业公认的专家和技术权威。由于长期守在现场，胡联伟的脸晒得特别黑，再加上对质量问题铁面无私，于是就有了"黑脸包公"的美誉。长期坚持在现场，任何质量细节都逃不过他的火眼金睛，所有的行业标准和规章制度都印在他的脑子里。胡联伟的这种对工作追求完美，只讲原则、不讲情面的精神，正是新时代石化管理者实事求是、求真务实科学态度的展现，是对石化优良传统的传承和弘扬。

陈鹏龙事迹参见"5.5.1 节　用生命捍卫责任——陈鹏龙"。

胡联伟事迹参见"5.8.1 节　生命线的守护者——胡联伟"。

4.2.3 求真务实的平凡岗位

求真务实的科学态度不仅体现在中国石化的科学研究和企业管理上，也时刻展现在中国石化的各个平凡岗位、展现在平凡岗位上的平凡石化人身上。普通化验员杨翠萍就是这样一个在平凡岗位上践行着中国石化求真务实的科学态度的石化人。

杨翠萍是胜利油田滨南集输大队二首站的一名普通化验员。她常说的一句话是“干化验的活儿，一分一毫都不能出错”。长时间从事化验工作，她练就了一种特别的眼神。同事说，“她的眼神，就像钉子一样，让人看一眼就难以忘记”。

化验岗监控外输原油的质量，出具的各项数据都不能有纰漏，也是采油厂对外交接原油的一扇窗口。当年初到二首站的她，就下了决心：“无论出现什么情况，都要尽职尽责，做好各项数据的化验工作。”

28 年来，她一直过着“四班三倒”的倒班生活，出具的数据无一有误。别人向她取经，她坦言：“没什么秘诀，就是要有责任心，无论发生什么事，都要准时准点取样，严格按照操作规程化验。”

为确保原油合格外输，外输泵启动半小时后，杨翠萍一定会取样，这是铁的规矩。如果各项数据达标，站里按照既定流程正常外输；如果出现异常情况，站里及时联系计量岗人员处理。一旦出现含水波动等特殊情况，杨翠萍就要加密取样，联系相关人员，格外忙碌。

即使在快要退休了，眼神不好的情况下，戴着老花镜的杨翠萍也要站好最后一班岗。她的每个操作，仍然小心翼翼，没有丝毫松懈，她说“视力不好更要小心，退休前的一段日子最容易出问题”。

杨翠萍的化验人生，既平凡又不平凡。她的身上展现了“三老四严”的石油精神，展现着求真务实、精细严谨的石化传统，体现着普通石化人的高度主人翁责任感和科学求实精神。

4.3 精细严谨，塑造新时代石化品格

中国石化血液中有着鲜明的石油基因，管理上也始终是精细严谨的典范，形成了“三老四严”“四个一样”“严从细中来，实在严中求”“宁要一个过得硬，不要九十九个过得去”等精细严谨的优秀品格。

面对新时代新要求，中国石化清醒认知自身所处的管理阶段，大力推进从严管理、精细管理、精益管理，打造企业管理的软实力。真正落实好从严管理、精细管理、精益管理的要求，是新时代石化人精细严谨优秀品格的具体体现。

4.3.1 严字当头：十条措施严要求，全员记分在心头

2019 年，中国石化针对现阶段安全工作存在的主要问题，印发实

施《加强直接作业环节安全管理十条措施》和《中国石化全员安全记分管理办法（试行）》。两个文件的实施显示了中国石化党组坚决遏制安全事故、推动安全工作形势持续向好的决心。

中国石化报

CHINA PETROCHEMICAL NEWS

集团公司党组传达学习《中国共产党宣传工作条例》

集团公司印发两文件强化安全管理

中国石化印发两文件强化安全管理

“十条措施”，即《加强直接作业环节安全管理十条措施》，从合同方案、人员管理、现场作业、监督考核等方面提出了明确要求，措施针对性强，进一步强化了承包商和直接作业环节管理。

“全员记分”，《中国石化全员安全记分管理办法（试行）》，从记分周期、记分情形、记分程序、考核应用等方面提出了明确要求。规定了采用 12 分记分制，党组管理领导人员记分周期为 3 年，处级干部记分周期为 2 年，其他职工记分周期为 1 年，记分周期内，职工记分不随工作变动而清除。规定了事故、负面舆论和严重违章 3 种记分情形，1 种加重记分情形和承包商连带记分情形。明确了对记分的考核应用，受到安全记分的职工将不能参加安全先进评选，视其记分分值，将受到高至解除劳动合同的处罚。①

这两个文件的发布，既是中国石化检视、整改安全工作存在主要问题的具体举措，也是中国石化推动从严管理落实落地，塑造新时代石化优秀品格的重大行动，是“三老四严”的石油精神、精细严谨的石化传统在新时代的传承和弘扬。

4.3.2 细字当先：数据融合统流程，信息赋能增效率

全球数字经济和数字化转型进入加速发展新阶段，大数据应用已渗透到生产生活各方面，数据成为驱动创新、引领升级的关键要素，深刻影响着社会发展和国家安全。

新时代，中国石化进一步提高站位、开阔视野，推动公司信息化、

① 全面推动安全生产责任落实落地 本报记者 王一冰；–《中国石化报》– 2019–09–11

数字化、流程化转型提质提速。信息化联通了生产过程中的每个数据孤岛、避免了数据冗余和数据多头，减少了管理人员，提高了工作效率；流程化让制度易学、易懂、易执行，能更好地检验制度的合理性和严谨性；数字化为管理部门及时、全面掌握生产情况和科学决策提供技术支持，大大提升了财务的价值引领和决策支撑能力。

信息化、数字化、流程化建设为中国石化精细管理搭起“直通车”，从而克服了过去要实现精细管理，则需要投入大量人力物力，并进行严格监督、烦琐检查的缺点。通过开发软件，把原来烦琐的检查环节，设计成网上的流程节点，实现足不出户就能实时跟踪，使业务工作管得更精、理得更细，提高了管理效率。信息化技术像毛细血管一样，延伸到了企业的各个组织、各项业务，能够随时收集信息、掌握情况。

如，智能管线管理系统是以油气管道为基础，利用地理信息系统、电子标签等技术，通过采集、获取、动态分析管线的各类空间、属性和生产数据，为管理决策、风险监控和现场操作提供支持，实现“油气流、信息流”一体化融合的现代化管线①。这个系统实现了“泄漏自动报警、地质灾害的提前预警、专家系统管线维护、可视应急救援”等功能，有效弥补了人工巡线的不足，对管线的管理更加精准化。

如，物资采购电子商务系统使中国石化传统采购模式实现了重大变革：在统一的平台上，按照统一流程，在统一的供应商网络内实施采购业务，将订单提报、询价方案、询价书、报价书、采购方案、合同等采购关键环节固化在系统中，实现了采购过程公开化，以信息化、数字化助力精细管理，打造“阳光工程”。

如，西北油田工程服务中心的磅房无人值守系统，集任务链自助流转、车辆自助过磅、拉运信息自助识别等功能于一体，实现了原油运输全流程线上运行，规范了任务下发流程，减少了人为因素对过磅数据的影响，提高了任务执行效率及运输任务管控能力，同时使费用结算更加简便。

如，石化经纬胜利测井公司利用信息化技术，创新管理，优化流

---

① 中石化油气管线装上“云大脑”吴莉；–《中国能源报》–2014–11–24

程，实现“智慧测井”：打开手机就能完成节点信息申报；打开屏幕就能实时监控生产进度；轻点鼠标，生产、经营、安全、财务等要素分析报表就能自动生成。“智慧测井”不仅使得管理更细致，也给企业带来了高效率。

7

“三化”打造“智慧测井”新模式

信息化、数字化、流程化建设为中国石化精细管理搭起“直通车”

中国石化在信息化管理上不断创新，成就显著。2020 年 12 月 22 日，成为“工业互联网 + 安全生产”试点单位，将重点围绕新型基础设施、新型能力、试点应用、开放合作四个方面建设石油石化行业工业互联网和安全生产协同推进的新发展格局。2021 年 1 月 8 日，中国石化 9 家企业分别获得中国能源企业信息化卓越成就奖、管理创新奖表彰。

4.3.3　益字当家：平稳优化方法强，精益极致效益高

中国石化不仅在精细管理上狠下功夫，也在精益管理上追求极致。精益管理的核心，是以最小的投入创造最大的价值。所谓“精”，就是在生产经营中最大限度地减少资源的投入和浪费；所谓“益”，就是在多产出经济效益的同时，保证产品、工程和服务的高质量。对精益管理的极致追求，就是对精细严谨石化优良传统的弘扬。

镇海炼化就是中国石化追求精益管理的典范。

自 1975 年在宁波镇海的滩涂地上打下第一根桩起，镇海炼化就伴随着改革开放的脚步一天天成长壮大，逐步成长为中国石油化工行业的巨人。镇海炼化现已成为我国最大的炼化一体化企业。

对于一体化炼化企业，生产运行的平稳和优化，安全、效益和质量至关重要。因此，镇海炼化提出“一平稳四优化”的精益管理方法，即“平稳装置操作，优化原料结构，优化装置运行，优化产品结构，优化公用工程”，并经过不断深化与完善，实现了以“分子炼油”为核心的炼化一体化全流程优化。一体化优化平台涵盖 61 套炼油装置、33 套化工装置，包含 21 项全流程和 116 项单装置优化方案。平台可以综

合市场价格因素，利用模型快速计算出最优加工流程控制参数，实现全流程生产方案和效益最佳。

正是这种对精细严谨石化优良传统的追求，成就了镇海炼化百万吨大乙烯的闪亮名片，运行 5 年就收回全部投资，裂解装置绩效连续 4 年位列全球第一群组，一路领跑乙烯生产行业。

镇海炼化生产调度中心和“分子炼油”企业展

镇海炼化的精益管理理念可归结为两点：

（1）保持大平稳才能赢得大效益。为保证平稳运行，镇海炼化既抓工前预习要领，又建立作业项目预告机制，推行全工种管控作业风险。如，在丙烯制冷压缩机复水器管束反冲洗操作前的演练上，工艺员要边比画边说：“关循环水阀门要注意掌握节奏，先慢后快。前 10 分钟关五分之一，最后五分之一要在一分钟内马上关掉”，不断地提醒外操。镇海炼化还建立作业项目预告机制，让运行和维护团队提前知晓对方要做什么。每天下午 3 点半，烯烃部召开由动设备团队、静设备团队、电气、仪表、承包商、运行部专业技术员、操作人员参加的七位一体管控会，提前研究次日作业安排，对每项作业进行风险识别，强化直接作业环节安全监管。[①]

（2）注重大优化才能提升高效率。在“大优化”上，镇海炼化注重原料优化降成本，动态优化高低硫原油结构、原油轻重结构、掺渣资源结构，努力拓展机会油种，实现性价比最优；生产管理部门做好物料平衡、调整装置负荷，使上游装置产品分布处于黄金点，输送更多优质物

① 保持大平稳赢得大效益 本报记者 黄仲文 梅辽颖，通讯员 卞江岐；－《中国石化报》－ 2019–03–29

料给乙烯装置。镇海炼化还注重系统优化增效益，投产的煤焦制氢装置增加了氢气总量，使两套加氢裂化装置实现满负荷运行，提高了裂化反应深度，供给乙烯装置的“粮草”更丰富。正是在精益管理上动脑筋、下功夫，才使烯烃装置保持了高效运行。

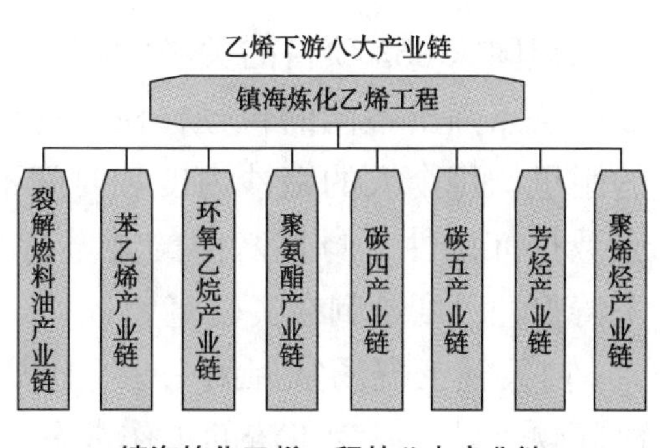

镇海炼化乙烯工程的八大产业链

4.4 奉献奋进，铸就新时代石化作风

“北风当电扇，大雪是炒面，天南海北来会战，誓夺头号大油田。干！干！干！”大庆油田会战时，铁人王进喜的豪言壮语和革命乐观主义精神，至今仍令人心潮澎湃。我国石油石化工业的发展壮大，靠的就是这种苦干实干、奉献奋进的拼搏精神。

今天的石油石化行业，工作条件、生活环境已经好了许多，但是由于行业特殊性，仍有部分企业和岗位远离城市，工作环境相对较差，特别是有的油田、加油站还分布在沙漠戈壁之中，自然环境恶劣，工作生活艰苦。苦干实干、顽强拼搏、永不言败的奉献奋进精神，在新时代仍是石油石化人战胜困难、迎接挑战的重要法宝，永不过时！

传承着石油精神、石化传统的中国石化，既有着长期扎根基层、勤勤恳恳、默默奉献的一线倒班人，也有着苦干实干、奋进拼搏海外市场的开拓者，更有着潜心科研、矢志攻关、不达目标不罢休的石化科研人。

4.4.1 矢志攻关，顽强拼搏的石化科研人

王涛：胜利油田的“拼命三郎”

王涛，中国石化胜利油田化学高级专家，博士后，教授级高工，“全国劳动模范”、“全国五一劳动奖章”获得者、“孙越崎青年科技奖”获得者、“感动石化”人物。

外表看上去柔弱秀气的王涛，却是胜利工程院有名的“拼命三郎”。

在承担国家 863 项目的关键时期，王涛每天靠着双手把几百公斤的油砂一点点筛出不同的粒径，模拟地层不同渗透率的填砂岩心。在王涛的眼里，每个人的筛沙力度和时间不同，结果大相径庭。为了保障试验数据准确性，身怀六甲的她坚持每天筛沙子。因为高强度的工作，王涛曾经一度晕倒在实验室。

白天施工现场掌握第一手数据资料，晚上实验室潜心研究攻关解决问题，早已成为王涛的工作常态。“忙起来的时候我经常说我自己像一个一直在高速旋转的陀螺。”为了国家“十三五”重大专项立项，王涛和她的团队熬了 6 个通宵，“人生就应该是这样子，始终在奋斗的状态下，忙得有价值，忙得有意义”。

王涛始终把勇攀科技高峰作为实现人生价值的坐标，潜心科研、矢志攻关，共主持和参与了 15 项国家、中石化课题研发，获国际发明展览会金奖 1 项、省部局级科技进步奖 14 项。

王涛非常珍视自己的荣誉，但绝不躺在荣誉上睡觉。她把获得的奖状、奖杯都锁在办公室橱子里。她说：“这不是我一个人的功劳，我做得还太少，油田和国家却给了我太多的荣誉，我不能辜负这份期待。”她始终坚信，国家能源安全更需要她，为国奉献更光荣。

4.4.2 扎根基层，默默奉献的石化一线人

谢存义：“把平凡变成不平凡”的石化倒班人

谢存义是燕山石化的一名普通员工，退休前，他在一线倒班岗位上已经辛勤耕耘了 44 年。44 年里，他克服了倒班生活苦、作息没规律、与妻子两地分居、孩子上学不能及时照顾、父母身体不好不能身前尽孝等诸多困难，把自己的青春奉献给了炼化事业。

谢存义说，他一直遵循这样一个原则，想干就干好，任劳任怨，踏踏实实，相信一分耕耘一分收获。他用 44 年的坚守奉献，把平凡变成了不平凡。2013 年 3 月，谢存义荣获“感动石化”人物。

平凡铸就的伟大，闪现的往往是人格的光辉。谢存义用 44 年的坚守，陪伴他热爱的苯酚丙酮装置，走过风风雨雨，走过了一辈子，结下了一生情。44 年足以使一个翩翩少年变为白发老人，岁月蹒跚了他

的脚步，但谢存义的敬业精神、奉献精神永远鼓舞着年轻一代的石化人。脚踏实地，戒骄戒躁，将自己的工作作为一生的事业认真钻研，在平凡的岁月中淬炼出工匠精神的光辉。

薛梅:“井站就是家”的石油巡井人

薛梅是胜利油田东辛采油厂营二管理区采油1站的采油工。1995年11月，薛梅和丈夫孙宾来到营8更9井站，开始负责方圆5平方公里内5口油井、2口水井和1个计量站的巡护保养和计量工作。

工作岗地处偏远，环境艰苦，每隔4个小时就要进行一次巡井和巡线，一次需要一个半小时，走五六公里路。24年来，薛梅夫妻两人没休过一个完整的节假日。

“队上把这井站交给咱管，那是一份信任，咱就得干好。”为了这句承诺，他们一干就是24年。24年，夫妻俩巡井4万多趟，行程30多万公里，磨坏了200多双鞋子，为国家安全输送原油10万多吨，价值5亿多元。近9000个日夜，井站没有一个晚上失去值守，培养出了胜利油田的标杆井。

把油井当孩子的薛梅，对父母和孩子却心存愧疚。“父亲生病期间，我没有完整陪过一天，孩子小时候连个玩的伙伴都没有。我父亲也是一名石油工人，他说干好工作就是对他最大的孝。我尽到了石油人的责任，却没有尽到一个女儿的责任。”说起去世的父亲，薛梅眼圈红了。

2017年薛梅被评为第三届“感动石化”人物，全国五一巾帼标兵。

赵甸生：坚守雪域高原16年的石化加油人

赵甸生是中国石化云南迪庆石油分公司德钦巴斯巴加油站站长。巴斯巴加油站，位于海拔3400米的云南德钦县，这里全年平均气温4.7摄氏度，最低气温可达零下27摄氏度，气候条件十分恶劣。在这座云南石油条件最艰苦的加油站里，赵甸生坚守了16年。

“每天早晨起来，看着梅里雪山那动人的微笑，顿时觉着浑身充满了能量。”纳西族的赵甸生，脸上带着高原红，也挂着憨厚朴实的微笑。在长达16年时间里，赵甸生的休息日屈指可数，由于长期站立、经常加班，他落下了腰椎增生、关节炎等骨关节病。因为经常不能按时吃饭，或者只能趁加油间隙吃早已凉透的饭菜，患上了慢性胃病。①

赵甸生16年在雪域高原“原地不动”的坚守，确实难能可贵，但更可贵的，是他从未有过丝毫懈怠，始终如一忠于职守、一丝不苟对待工作。

2017年10月，云南石油安全检查组到巴斯巴加油站检查工作，惊讶地发现，十多年来，站长手册、交接班记录、公司下发的文件、设备设施台账、规章制度汇编等，样样台账清楚、件件分类整齐。赵甸生如数家珍地介绍这些“宝贝”时，检查组的同志不禁感叹：“去过很多地方检查，巴斯巴加油站的工作不仅让人放心，更让人感动。一个这么偏远、这么艰苦的加油站，工作这么扎实、细致，太不容易。”②

加油站的设施设备更新了一代又一代，身边的同事换了一茬又一茬，赵甸生依然默默坚守着，并从一名普通的加油员成长为一名加油站站长。对工作，赵甸生全身心投入，“他把99%的精力都放在工作上”；但对家人，他心里充满愧疚，200多公里路程的家，行车三个小时就能到达，但忙于工作的赵甸生，往往两三个月才回家一趟。

16年舍小家为大家，“原地不动”的坚守，恰是石油石化人奉献精神的最好体现。赵甸生先后被评为云南石油“优秀站长”“优秀员工”，2019年，在中国石化集团举行的“壮丽70年奋斗新时代”活动中，被评为第五届“感动石化”人物。

一份坚守，一种精神

《光明日报》刊发赵甸生的“坚守精神”（2019.10.25）

“感动石化”颁奖现场，主持人敬一丹采访赵甸生及其家人

① 一份坚守，一种精神 – 光明日报 – 光明网 –《网络（http：//epaper.gmw.cn）》

② 一份坚守，一种精神 – 光明日报 – 光明网 –《网络（http：//epaper.gmw.cn）》

4.4.3 苦干实干，奋进海外的石化开拓人

科威特沙漠中晒“熟”了的石化钻井人

在科威特沙漠中，活跃着一支被当地石油从业者称赞为“沙漠红军”的钻井队伍。他们穿着红色工装，纪律严明、执行力高效、技术专业、管理国际化，令科威特人印象深刻。这就是中国石化国际石油工程公司科威特分公司。公司经历 2008 年和 2014 年两次逆势发展，如今已成为科威特石油公司（KOC）最大的钻井承包商。

在科威特最炎热的 6~8 月，不到中午 12 点，滚烫的沙漠就会蒸腾起层层热浪。为了安全，井队现场的石化人必须全副武装：戴上安全帽和墨镜，全身披上厚工服，面部罩着护巾，脚上穿着厚工鞋。这身行头在太阳底下站着，10 分钟就会全身湿透。爬井架或者拿工具时必须戴上厚手套，否则手上立刻就会烫出水泡。在井场工作一个月，整个人都会被晒成“黑炭”，他们互相打趣说：“这就是‘熟’了！”就是面对这么恶劣的环境，中国石化国际石油工程公司队伍从零起步，用 10 年不到的时间开辟了中国石化规模最大、效益最好的海外钻井市场，队伍从最初的几个人发展到 3000 多人。

张从邦带领的钻井队在科威特
仅用四天就落成的 21 号钻井平台

公司副总工程师、科威特分公司党委书记、总经理张从邦动情地说：“沙漠里地表温度高达 70 摄氏度，已经挑战了人类生理极限。在这种环境下，我们的工人创造了最快的打井速度，最快的搬家速度，最出色的安全纪录。靠的就是我们石油工人不怕吃苦那股劲儿，靠的就是苦干实干的‘石油精神’。”

张从邦自大学毕业后就进入了石油行业，从基层做起，一干就是近 30 年。在到科威特工作前，他

就已经在沙特等海外市场一个人打拼了 22 年，这期间回国常伴家人身旁成了奢望。2015 年，张从邦的母亲患病需要摘除左肾，但他在科威特还有一份非常重要的合同需要签署。母亲第二天就要做手术了，张从邦在医院对母亲说：“妈，这个合同我必须去签。”然后他不得不转身离开，回到科威特。张从邦说，在最艰难的时刻，他甚至想过辞职回去陪伴家人，但他觉得不能辜负国家和公司对他的信任。

对张从邦来说，科威特钻井市场份额第一还远不是终点，借助“一带一路”倡议带来的发展契机，中石化科威特分公司的未来还能够更进一步。每当谈及自己心中的理想，张从邦就会回答：“我的梦想是有一天中国的石油行业能打遍天下无敌手。”虽然现在中国的实力与欧美发达国家相比确实还有一定的差距，但这么多年在海外拓荒的经历给了张从邦底气。“总有一天，我们中国会从行业标准、技术实力、设备制造等各方面全方位超越竞争对手。”

2018 年，张从邦被评为第四届“感动石化”人物。

设施“走出去”战略，打造“中国品牌”的石化建设者

王志伟在“一带一路”沿线从事海外项目建设 13 年。作为施工经理，他负责的项目全部实现安全优质高标准竣工，为公司赢得了 6000 万美元以上的经济效益。对海外项目，王志伟从未敢懈怠，在项目上他每天大部分时间在装置施工现场，他说“只有在施工现场经常走、到处看，才能发现施工中存在的问题及时解决”。在中石化五建公司沙特朱拜勒 ABS 项目工作期间，每天沿着长 650 米，宽 375 米施工场地走 20 来圈，足足有 40 公里。他说：“海外工作这么多年，尽管人辛苦点，但能为公司‘走出去’尽点力，感觉还是值得的。”

王志伟在中东工地

升为项目经理后，王志伟负责中东地区最大炼油厂，

中石化五建公司有史以来中标的海外“巨无霸”项目——科威特新炼厂（NRP）项目的管理。他每天要花 6 个小时穿梭在 6 套装置间，对待工作事无巨细，事必躬亲，每天都泡在施工现场，察看装置施工情况，与工程师讨论施工问题。对于现有的人力资源、机械设备、各专业分公司和分包单位的施工水平及当前施工状况，王志伟都了如指掌。正是因为这样投入的工作，他不仅推动了中石化五建公司“走出去”战略的成功实施，也用“中国速度”在科威特乃至整个中东地区打造了“中国品牌”的样板。

王志伟用苦干实干石油精神、奉献奋进的石化精神，实现了他的石化梦想，他说“我们要用创新的理念、过硬的质量和如期完工的速度，在科威特，乃至整个中东地区留下‘中国品牌’的样板”。王志伟也因此在 2019 年被评为第五届“感动石化”人物。

5 楷 模

5.1 石化科研楷模

5.1.1 开创百年石化基业——侯祥麟

侯祥麟，1912年4月出生，是我国石油化工技术的开拓者之一，炼油技术的奠基人，被称为“战略科学家”。他是中国科学院、中国工程院资深院士，曾任石油工业部副部长和石油化工科学研究院院长。世界石油大会中国国家委员会委员，国家科委发明评论委员会委员，任中共十二大代表，第五、六、七届全国政协常委。2008年12月逝世，享年96岁。

翻开新中国石油化工的历史篇章，映入我们眼帘的便是这位红色科学家，他多重耀眼的身份，使他责任更加重大，其一生都在为我国的石油化工事业倾尽心血。

动荡年代“六个愿望”

国家兴亡，匹夫有责。侯祥麟曾说有六个愿望：第一个愿望是加入中国共产党。在国家危难之际，侯祥麟看到了中国共产党是唯一一个能挽救中国，并在水深火热之中真正为人民服务的政党，便更加明确了加入中国共产党的决心。第二个愿望是日寇投降，抗战胜利。1931年侯祥麟考入燕京大学化学系，抗日救亡的怒潮，席卷了整个中国。在这民族危亡的关头，青年学生们勇敢担起重任，侯祥麟也不例外，在寻找救亡图存的人生道路上探索，并于1938年4月秘密加入中国共产党。第三个愿望是新中国成立。第四个愿望是我国实现石油产品基本自给，

军用、民用油品在品种、质量、数量上完全能够自给。第五个愿望是粉碎“四人帮”，迎来科学的春天。第六个愿望是实现台湾的回归和祖国的统一。可以说这不仅是侯祥麟的愿望，更是千千万万爱国者梦寐以求的共同心愿。①

侯祥麟一生与油结缘，为油而忧，为油而喜。他是一名化学工程学家，燃料化工专家。抗战胜利前夕，为建立党的科技干部队伍，周恩来指示派遣一批技术干部到国外深造。经组织批准，侯祥麟 1944 年去美国卡内基理工学院继续学习化学工程学。在深造期间他积极参加各类社团活动，还与其他的爱国留学生成立了留美科学工作者协会，并在学业完成后动员了数百名科学家和学者先后回到祖国，投身于科学报国的理想，开发出“两弹一星”所需的一系列特殊油品。

新中国成立初期，我国的石油化工行业基本上是个空白，超过 90% 的石油产品依靠进口。新诞生的共和国需要科技的力量推动发展，20 世纪 50 年代，我国军用和民航所用航空煤油一直以来依靠苏联进口。当时石油工业部曾组织试产这种油料，但由于地面试验和空中试飞中出现喷气发动机火焰筒严重烧蚀的问题，加上中苏关系紧张，航空煤油进口锐减，中国军、民用飞机即将面临飞不起来的危机。就这样生产航空煤油的重任交到了侯祥麟的肩上。在没有先进的技术下，侯祥麟组织了六个研究室，与国内有关单位合作，亲自没日没夜地带头苦干。

培根铸魂“五朵金花”

20 世纪 60 年代，侯祥麟带领青年石化队伍成功地突破了国外封锁，根据国内技术领导开发了“五朵金花”。后来当他回忆这一段历史的时候说道，石油部要集中各方面的技术力量，独立自主地开发炼油新工艺、新技术，主要是：流化催化裂化、催化重整、延迟焦化、尿素脱蜡，以及有关的催化剂和添加剂等 5 个方面的工艺技术。因为当时电影《五朵金花》传遍大江南北，里面讲述的是五位美丽的、都叫

① 侯祥麟：一生最大的心愿即入党 孟素；-《党史文汇》-2011-09-12

1986 年侯祥麟获恩里科马泰国际科学技术奖

金花的白族姑娘的爱情故事。于是在会上大家就把要开发的这五项新技术，叫作炼油工业的“五朵金花”。从此“五朵金花”在我国炼油行业响遍中华大地。“五朵金花”使我国的炼油工业技术跃至世界先进水平，中国终于实现了自给自足全部油品，并于 1978 年获得全国科学大会奖。

2003 年 5 月，受国务院委托，侯祥麟以 91 岁的高龄，主持启动了“中国可持续发展油气资源战略研究”。2004 年 6 月，老伴李秀珍不幸与世长辞，很多人都为他担心，但是一个多月后，这位坚强的老人从悲伤中重新站了起来，再次投入“中国可持续发展油气资源”重大课题的后续研究中。有人劝他说：“90 多岁了，歇歇吧！”侯祥麟总是回答说：“我国今后的石油道路并不平坦，但愿我的努力能让这条路少一些坎坷。”

严谨务实投身科学

侯祥麟常提到，攀登科技这座高峰最好用的工具就是严谨务实、锲而不舍。他自身也十年如一日奋斗在工程科技前线，始终坚持脚踏实地、实事求是的科学态度。对工程重大问题，他崇尚眼见为实，年近百岁还亲临现场，爬塔台检查设备。2005 年 9 月 16 日，侯祥麟同志先进事迹报告会在北京人民大会堂小礼堂举行，受到党和国家领导人接见。

侯祥麟治学严谨，对工作极其负责，对工程问题一丝不苟、全面周全。他对实验和研究中的数据严格把关、对分析和预测也不容马虎，要求数据准确、论据充分、材料可靠①。他认为，科学研究不能有一丁点疏忽，要做就做到极致。在自传《我与石油有缘》中，侯老写道：

① 战略思维谋求发展 高尚情操谱写人生 –《中国科学报》– 2012–04–07

“我深感国家的命运就是我们个人的命运。作为一个中国人，我为今天的中国感到骄傲。作为一个有 60 多年党龄的中国共产党党员，我对我的政治信仰终生不悔。作为一个新中国的科学家，我对科学的力量从不怀疑，我为自己一生所从事的科学工作感到欣慰。”①

因为热爱，所以执着，侯祥麟等老一辈科学家求真务实、报国为民、无私奉献的爱国情怀和高尚品格，是新时代广大科技工作者攻坚克难、勇攀高峰的强大动力源和精神营养剂。他无私奉献弘扬爱国精神，被称为“石油赤子”，这也深刻体现了中国石化人的“爱我中华、振兴石化”的使命担当。

5.1.2 中国催化剂之父——闵恩泽

闵恩泽（1924~2016），被誉为中国催化剂之父，将毕生精力，投身于我国炼油催化应用科学中，使国产催化剂从无到有，及至跻身世界先进行列，取得了举世瞩目的成就。

为了学习世界先进技术，实现科学救国的理想，1948 年春，闵恩泽来到大洋彼岸的美国，考入俄亥俄州立大学化学系攻读研究生。1951 年，获得博士学位的闵恩泽在芝加哥纳尔科公司谋到了一份工作。他的妻子也是一位留美博士，按他们夫妻俩的收入水平，当时在美国完全可以过上舒适安逸的生活。但闵恩泽想到的是，刚刚获得新生的祖国，正是急需各方面的建设人才的时候。闵恩泽没有犹豫，他和妻子毅然放弃了在美国的优越生活，回到了祖国的怀抱。回国之初，很多单位都不敢接受从美国回来的人，接连都被拒之门外。闵恩泽说，他很感谢当时石油工业部的部长助理徐今强，分配他们去当时正在筹建的北京石油炼制研究所。从此，他的人生和祖国炼油催化事业的发展紧密相连。②

---

① 与祖国风雨同行——记我国炼油技术的奠基人侯祥麟 杨守娟；-《党建》- 2005-09-01

② 闵恩泽：国家需要什么，我就研究什么 光明；-《老年人》- 2008-03-01

突破催化剂的国际封锁

当时，我国炼油所用的催化剂，依靠从苏联进口，对于这一领域的研究还是空白。“那时候各方面条件都很艰苦，实验室是向当时的北京石油学院借的几间平房。”闵恩泽回忆说。实验设备也只有从大连石油研究所搬来的几件旧设备，试验装置要靠自己制备。

更棘手的是，国内没有现成可循的技术资料。不过闵恩泽认为，落后并不可怕，可怕的是落后而不争气的颓废习气。他满怀信心地组织大家制订建组规划，设计实施方案。并且还亲自出去购买材料，添置设备，选拔人才。仅仅几个月，就建立起一个初具规模的中型试验装置。当时，他们只有几个人，就边学边干。手里没有技术资料，他就组织大家收集国外有关学术论文、专利文献等等①，从不同的消息渠道尝试掌握国外技术发展情况，然后结合我国实际，制订出属于自己的研究计划。他们为查阅资料，摘录笔记，度过了无数个不眠之夜。经过几年艰苦的努力，闵恩泽和他的助手们在大连石油研究所等兄弟单位的配合下，陆续研制成功几种主要石油炼制催化剂，并投入工业生产。

1959 年，苏联援建的我国现代化 100 万吨 / 年兰州炼油厂投产，其中有一套移动床催化裂化装置是核心，它把重油二次转化为航空汽油，所用的移动床小球硅铝裂化催化剂一直从苏联进口。20 世纪 60 年代初，中苏关系紧张后，苏联开始以次品供应。“1960 年开始，苏联逐步减少以至最后停止了对我国的催化剂供应，当时库存的催化剂只能维持一年，直接威胁到我国航空汽油的生产，形势十分严峻。”石油工业部的老部长余秋里在回忆录中写道：“我把研制催化剂的重担，交给了石油科学研究院从美国回来不久的闵恩泽同志。”②

“国家需要什么，我就做什么。”临危受命的闵恩泽毫无怨言、全身心投入到催化剂这个完全陌生的领域。他立即组织专题组开展催化剂的研究和开发；参加工厂设计，确定工艺、设备选型；最后担任工厂开工副总指挥。那些日子，他吃在现场，住在办公室，每天 8 点开始

---

① 2007 年国家最高科学技术奖得主闵恩泽 –《网络（http：//bbs.mahoupao.net）》

② 中国催化剂之父——闵恩泽 李翠哲；–《化工管理》–2012–06–01

工作，直忙到夜里1点多，接着又开碰头会，通常都是凌晨两三点才休息。但闵恩泽决心不辜负党和政府对自己的信任和期望，用艰苦的劳动去开垦这片广阔的处女地。早在1948年，闵恩泽在美国第一次看到催化裂化装置时只有感慨：中国何时能建成这样的装置？让他未料到的是，十多年后他却在研究这套小球硅铝裂化催化剂。①

“变得聪明起来”，从试验到失败，从失败再到试验，在探索中摸索前进。在试验过程中他经常与危险擦肩而过，第一次试运转就发生了掉带事故，闵恩泽亲自钻进高温烘烤的干燥室，后来他指导设计了自动调带装置，才将问题解决。由于技术、经验等方面的不足，他和同事们在几间非常简陋的小平房里冒着危险，反复试验，失败、再试验、再失败……其间，闵恩泽常用毛泽东主席的话来激励自己和大家："在战争中学习战争"。②

那段时间，闵恩泽夜以继日，冒着危险反复做试验，当试验取得初步成果后，他又马上赶到兰州的生产车间，与工人们一起钻进高温炙烤的干燥室进行试生产。此时，他的肺部已经饱受癌细胞的折磨，虽然他疼痛难忍且咳嗽得十分厉害，但还是咬牙坚持到催化剂试产成功。返京后，他被切除了两片肺叶、拿掉了一根肋骨，方才保住了性命。闵恩泽用心血和生命研制出的小球硅铝裂化催化剂，打破了国外的技术封锁，解决了我国在石油炼制方面的难题。不久，闵恩泽又相继研制出磷酸叠合催化剂、铂重整催化剂和微球硅铝催化剂等炼油工业急需的催化剂产品，一举攻克了困扰我国石化炼油工业的难关，从而使我国的石化产品产量大大增加，逐步实现了自给自足，满足了国民经济发展的需要。③

最美奋斗者

改革开放后，我国石油炼制催化技术已满足当时炼油工业的需求，而石油化工催化技术基本依靠引进，亟须创新。1980年，美孚石油公司的中心研究室主任来华访问，介绍了美孚在分子筛领域的成功经验是搞新的催化材料，而不是搞催化剂。闵恩泽很受启发，便调查石化

① 中国催化剂之父——闵恩泽 李翠哲；–《化工管理》–2012–06–01

② 中国催化剂之父——闵恩泽 李翠哲；–《化工管理》–2012–06–01

③ 闵恩泽：国家需要什么，我就研究什么 光明；–《老年人》– 2008–03–01

技术的创新历史，调查催化材料怎么发展，研究国外大公司怎么干，最后明确新催化材料是创造发明新催化剂和新工艺的源泉。①

闵恩泽还提出了另一条明确的科研思路：新反应工程是发明新工艺的必由之路。于是，他在新型分子筛、非晶态合金等新催化材料、磁稳定流化床等新反应工程领域开展导向性基础研究，为石油炼制和石油化工技术的创新提供“新式武器”。为此，他负责组建了石科院基础研究部，率先在石油炼制和石油化工科技前沿开展导向性基础研究。何鸣元在 1984 年冬被安排在闵恩泽的手下，担任研究部主任。“闵恩泽说我们不能再亦步亦趋了，必须从导向性基础研究上来实现创新。”于是他们带领一群研究生，开始了一次寻觅新催化剂的新长征。十年磨一剑，1994 年，ZRP 分子筛终于被开发出来，被评为 1995 年“全国十大科技成就”之一。②

2008 年 1 月 8 日，党和国家领导人亲自向闵恩泽颁发国家最高科学技术奖。

创新精神薪火相传

对于自己在科研上的如此多成就，闵先生也对自己的经历进行了认真的回顾与总结，他总结道：创新的灵感来自于联想，联想来自于博学广识和集体智慧。像艺术创作一样，科学创新同样离不开灵感。

博学广识是闵恩泽终身学习的结果，无论是“文革”时在牛棚中整理新中国炼油工作的历程与得失，还是在各种病痛折磨中的晚年时光，闵恩泽从来没有停止学习。他有一个保持多年的习惯是：查阅国外资料。每次石科院图书馆订的炼油、催化、化工方面的国外原版杂志，寄来以后图书管理员先送到他办公室，他都逐一观看，来了解相关研究领域的最新动态与国际前沿。③

石科院原院长龙军这样评价闵恩泽：“他的巨大贡献，不仅仅在于卓越的科研成果，更在于他带出了一支勇于攻关、善于团结、勤谨踏

① 国家科技奖获得者简介 | 理学博士 – 博士论坛 –Powered by PHPWind –《网络（http：//bbs.werdoc.com）》

② 国家科技奖获得者简介 | 理学博士 – 博士论坛 –Powered by PHPWind –《网络（http：//bbs.werdoc.com）》

③ 闵恩泽 让“地沟油”化害为利 骆瀚；–《中华儿女》–2011–01–20

实的科研队伍，为石化研究储备了一个人才库。一项成果出来之后，往往第一位署名的不是闵先生，而是具体负责的同志。在他的影响下，基础研究部一直保持着这样的传统。这样就激励了团队的整体作战精神，有利于发挥每一个人、尤其是年轻科技人员的积极性。”

闵恩泽院士深入科研第一线指导微藻研究工作

自 1978 年以来，闵恩泽共带出 20 多名博士研究生，16 名硕士研究生，10 名博士后。这些学生当中，不少已经成长为我国石化领域的科研骨干和学术带头人。闵先生对学生既严格、又随和。1985 年开始跟闵恩泽读博士的石科院副总工程师宗保宁说：“和闵先生在一起搞科研，没有任何拘束，很放松、很舒服，因为老先生允许学生们对他说‘NO’，只要你的思路合理、判断合情，闵老先生都会认真倾听。即使普通的科技人员跟闵先生讨论，闵先生也特别愿意，从不摆架子。所以在闵先生周围有一个很好的氛围，年轻人都愿意跟着他做事。”①

2012 年 12 月荣获中国创新方法研究会创新方法成就奖

闵恩泽著作

① 闵恩泽 让“地沟油”化害为利 骆瀚; –《中华儿女》–2011-01-20

时至今日，闵恩泽的创新精神和“唐僧取经”般的责任意识与团队意识，早已在他遍及天下的学生和“战友”之间传为美谈。

5.1.3 时代楷模——陈俊武

陈俊武，炼油工程技术专家、催化裂化工程技术奠基人。1948 年陈俊武从北京大学化工系毕业；之后先后担任洛阳工程公司装置设计师、工厂设计师、总工程师，石油工业部炼油技术攻关组专业组长等职；1982 年担任中国石化总公司催化裂化技术攻关组组长；1991 年当选为中国科学院学部委员（院士）。

陈俊武院士

陈俊武主要从事炼油工程设计和技术开发工作。2019 年 10 月，中宣部授予其“时代楷模”荣誉称号。

从实践中求知，从理论上求解

读书是陈俊武一生中最大的爱好。在高中，他被丰富多彩的化学世界所吸引，经常去北京图书馆等处阅读国外有关有机化学书籍和期刊，并详细记下笔记。仅 1943~1945 年间，他就汇编成了 10 多本关于维生素、药用植物和香料化学等专著小册子，均用工整的蝇头小字书写，化学式和图形非常规范。此外，他还自编了取名为“药学精华”的刊物，内容包括论文、新书介绍等。

他在大学二年级至三年级学习期间，开始涉猎化学工程和化学工业领域，课外阅读了大量书刊，记录了几十本笔记，密密麻麻写下了几百万字。

早期的创新源于细心的观察和化学工程的功底。1953 年，陈俊武在洛阳石化石油三厂变换车间倒班时，注意到水煤气和水蒸气混合器是带有喷嘴的喷射器，具有抽力。经过实验，他建议停开上游的煤气鼓风机。建议被采纳后，每小时为工厂里节省 25kW 的电力。在这方面积累的知识帮助他解决了不少难题。1954 年在石油三厂蒸馏车间偶然观察到蒸馏加氢生成油时，加热炉压降很大，影响了处理能力。于是陈俊武买来了俄文《加热炉的计算》一书，按所列公式计算，果不其然。自然联想到把炉管由单程改为两程，计算后压降减少，为大幅度提高处理能力创造了条件，陈俊武凭借书本的理论知识和实际结合成功实现了两项技术革新。

陈俊武博闻强记，心算速度惊人也令人叹为观止。别人在汇报时算错一个数据，他马上就能指出，重新计算的结果竟然不差。不论是在领导岗位，还是古稀之年，他都坚持读书，涉猎各类知识，始终跟踪世界科技领先水平，把握时代发展的脉搏。他是一个永不满足的知识"猎取者"，为他深厚的技术造诣奠定了丰厚的知识底蕴。[①]

永不安分的创新工程师

陈俊武尊重实践，用它来检验真理，纠正自己认识的错误；他也喜好钻研理论，相信它可以指导实践。

1969 年 12 月，陈俊武随单位迁至豫西山区的河南省宜阳县张坞乡竹园沟工作。虽然住的是阴冷潮湿的窑洞，办公的地方是四面透风的临时板房，需要徒步到十几里外才能买到日常生活中需要的柴、米、油、盐，但他的眼睛始终紧盯世界炼油技术发展的脚步，并结合国内实际、时常思考着如何改革和创新。[②]

有一次，陈俊武读到一则介绍炼油深加工工艺技术发展的国外资料，不由自主地想到了国内近几年原油产量剧增、炼油厂加工能力不足，有些电厂甚至直接用原油代替燃煤发电的现象。[③]

他想，这浪费太大，能否革新呢？于是，他主动找到专业室的同事反复讨论，大胆提出蒸馏—催化联合装置的设计技术革新方案，简称为"一顶二"。当时，时任石油部基建司处长的王德瑛到单位调研，听了"一顶二"方案汇报，当场表态支持，要求尽快上报。1971 年，该方案获得石油部批准实施，将石油六厂作为"一顶二"装置试点厂，

① 一条璀璨的人生之路——记中国科学院资深院士、洛阳石油化工工程公司技术委员会主任陈俊武 杨立强；-《青海湖文学月刊》- 2007-10-15

② 创新不止事业兴——记中国科学院院士陈俊武③

③ 创新不止事业兴——记中国科学院院士陈俊武③

并将这种革新型的装置命名为“大庆 701 装置”。1973 年 8 月，年加工 200 万吨原油的“一顶二”装置在石油六厂建成投产，蜡油拔出率高达 90%，达到了既定的技术经济指标，还节省了建设投资，得到充分肯定。随后，这种革新型的“一顶二”装置又先后在林源炼油厂、沧州炼油厂等生产企业建成投产。1975 年 10 月，隶属于洛阳炼油设计研究院的炼油实验厂刚刚建成，陈俊武就和科研设计人员马不停蹄地展开催化裂化新工艺、新设备、新材料的半工业化试验。

虽说新建成的装置时常被改得“面目全非”、时开时停，却诞生了一项又一项推动我国炼油工业技术进步的科研成果。[①]

1982 年 6 月，已是洛阳炼油设计研究院副院长兼总工程师的陈俊武，又担任了一个新职务：国家“六五”攻关催化裂化技术攻关组组长。

按照石油部要求，他们将承担国产化渣油催化裂化、两段催化裂化等国家重点科研课题的攻关任务，并在上海炼油厂建设一套创新的催化裂化装置。

在这之前，上海炼油厂对原有的催化装置进行改造，采纳了陈俊武的后置烧焦罐方案取得成功。这次上炼的期望值又平添了几许[②]。当初，在讨论上海炼油厂新型催化装置设计方案时，炼油厂领导朱仁义曾开玩笑地对陈俊武说：“陈老总，我这个人可贪心不足，你那同轴式我想要、烧焦罐我也想要。”于是，一句玩笑话便引出一段佳话。那是在湖南驶往上海的船上，面对餐桌上的红烧鲤鱼，陈俊武又一次陷入深深的苦思冥想之中，“鱼，吾所欲也，熊掌，亦吾所欲也，二者不可得兼”。忽然，一个奇思妙想火焰般点亮了他的思维，他的眼前一片柳暗花明，何不把同轴式和烧焦罐嫁接在一起，二者取长补短呢？一个快速床与湍流床气固并流串联烧焦方案诞生了。1989 年，上海炼油厂新型催化裂化装置顺利投产，证明了新的再生技术具有很大特色，可以推广应用。这一年，陈俊武被中国石化总公司命名为有突出贡献专家，并被授予“中国工程建设设计大师”称号。[③]

---

① 创新不止事业兴——记中国科学院院士陈俊武③

② 永不安分的工程师——记中国科学院院士陈俊武 徐徐；李建永；–《中国石化》– 2019–03–15

③ 一条璀璨的人生之路——记中国科学院资深院士、洛阳石油化工工程公司技术委员会主任陈俊武 杨立强；–《青海湖文学月刊》– 2007–10–15

倾囊相授的科学家精神

功成名就的陈俊武一如既往。几十年勤于思考、不断探索，勇于创新的治学精神，已成为他生命的一部分，祖国的炼油技术总让他心牵情动。面对国外大公司咄咄逼人的竞争，陈院士满怀对科技队伍建设的强烈责任感，悉心关怀和培育青年科技人才，引导和督促着青年沿着又红又专的道路不断向前。

知识是力量之源，人才是创业之本。面对知识经济扑面而来的大潮，面对国外大企业来势汹汹的竞争，陈俊武想到的是人才，“人的一生是短暂的，科学技术的高峰是陡峭的。一个人的贡献可能成为明日黄花，而有人接力的持续攀登才是可贵的。我在精力充沛的年纪没有意识到这一点，60 岁以后开始有了一件心事，就是如何‘育人’。几十年来我在获取知识的方法、分析判断能力的培养和逻辑思维方式的锻炼方面略有所得，我希望能无保留地传授给年轻一代”。①

有了接班的年轻一代，就能应对自如。世纪之交，公司第二代催化裂化专业工程设计与技术开发专家等学术、技术带头人将陆续退休，而第三代正在成长之中。为不断提高青年的整体素质，陈院士不断给自己加码。他说:“未来市场的竞争说到底是人才的竞争，最重要的是提高科技人员的基础理论水平和科技素质。”1989 年，陈俊武率先倡导继续工程教育。在他经理任职期间，曾和曹世经等同志研究并提出一套以学分制为主要内容的继续工程教育管理办法，适时提出了在工程专业技术人员中实行 CEE 学分制。他定向把关，对课程设置学分学时的分配等都一一过问。十多年的实践和规范，每一步都渗透着院士的心血。洛阳石化工程公司千余名青年技术人员循着这条科学的育人之路，实现了各自的阶段目标，促进了他们基本素质、技术水平和业务能力的提高。②

陈俊武院士对教学育人乐此不疲，认真而热情，像是握着一根接力棒，焦灼地要把智慧之匙交给后来者。

---

① 一条璀璨的人生之路——记中国科学院资深院士、洛阳石油化工工程公司技术委员会主任陈俊武 杨立强; –《青海湖文学月刊》– 2007–10–15

② 一条璀璨的人生之路——记中国科学院资深院士、洛阳石油化工工程公司技术委员会主任陈俊武 杨立强; –《青海湖文学月刊》– 2007–10–15

陈俊武现场指导新人第一课

每年新分到公司的大学生他都要亲自讲上一课，诚挚而亲切地给刚出校门步入社会的学子们以谆谆教诲和殷殷期望。他呼吁老专家们要带徒弟，培养业务尖子，而自己又率先垂范，在工艺室选拔出 7 名青年技术业务骨干，组织了“催化裂化专业高层次人才培训班”，培养公司该专业的高级人才。1990 年他和学员们签订了师徒合同，开始了“传道授业解惑”的导师工作。从课堂到实际，从理论到实践，深入浅出，举一反三，在这些跨世纪青年面前展开了流化催化裂化工艺与工程的壮阔画卷。通过学习，把理论与实际工作有机地结合起来，对学员的工作有很大的帮助。①

陈院士把自己数十年积累探索的经验和理论浓缩聚合，为的是让后来者站在他的肩上，再登上一级科学高峰的台阶。他的学生们最深切感受到的是他毫无保留的传授。在陈院士的精心培育下，他的许多弟子已成为催化裂化工艺技术开发领域的佼佼者。他甘愿把自己当作人梯，让众多有志者踩着他的肩膀，向着理想的顶峰大步攀登。所有这一切，足以使我们肃然起敬。②

陈院士对年轻的技术人员寄予了无限厚望，倾注了一个科技工作者全部的心智和汗水，体现了一个共产党员的拳拳报国心和一个科学家企盼国家富强的永恒的激情。1994 年 5 月 4 日，67 岁的陈俊武院士将他个人所得奖金捐献给青年优秀科技论文奖励基金会的捐赠大会，在公司热烈隆重地举行。在给公司党委和经理的信中，陈院士写道：“我拟从石化总公司发给个人的重奖中提出 4 万元用于迎接 21 世纪青年优秀科技论文的奖励基金，有关建议内容及章程初稿已请有关同志

① 一条璀璨的人生之路——记中国科学院资深院士、洛阳石油化工工程公司技术委员会主任陈俊武 杨立强；－《青海湖文学月刊》－2007-10-15

② 一条璀璨的人生之路——记中国科学院资深院士、洛阳石油化工工程公司技术委员会主任陈俊武 杨立强；－《青海湖文学月刊》－2007-10-15

拟就，附上供参阅。金额虽微薄，但表达了个人对推动科技进步事业的心意。”一位一生艰苦朴素，廉洁自律的老科学家，在为我国炼油工业繁荣发展默默奋斗了几十年后，又将一份殷殷厚望寄给了我们正在走向 21 世纪的青年。陈院士说：他只是想力所能及地为社会做些有益的事情。过去他曾用科学研究为国出力，还想通过另外的途径，更直接地做贡献。他火热的衷肠已经转化成一种社会责任和义务。①

“路漫漫其修远兮，吾将上下而求索。”在陈俊武身上所表现出的精神，也正是新中国的知识分子所特有的风采。他为了追求共产主义理想，为了祖国的石化事业，为了民族的进步与昌盛而孜孜不倦，拓荒漫漫的风姿，必将永远激励后继者发愤图强，再攀高峰。②

2019 年，陈俊武被授予“时代楷模”“最美奋斗者”称号

5.2 石化工匠楷模

5.2.1 工人发明家——代旭升

代旭升，是中国石油化工股份有限公司胜利油田分公司采油工，高级技师；他是全国劳动模范，全国五一劳动奖章、中华技能大奖获得者；他先后自主完成技术革新 80 多项③，累计为企业创造经济效益 1 亿多元。

他从一名普通的初中毕业生，一名普普通通的采油工人，成长为胜利油田首席技能大师，山东省首席技师，全国技术能手，中华技能大奖获得者、全国五一劳动奖章获得者、全国劳动模范，被誉为“工人发明家”。2009 年 1 月 9 日他以国家科学技术进步二等奖获得者的

① 一条璀璨的人生之路——记中国科学院资深院士、洛阳石油化工工程公司技术委员会主任陈俊武 杨立强；-《青海湖文学月刊》-2007-10-15

② 灿烂的人生之路 杨立强 -《中国化工报》-2001-10-07

③ 面孔 -《职业技术教育》-2010-12-26

身份登上了人民大会堂的领奖台。同年 4 月 21 日，“第三届中国发明家论坛”暨“第四届发明创业奖”颁奖大会在北京人民大会堂举行。这名胜利油田的普通工人，也成为 39 名“发明创业奖”获奖者之一。①

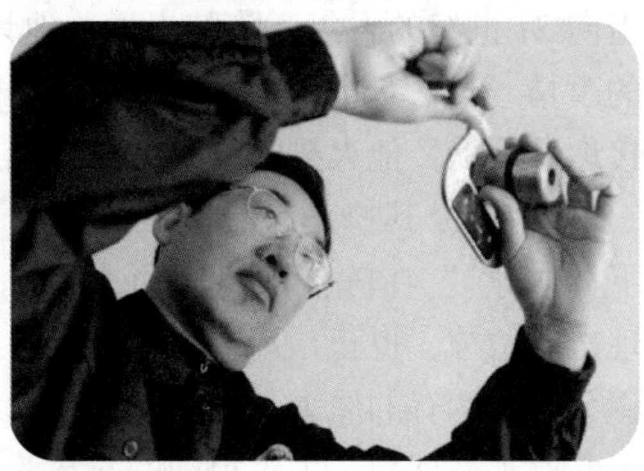

代旭升全神贯注搞技术研究

艰苦无法泯灭一个少年的心智

位于黄河三角洲的胜利油田是我国重要的能源基地，它有着“石油地质大观园”之称。但在 1973 年的隆冬，这里仍是一片荒原，这儿“很少”刮风，一年只刮两次，一次刮半年；这儿刮的风很“小”，连一片树叶也吹不下来，因为这儿没有树。当地的人曾这样描述胜利油田②。因为战略保密，胜利油田的前身“923 厂”要保密地址，通信地址也通常用 ×× 号信箱所代替，来到这里也就意味着与“外面”的世界隔绝。但就是这样，17 岁的代旭升背着简单的行囊，毅然坐上火车离开了美丽的青岛。17 岁的少年还不知道他将面临什么样恶劣的环境，也不知道他将会遭遇什么样困苦的挑战。

虽然代旭升在来到这里前已经做好了充分的心理准备，但是到达了这里后，他发现这里的环境远比他想象的恶劣得多。他所在的采油 16 队，地处偏远，前不着村，后不着店，最好的“建筑”就是队部几栋破旧的“干打垒”，四周是一人多高的芦苇，看不到一棵树。这里阴暗潮湿不说，一到下雨天，屋外大下，屋内小下。平时喝水靠送，碰

① 铁人精神的传承者——记全国十大高技能人才楷模、“工人发明家”代旭升 姜仁明；陈顺华；-《中国人才》-2011-04-01

② 新时期的楷模代旭升 _ 财经频道 -《网络（http：//news.xinhuane）》

到恶劣天气根本送不进来，就只能喝地沟水，苦涩得难以下咽。在这里最大的娱乐就是和工友们一起唱那首《我为祖国献石油》：锦绣河山美如画，祖国建设跨骏马……喝着地沟水，住着“干打垒”，这与青岛的“红瓦、绿树、碧海”有着天壤之别。现实的一切大大超出代旭升的想象，他的心一下子掉进了冰窟窿里，怎么也提不起精神来。①

采油 16 队的指导员是一位年过半百，头发花白的四川籍老者，看到代旭升的样子便过来开导他，语重心长地拍着他的肩膀，说：“小伙子，安心干吧，油是靠人打出来的，环境是靠人创造出来的！”还在空余时间跟他讲大庆油田的故事，讲“铁人”王进喜的光荣故事。但是对于 17 岁的小代旭升来说，王进喜的故事太遥远，太过虚无缥缈，无法对他的内心起到真正的撼动作用。

但是后来发生的一件事，让他的思想真正发生了转变。油田自喷井，很容易有油蜡附着在油管管壁上，影响油井正常生产，因此清蜡就是采油工最基本、最艰难的工作。一天，班上最偏远的一口油井发生蜡堵，班长带着队员们一起去清蜡。班长自己压钢丝，代旭升他们几个摇绞车。压钢丝是个技术活，一刻也不能停，不像摇绞车可以轮换着休息。大家想去替换班长，班长却说：“这口井是高产井，蜡堵得厉害，还是我来吧。”当时正值寒冬腊月，北风吹在脸上如同刀割，班长站在井场上就像一颗钉子，一干就是 5 个多小时。但同时由于站立的时间太长，清蜡完成后，班长一下子跪倒在地。②

在这一刻，代旭升认为班长就是他身边的铁人“王进喜”。在代旭升心中，也树立起了石油工人高大伟岸的形象，他真正认识到了石油工人身上特有的不服输，不怕困难的品质。从那时开始，代旭升就告诉自己，油田精神就是铁人精神，更是不服输、不放弃的执着精神。从此，他暗下决心，要像班长那样扎根一线，做一名合格的石油工人。

但当一名合格的采油工并不容易。为了尽快掌握清蜡技术，代旭

① 铁人精神的传承者——记全国十大高技能人才楷模、“工人发明家”代旭升 姜仁明；陈顺华；-《中国人才》-2011-04-01

② 铁人精神的传承者——记全国十大高技能人才楷模、“工人发明家”代旭升 姜仁明；陈顺华；-《中国人才》-2011-04-01

升给自己定了任务，每天工余时间再练上 100 遍，完不成不罢休。两个月过去了，细钢丝在他手里旋转起来像变魔术，结打得又快又漂亮，刮蜡测气这些活也上了手。

在这样执着的磨炼中、能吃苦、爱动脑的代旭升很快脱颖而出，一起来的同事还未出徒，他却已经能像师傅那样顶岗了。

凭着一种踏实肯干的精神，在十多平方米挤 7 个人、连张桌子都放不下的宿舍内，在 3 年的工作时间里，代旭升锲而不舍地刻苦攻读，硬是啃完了高中课程和《采油工艺》《采油地质》《岗位练兵问答》等十几本采油技术书籍，并在油田组织的“百问不倒”活动中获得了他的第一个荣誉称号——技术能手。[①]

技术革新解决大问题

扎实的基本功和勤奋的努力使得代旭升得到了快速的提升，刚当完 4 年学徒工，代旭升就成了号令十几个人的班长。

当年，井场规格化是采油工的基本功。所有工人都得用铁锹把井场拍打得横平竖直。如果哪个班组井场修得没棱没角，拍得不光不亮，轻则队上大会小会批，重则要开反面典型“展览会”。[②]对此，工人们都感到苦不堪言，认为这样不能将全部精力集中在发展生产上。

“有没有更好的办法呢？”代旭升琢磨起革新来。一天，他想起农村轧麦子用的石磙，于是找来半米长的粗管子，在里面装上沙子，让两个职工架着管子压井场。粗管子不但增加了受力面积，而且压出来的井场既结实又耐看。不出两个月，代旭升的班

① 铁人精神的传承者——记全国十大高技能人才楷模、“工人发明家”代旭升 姜仁明；陈顺华；-《中国人才》-2011-04-01

② 铁人精神的传承者——记全国十大高技能人才楷模、“工人发明家”代旭升 姜仁明；陈顺华；-《中国人才》-2011-04-01

组成了标杆班，这种打造井场规格化的办法也在全队推广开来。①

这次革新获得了始料未及的成功，这极大地激发了代旭升的革新劲头，他开始不断钻研解决各种采油难的问题。为解决稠油开发难题，代旭升当时所在的东辛米油 2 队一连上了 7 台链条式抽油机。但由于抽油机平衡缸漏油，齿轮泵经常出故障，职工们经常要爬到 4 米高的平衡储油包上加油，操作起来费工费力，又很有危险。

怎样才能不再受这攀上爬下的折磨呢？这成为长期萦绕在代旭升脑海里的问题。他白天在井上观察，晚上在家查阅资料，认真研究平衡系统和储油包的结构原理，一个革新方案很快形成了。②

但这一革新方案真正实施的时候，发现并不容易。一连三个月，代旭升的方案没有任何进展，这让代旭升心急如焚。不过工友和领导都给予他极大的鼓励，这让他重燃信心，他重新调整设计思路，方案做了十几个，图样画了上百张。经过半年多的反复试验，"气压式加油包"终于装到了井上，工人们再也不用爬上抽油机加油了，也不用担心从高空中掉下来了。

1989 年，代旭升被采油厂聘为采油技师，负责采油二矿 300 口油井、150 口水井、30 多个计量站的技术保障工作。对此，他响亮地提出了"句号行动"，郑重承诺在他负责的技术服务范围内，遇到的所有技术、设备问题，即便再棘手、再麻烦，也要努力解决，不把问题上交。

1993 年 10 月，二矿在边远地区一连打了十几口新井。当时，附近没有气源点火加温，到了冬天，这些管线就会隔三岔五因低温堵塞，需要大批人力、物力疏通管线，消耗很大，干部和工人们天天担惊受怕。

代旭升就想要是能研制出一种管线加热装置该多好啊！从此，他白天骑着破旧的自行车穿梭在一口井和另一口井之间，深夜便躲在屋里构思、研究，设计草图。90 多个日日夜夜，他脑子里全是流程和图样，就连梦里都做着试验。终于"JN-150 型节能电加热器"问世了，人们紧绷的神经终于可以放松了。

---

① 铁人精神的传承者——记全国十大高技能人才楷模、"工人发明家"代旭升 姜仁明；陈顺华；-《中国人才》-2011-04-01

② 铁人精神的传承者——记全国十大高技能人才楷模、"工人发明家"代旭升 姜仁明；陈顺华；-《中国人才》-2011-04-01

这是代旭升第一个国家实用新型专利，更加坚定了他继续革新的信念。2007 年 4 月，代旭升研制的液压式调平衡装置顺利通过了胜利油田专家组鉴定，并在采油生产中全面推广应用。如今，只要两个娇小采油女工便能轻松调节平衡，安全系数也被提升到一个新的高度。这项技术革新实现了采油工人操作工艺上一次飞跃，也兑现了他“句号行动”的郑重承诺。①

“导师带徒”技术的传承

代旭升不仅成果多，徒弟也多。他说，自己技术再高明也有退休的时候，只有把技术毫无保留地传授给身边的年轻人，才能让技术的火焰越烧越旺，才能实现石油石化行业又好又快地发展。②

代旭升和同事们一起钻研技术

“我记名在册的徒弟有 69 名，其余各类徒弟少说也有 2000 多名。”代旭升自豪地说。这些徒弟不仅在油田各关键岗位发挥着主力军作用，同时他们又滚雪球般地培养出更多的徒弟。这相当于又有更多个“代旭升”在油田生产中发挥作用。

2009 年 1 月，中国石油大学研究生马珍福正式成为代旭升的徒弟。研究生拜工人为师，成为胜利油田“导师带徒”制度实行以来的一段佳话。马珍福说：“能给大师当徒弟，是我的骄傲！”

“代师傅跟我们生活在一起，没有三头六臂，也没有火眼金睛，可就是有点子、有办法，给我们解决了很多生产难题，冲这个，我们就

① 铁人精神的传承者——记全国十大高技能人才楷模、“工人发明家”代旭升 姜仁明；陈顺华；-《中国人才》-2011-04-01

② 铁人精神的传承者——记全国十大高技能人才楷模、“工人发明家”代旭升 姜仁明；陈顺华；-《中国人才》-2011-04-01

喜欢他、爱戴他。”“从代师傅身上学到的不仅是创新思维，更重要的是学到了执着创新的精神，把聪明才智释放出来，就能有所收获。”代旭升的徒弟张建国对师傅充满了感激之情。

2006 年，代旭升成立了“工人技术创新协会”，一手抓培训，一手抓创新，带动了采油职工技术素质的提升，技术创新成果层出不穷。如今，“工人技术创新协会”不仅成为传播科学技术的课堂，更成为孵化创新成果的摇篮。他所在的东辛采油二矿分会，年均推出创新成果 70 余项，创效益 1200 万元。

为方便与徒弟之间的沟通交流，代旭升自主创办了胜利油田“采油技能大师网站”，实施网上助学助教。网站仅开办两年时间，点击已达十余万次。网站已成为青年工人请教疑难问题的“技术家园”。

“桃李不言，下自成蹊。”目前，除了网上的大批“粉丝”，代旭升已在中国石化胜利油田各采油厂签约收徒 69 名。在 69 名徒弟中，有 6 人在全国技能竞赛中获奖，20 人获得油田及以上“技术能手”称号。自主创新、钻研探索的薪火在胜利油田代代相传。这也让代旭升这个先进典型发挥出了更大的辐射效应，实现了从“个体能人创新”到“集体创新”的跨越。

2008 年 4 月，在晴朗的天空下，天安门城楼迎来近 300 位为共和国作出特殊贡献的客人——全国劳动模范和全国五一劳动奖章获得者代表。代旭升已经是第四次登上天安门城楼了，但以此身份登上天安门城楼还是第一次。他激动地说，作为一名石油工人，能够和来自全国各条战线上的先进模范代表一起，登上这庄严神圣的天安门城楼，心里难以平静。他决定把这次活动作为人生的新起点，立足岗位作贡献，锐意进取搞创新，为胜利油田又好又快发展和国家能源战略安全再立新功。①

5.2.2 矢志不渝为稠油——景天豪

景天豪 1993 年从河南油田技工学校稠油专业毕业，他并不是天生就有学石油的天赋，他的成功源于他不懈的努力和创新。

---

① 铁人精神的传承者——记全国十大高技能人才楷模、“工人发明家”代旭升 姜仁明；陈顺华；－《中国人才》－2011－04－01

刚当采油工不久，站长对他说：“螺杆泵加油孔堵头坏了，你画个图纸加工几个吧。”下班后，他按自己的理解画了一张图纸，第二天交给技术员。技术员看后问他：“螺距1.4是什么意思？带锥度的螺纹标注大径是不是不对？”

这一连几个问号让景天豪面红脸赤，他暗暗发誓：“一定要掌握过硬的生产技能，做一名懂技术、有作为的采油工！”

在工作之余，景天豪开始自学采油地质、采油工艺等专业课，景天豪在学习中不断地积累知识和技能，解开了一个又一个职业生涯中的问号。

2001年，他学完了机电一体化大专所有课程。2009年，他又学完了石油工程专业的本科课程。他通过近两年的努力，自学了被业内人士普遍认为难以掌握的AutoCAD、SolidWorks专业制图软件。

针对抽油机曲柄销衬套不易拔出的问题，他研制了衬套拆取器，使拔衬套操作方便、快捷；针对热采井易引起光杆被撞弯的问题，他研制了光杆防撞锥帽，当年创直接经济效益4万元；针对热采井注汽后井口偏磨的问题，他研制了偏心卡箍头和调偏悬绳器，减轻了井口偏磨程度。这些看似简单的工具，在现场应用后，提高了操作时的安全系数，节约了操作时间，降低了员工的劳动强度，景天豪打心眼里感觉快乐。①

景天豪2003年获得中国石化集团公司技术能手称号，由采油高级工提前晋升为采油技师。

古城油田有多位技师，景天豪不是第一个。古城油田多了景天豪这位技师，也真算不上啥大事情。要说有谁最在意这件事，恐怕就是景天豪自己吧。

做了高级技师后，景天豪仍然像往常一样干活，换减速箱、调冲

---

① 牛！！油田两人被聘为集团公司技能大师！–《网络（https://www.sohu.com/a/288973350_734075）》

程这样的累活，景天豪仍冲在前。卸曲柄销子时，需用大锤砸。几十公斤的大铁锤，几个人轮换着抡，别人抡一百下，景天豪也抡一百下。

有人夸景天豪："工作能吃苦，真不愧是技师！" 但景天豪并不认为这是一句称赞的话语，心里不是滋味。[①]

那一天，由于现场找不到一个合适的受力点，千斤顶一加压就向后滑。大家想尽了办法，半天过去了，但仍然没什么进展。

有人说："景技师也搞不定，咋回事儿？"这本是一句玩笑话，却深深地刺痛了景天豪。

过了几天，景天豪找来废钢板，给千斤顶制作了一个有斜度的底座，拿到现场一试，失败了。有同事安慰他，抽油机不是什么精密仪器，位置偏了，无非多漏一点油。

景天豪又折腾了几天，制造出一个可升降的斜铁，一试又不成。有同事知道后，就劝景天豪，实在不行，就用笨办法，用吊车给抽油机移位。你为这事劳神费力，实在犯不上。

景天豪苦想几天，又想出一个依靠球体来变换底座角度的办法，结果还是失败。妻子看到景天豪茶不思饭不进的样子，便劝他放弃。景天豪却正色地说："生产遇难题，技师不解决，谁解决？这个技师不能白当。"[②]

景天豪把自己关在一间小屋里，又是写，又是画。

终于，经过一番实验研究，景天豪想出了"千斤顶辅助装置"的雏形。

第二天，他拿着图纸找人加工一个简易的底座，到现场一试，不到 5 分钟，抽油机就完成了移位。

大家夸他，说："景天豪有办法，不愧是技师。"听到这话，景天豪心里像吃了蜜一样甜。事后，同事中有人说，景天豪，你真"犟"啊！景天豪却说，我是一名技师，得对得起这个称号。[③]

这几年，景天豪凭借着这股"犟"劲，不断攻克生产难题，先后完成了"抽油机减速箱防盗盖板及螺栓""磁性防盗阀门"等 10 多项

---

① 自我较劲的景天豪 蒙福全；宋小丽；-《中国石油石化》-2013-06-15

② 自我较劲的景天豪 蒙福全；宋小丽；-《中国石油石化》-2013-06-15

③ 自我较劲的景天豪 蒙福全；宋小丽；-《中国石油石化》-2013-06-15

发明，多项生产成果弥补了国内同行的空白，其中，“磁性防盗阀门”的成果，还作为石油行业的唯一代表，在全国第 33 次 QC 小组代表大会上展示交流。

规范工人生产标准

河南油田 2007 年推进“水代汽”节能改造工程。这个工程是充分利用在稠油热采过程中产出带有大量热能的污水，替代稠油集输过程中用来加热的蒸汽，达到废物利用、降本增效的目的。井楼、古城、杨楼和新庄四个稠油热采区块实施改造后，当年节约成本近亿元，成为集团公司节能示范工程。

这个工程在古城油田试点实施时，遇到了一些问题：掺水油井单井掺水量的控制，普遍采用调节阀门开启度的办法进行，当班职工不易掌握。

有一次，景天豪听到有工人问当班班长，掺水阀门要打到什么位置，才是最合适的状态。

那位班长想了半天，也说不出一个所以然，只好说开启阀门时，听到“刺”的一声，就可以了。①

这话让景天豪哭笑不得，但同时他也意识到应该规范工人生产的标准，凭感觉干工作可不是新一代石油工人应有的水平，同时，这种凭感觉的操作，很容易造成系统掺水压力不平稳，发生掺水阀门内漏事故。

但是景天豪着手攻关这个难题时，一些不理解的人说他：“别忘了，你只是一个操作工人。”

在一些人的传统观念中，操作工人只是执行者。景天豪却认为，执行并非只有被动意义，积极的、创新式的执行，既是执行工作的内在要求，也是新时代操作工人的价值体现。

① 自我较劲的景天豪 蒙福全；宋小丽；-《中国石油石化》-2013-06-15

景天豪又与自己较上劲了，他花了半年时间，反复观察、研究、实验，终于发明了一种“油井掺水用防反吐水嘴套”。该装置利用孔眼节流的原理控制掺水量，可有效防止单井掺水量频繁波动的现象。同时，该装置具有防反吐功能，更好地保证了掺水系统压力的平稳。①

景天豪（左）在工作现场

有行业专家称景天豪这项发明的投用，对“水代汽”节能改造工程的顺利实施，起到了重要的保障作用。

景天豪所在的采油队又创建了以他名字命名的创新工作室。如今，创新工作室里聚集了一大帮景天豪的徒弟。在景天豪的指导下，他们相继合作完成了“温度报警监控仪”“抽油机盘车专用工具”等多项创新成果。

在景天豪创新工作室 2011 年荣获河南省职工学习室示范点荣誉称号后，吸引了众多兄弟单位的技术人员前来参观学习。面对大家的提问，徒弟们说：“师傅常对我们说，不断挑战自己的感觉是——累并快乐着！”

站在一旁的景天豪乐得眼睛眯成了一条缝。②

回顾 16 年的奋斗历程，景天豪说：“起点低并不可怕，可怕的是满足现状，停滞不前。只要你有爱岗之心，吃苦之志，不断进取，不断创新，就必定会收获果实的甘甜。”

“‘天’字拆开讲，就是‘工人’；‘豪’字，表示自豪。景天豪是我们采油工人的自豪。”河南石油勘探局党委副书记、工会主席李科说。

这无疑是对景天豪的最佳赞赏，景天豪的奋斗历程不仅给予石油工人以经验，还给予我们普通民众一种坚持不懈，敢于创新的顽强精神。

5.2.3 扎根基层——孙同根

1985 年底，以几分之差高考落榜的孙同根跨入了金陵石化的大门，

① 自我较劲的景天豪 蒙福全；宋小丽；-《中国石油石化》-2013-06-15

② 自我较劲的景天豪 蒙福全；宋小丽；-《中国石油石化》-2013-06-15

成了催化裂化装置工艺班的一名成员。当时工艺班有员工二十六七人。新进厂的小孙这里看看，那里摸摸，暗暗发誓要在这里做出一番“事业”。但不久，孙同根隐隐感到了一丝失落。按按仪表开关，到现场巡视设备……一切的一切，似乎那么单调而又重复，比自己早进厂十几年的师傅们天天也是如此。比较平均的分配制度和“倒班”工作的辛苦，使得工人学习了解装置知识，提高工作技能的积极性几乎为零。孙同根回忆道：“那时班里也有人读书，读书的目的却就只是拿一个文凭，以便跳槽或转行。”

后来金陵石化举办的职工技能竞赛和中国石化集团推行的“系统操作员”制度，让孙同根和同事们看到了自己的前途，重新激起他们求知的欲望。

1998 年，金陵石化举办了首届职工技能大赛，各工种的“状元”不仅可以拿到数千元奖励，还能晋升一级工资。此后，每 4 年，该公司便有一次全范围的员工技能大赛，涵盖工种增加到 20 个，对优胜者的激励也在逐步提高。①

职工技能大赛改变了之前因平均分配而导致的工作氛围平平，工作热情低迷的现象，激起了工人的学习欲望。原本就想对装置有系统全面了解的孙同根开始有目标地参加各种岗位培训，加大自学的强度，增强自己的炼油基础理论知识水平和对所在催化裂化装置工艺的了解，使其装置实际操作水平有了质的飞跃。金陵石化首届技能大赛，孙同根是炼油工种竞赛的第 5 名，4 年后的第二届技能大赛，他跃居该工种的第 1 名。此后，他又以优异的操作技能获得集团公司“技术能手”称号，他撰写的论文《RFCC 开工大量跑催化剂的原因及对策》在 2006 年国内催化裂化技术第十一届年会上获得二等奖。②

他从炼油基础理论知识和催化裂化工艺流程这些最基础的学起，在日常生产中，每一次巡检都特别仔细，每一次开停工都特别投入，每一个细节都不放过。整整十年时间，他学透了催化裂化的 7 个单元。“我这一路走来，取得这么多的成就，最大的秘诀就是不间断地学习。”

---

① 处处是舞台 人人能成才 本报记者 黄律己；–《中国石化报》– 2008-02-20

② 处处是舞台 人人能成才 本报记者 黄律己；–《中国石化报》– 2008-02-20

孙同根说。[①]

从催化装置的小学徒做起，孙同根先后在三机岗位和反应岗位担任外操、内操、主操、副班长，也担任过反应质量岗位副班长、工艺班长，逐步成长为金陵石化技师、高级技师、首席技师和中国石化集团公司技能大师。

然而，催化汽油吸附脱硫装置对公司所有人员来讲都是陌生的，大家只能摸着石头过河。这是孙同根面临的第一个难题。[②]

具备催化、临氢、重整 3 种装置操作经历和丰富经验的孙同根一头钻进成堆的资料中，研究装置操作要求及关键设备操作规范等。一听说国内同类装置开停工，他马上跑过去观摩；遇到困难的时候，他也会立刻给高级技师班的同学打电话。慢慢地他熟练掌握了这项技能，摸清了工艺设备的概况。

催化汽油吸附脱硫装置配备了 20 名操作人员，其中 11 名是 2010 年以后入职的大学毕业生，操作经验较少。如何给这些青工“充电”，是摆在孙同根面前的第二个难题。

2012 年 2 月，20 多名操作人员从外地实践回来后，孙同根又把自己用半年时间总结的“操作秘籍”传授给他们。4 月，所有人员通过仿真考核，完全具备上岗条件，一批熟练操作工“新鲜出炉”。

8 月 10 日，装置正式开工。孙同根提出的用烯烃汽油开车被列为第二方案。投料 3 分钟后，DCS 系统报警，反应器出现飞温，现场弥漫着紧张的气息。孙同根马上提出：“改用第二种方案！”30 分钟后，反应器温度恢复正常。开车成功！现场响起了一阵掌声。这套装置的顺利开车，为江苏沿江 8 市的汽油质量标准升级作出了巨大贡献。[③]

---

① 大师孙同根 窦豆；陈康；–《中国石油石化》– 2019–12–15

② 大师孙同根 窦豆；陈康；–《中国石油石化》– 2019–12–15

③ 石化技能大师孙同根的炼化人生 本报通讯员 窦豆；–《工人日报》– 2014–04–16

胸中有丘壑，大展拳脚

金陵石化职工都知道：“出了问题不用急，赶紧去找孙大师”；兄弟企业催化裂化或者催化汽油吸附脱硫装置开工不成功，打电话问孙大师几个数据，问题就顺利解决了。

长期对催化裂化技术的埋头钻研，让孙同根练就了一手绝活儿：只要看到装置的数据指标，就能知道哪里出了问题。

2009 年，孙同根参加的石化代表团应邀到韩国一家炼油企业参观，这个企业有全套从美国引进的设备和技术。本来韩方不让他们下车参观，经代表团协商后才同意中方派孙同根等 3 名代表参观。

“被对方这么看不起，我很生气，就想一定得为中国人争口气。”孙同根说。进入中心控制室后，他提出看一看装置运行数据，只看 10 秒。快到 10 秒时，孙同根迅速起身，边往外走边对韩方人员说操作存在 3 大问题：运行效率不高、能耗高、产出的轻油分布不合理。

孙同根一针见血地指出了这家企业现在所面临的难题，韩方代表的态度马上出现了 180 度的转变。出于礼貌，孙同根只简单地告诉了韩方企业第一个问题的操作要领，一试果然奏效。韩方人员又到孙同根住的酒店求教。这件事成为金陵石化对外交流的一段佳话。果然胸中有丘壑才能大展拳脚！在成绩面前，孙同根没有停下奋进的步伐。

“汽油中的硫能不能完全脱除”堪称“油品质量升级技术的制高点”。通过技术攻关，孙同根突破了难点，使汽油脱硫效果不再受限于原料性质，为生产更高标准的汽油做好了准备，也为处理更加劣质的汽油铺平了道路。

“可以说，不管硫含量多高的汽油，我们都不怕，都能将硫脱到优于国家标准。”孙同根自豪地表示。

为了进一步降本增效，孙同根又打起了吸附剂的主意。一吨催化剂价值几十万元，如何才能有效减少吸附剂损耗，节约吸附剂用量？

孙同根发现装置的过滤器总容易堵住。经过反复尝试，他辨明了“病根”——不是吸附剂浓度过高、线速过快，而是吸附剂结焦了。他对症下药，对过滤器的反吹系统参数进行了调整，有效防止了积炭在过滤器上聚集，不仅减少了吸附剂损耗，而且延长了过滤器寿命，保障了装置长周期运行。创新因为问题倒逼而产生，又因为解决问题而深化。

随着“分子炼油”概念深入人心，孙同根牵头成立了催化裂化和催化吸附脱硫优化小组，向为催化吸附脱硫提供汽油的催化裂化装置要效益，增强两套装置的耦合效应。

通过和中石化石科院的合作，孙同根发现脱硫前的汽油原料 C_7 以下轻组分中烯多硫少，C_8 以上重组分中烯少硫多。他想，如果能将两套装置分别使用不同的催化剂，一套装置处理轻组分侧重增加烯含量，一套装置处理重组分侧重脱硫就好了。经实验和测算，不仅脱硫效果没有变差，辛烷值还能略微上升，可以实现“1+1>2”的效果。

在实现汽油组分的分离上，孙同根想方设法创新思路，不是采用蒸馏的老办法，而是让汽油从催化裂化装置的冷凝的重组分引出，这样一来催化装置整体能耗能减少 10%~15%。

“不需要大的投入改造，就可以实现每年近亿元的降本增效，这项技术改造效益可观。”孙同根说。

从高中生到资深首席大师，孙同根书写了中国石化人响当当的品牌。孙同根用他的刻苦钻研，敢想敢干，勇于创新，无私奉献的精神促进了我国石油石化的发展，造就了我国石油石化历史上的一段佳话。

5.3 石化企业管理人楷模

5.3.1 企业“好当家”群众“贴心人”——李安喜

李安喜，1953 年生，中国石化集团公司总经理助理，先后任茂名石化、齐鲁石化总经理，全国劳动模范，全系统领导干部的优秀典范。在教育实践活动中，被中国石化推荐为对照学习的先进典型。

在党的领导下，李安喜积极投身到新中国的实际建设中，以时不我待，只争朝夕的精神融入到企业的建设中，不断丰富文化知识以增强工作本领。当到了齐鲁石化后，李安喜探索总结了一整套科学管理理念以加强对企业的有效管理。短短 5 个月时间，企业实现利润 13.3 亿元。到第二年五月，10 个月实现利润 26.9 亿元，盈利水平重新回到中国石化炼化板块第一阵营。

自 2010 年 7 月以来，李安喜同志团结带领新一届班子和广大干部职工，在“管理出效益，从严管理出大效益，精细化管理出最大效益”理念引领下，转变观念、变革思维，对标先进、比学赶超，实施“紧螺丝”式管理，使一个老企业发生了巨大的变化。

调研中职工群众反映，茂名石化和齐鲁石化发生的变化，关键是李安喜同志带来了不同的理念、不同的管理、不同的作风，带出了不一样的队伍和不一样的干劲，创造了不一样的效益，使老企业焕发出新的活力。李安喜同志过硬的素质、能力和作风，主要体现在以下五个方面：①

我是国有企业党员领导干部

“党员领导干部理想信念要坚定、组织纪律观念要强、道德品质要高尚、对党的事业要忠诚”是李安喜同志长期以来一直坚持的行为准则。

---

① 李安喜同志先进事迹报告 _ 华东 40686 团支部 –《网络（http：//blog.sina.com）》

2010年7月，集团公司党组决定让李安喜同志到改革、发展、稳定都遇到一定困难的齐鲁石化工作。尽管他已适应了茂名的环境，并且已担任广东省委委员，但年过57岁的他，把党组的托付当作对自己的莫大信任[①]，凭借着这种冲劲来到了齐鲁石化任职。他说："我是共产党员，党组织安排我到哪里，我就到哪里！""我既可以在广东当水牛，也可以到山东当黄牛，只要组织需要，随时都能牵着走。"

牛在中国传统文化中被视作默默耕耘，任劳任怨，无私奉献的形象。鲁迅有诗云："俯首甘为孺子牛"，表达的正是俯下身子为人民大众服务的态度。李安喜将自己视作牛，既是他在工作岗位上耕耘奉献的写照，也诠释出他无论身处何处，都将全心全意奉献劳动的决心，展现出党为人民服务，为人民负责的初心与使命。做为人民服务的"牛"，正反映了李安喜站在人民立场的价值选择，勤恳踏实的工作态度，廉洁自律的个人作风。

李安喜同志自觉把搞好国有企业与巩固党的执政基础联系起来，把履行国有企业经济责任、政治责任和社会责任当作自身的光荣使命，把为国家多做贡献、为中国石化多创利润、让职工群众共享发展成果看作最高价值。他说，"大企业要创大效益作大贡献"，"职业经理人要努力为社会创效益，共产党人要全心全意为人民服务。优秀的国有企业领导人，就是优秀的职业经理人加优秀的共产党人；卓越的国有企业领导人，就是卓越的职业经理人加卓越的共产党人"。正是这种甘于奉献、追求卓越的精神，使李安喜同志不断自我超越、努力奋斗。

在李安喜眼中凡是要求别人做到的，自己首先做到，靠人格魅力赢得了职工群众的信任。在选人用人上，坚持公道正派，让一批思想政治素质好、"想干事、能干事、干成事"的干部走上了各级领导岗位。近两年来，齐鲁石化各级领导班子和干部职工队伍的精神面貌发

① 李安喜同志先进事迹报告 _ 华东 40686 团支部 –《网络（http：//blog.sina.com）》

生了很大变化，形成了心齐、风正、气顺、劲足的良好局面。许多干部职工由衷地感叹：“齐鲁石化的又一个春天来了！”一线职工邢书海在社区职工留言板上，给李安喜同志留言：“感谢李总让我们重新找回了齐鲁石化职工的自信和尊严。”

高标准、严要求、抓落实、自觉干

李安喜同志在多年的工作实践中，积累和总结了一套易懂管用的企业管理理念，并结合实际，把这些管理理念运用到生产经营、改革发展、队伍建设等各个方面。

他善于从思想入手抓工作，以理念引领促进行为转变，提高执行力。针对茂名石化实际，组织开展了“把茂名石化建设成为受人尊敬的企业”大讨论，干部职工深刻认识到公司最需要的是效益，最欠缺的是管理，在公司上下形成了以管理促效益的共同价值取向。他到齐鲁石化后，组织开展“想不想齐鲁石化好、会不会干自己岗位的活”大讨论，并通过“走出去”学习、“请进来”宣讲等形式，转变了干部职工思想观念，“效益是企业的生命，效益是职工利益的源泉”“企业有效益才有尊严，有效益才有存在的价值”等管理理念，已深入人心。“安全生产是天职，经济运行是水平”“企业大事，‘奖惩’二字”“发现问题是水平，整改问题是业绩”等理念，已成为企业文化和企业管理的有机内容，为促进企业发展发挥了重要作用。

在管理工作中，李安喜同志努力使“见红旗就扛、有第一就争”成为干部职工的自觉行动，瞄准先进单位的先进水平开展比学赶超。在茂名石化，他要求炼油生产技术指标要向镇海炼化看齐，化工生产技术指标要向扬子石化学习，并及时修正对标对象，寻找新的机遇。到齐鲁石化后，他继续要求事争第一，完善了考核模式和办法，对照总部下达指标、自身最好水平和同类企业先进水平，确定了“确保、力争、奋斗”阶梯式指标，分别对应不同倍数的绩效奖励工资，并层层细化，严考核、真兑现，调动了广大干部职工“跳起来摘桃子”，学先进、赶先进、创一流的积极性。他明确要求齐鲁石化的液化气等自销产品价格都必须是当期市场最好价，经过努力，液化气销售价格从

2010年8月开始一直在中国石化驻鲁企业中排名第一，有6个月在全系统排名第一。

管理出效益，从严管理出大效益，精细化管理出最大效益

李安喜同志认为当领导就要勇于担当，敢于负责，敢于碰硬，千方百计把企业效益搞上去。干部职工认为，李安喜同志表现出来的魄力来自能力，底气来自正气。在茂名石化和齐鲁石化工作期间，尽管企业投资上百亿元，工程建设项目不断，但他从没有介绍过一支施工队伍，没有推荐过一家供应商，没有给销售部门批过一张条子。他还提出“抓两头、促中间”的经营管理思路，努力降低原料采购成本，将自销产品卖出当期最好价格。物资采购上，坚持“性价比最优、总成本最低、存量最为合理”的原则，全面开展重要物资成本构成分析、对标先进、货比三家。针对齐鲁石化石灰石采购价格偏高的情况，他要求竞价采购，将价格降到合理水平，2011年齐鲁石化采购降本4亿元，节约率达5.1%。产品销售上，确立了“财务定价格、销售卖产品”的营销机制。他重视商情分析，紧盯市场安排营销，通过对茂名石化内部互供产品石油焦与市场采购煤炭的价格比较，测算出1.4∶1的效益平衡点，合理安排石油焦外销和煤炭外采，2008年增效1.6亿元。生产优化上，建立了公司、厂、车间三级优化组织，全方位优化配置资源，根据市场需求多产高附加值产品。2011年，齐鲁石化落实了114项优化措施，增效14.2亿元。①

领导心中有职工，职工心中有企业

在干群共同努力下，齐鲁石化发生了巨变，形成了心齐、风正、气顺、劲足的好局面，干部职工的收入也同步增长，企业稳步发展。

---

① 李安喜同志先进事迹报告 _ 华东 40686 团支部 –《网络（http：//blog.sina.com）》

李安喜把企业发展、职工幸福当作自己的最高追求。他在齐鲁石化三年，没有介绍过一支施工队伍来企业承揽工程，没有批过一张产品买卖的条子。在齐鲁石化，没有任何人敢登门去向他跑官要官。他到社区调研时，社区群众都争抢着上前和他握手。他到茂名石化和齐鲁石化时，企业均面临较大困难。他全心全意依靠职工群众办企业，化压力为动力，把挑战当机遇。他真心诚意地关心职工，为一线倒班工人增加了夜班补贴和倒班津贴，提高了职工收入，使分配向一线职工倾斜，稳定了一线队伍。针对齐鲁石化个别单位单项奖发放不合理，在一线职工中造成不良影响的情况，他主持召开有职工代表参加的情况通报会，责成有关人员在会上作出说明，并及时调整了奖金发放办法。在困难群体帮扶上，他推动建立“公司、二级单位、车间”三级帮扶体系，真正做到了“千元帮扶不出车间，万元帮扶不出厂，五万元帮扶不出公司”。在解决群体利益诉求上，提出了“不突破政策底线，不给上级添麻烦，不引起连锁反应”的原则和“带着感情、设身处地，依据政策、尽力而为”的要求，他带头接访，讲清政策，入情入理，不推不拖，不回避矛盾。到齐鲁石化后，在集团公司和地方政府的支持下，解决了涉及 10 多个群体的历史遗留问题。2011 年春节，齐鲁石化部分曾经长期上访的劳动家属，拿着锦旗和感谢信给李安喜同志拜年。2011 年中秋节，年过八旬的离休干部王福堂，代表老同志给李安喜同志送上一篮亲手种植的水果，由衷地说：“企业为我们做了这么多，我们心满意足了！”

我工作、我快乐，我工作、我幸福

李安喜同志几十年如一日，始终保持良好的精神状态和积极的工作态度，辛勤地工作。他把自己比作“一头老牛”，不管组织安排到哪里，都会“头拱地”拼命干活。在茂名石化他几乎没有完整地休息过一个双休日和节假日。2008 年 9 月 24 日，“黑格比”强台风正面袭击茂名。他出差在外地连夜赶回，组织抗击台风，直到凌晨 5 时。到齐鲁石化后，他深入各生产厂、供应销售和科研单位调查研究，仅用 3 周时间就跑遍公司 13 个主要生产经营单位，摸清了生产经营和管理状况，找出了影响效益的主要原因，并很快组织研究，提出了一系列解决办法和措施。他主持召开生产经营协调会、经济活动分析会，常常一开就是六七个小时，边吃馒头边研究工作。为节约时间，他常在出差路上吃碗面条充饥；凌晨三四时，他常出现在工厂操作室里，看望和慰问倒班工人。在他的影响和带动下，领导班子成员和处级干部自觉加班加点，凝聚了人心，鼓舞了士气。①

2011年11月，李安喜同志积劳成疾，住院做了手术。集团公司领导十分关心他的身体健康，安排他休养。次年4月初，他听说齐鲁石化效益有所下滑，便果断停止休养，带病回到公司。眼疾发作时，他一边热敷着眼睛，一边主持着会议；夜里睡不着觉，他只能服用安眠药。在他带领下，企业三个月挖潜增效超过10亿元。正如老干部李际录说："他已经不是在创效益，是在拿命换效益！"他用生命践行着一个共产党人的初心与使命，靠着这份石油精神坚守在岗位上，支撑到他所能做到的全部。

9月5日，得知李安喜离任消息后，数千名职工群众自发涌入机关大院，送别李安喜同志。面对激动的人群，中国石化董事长、党组书记傅成玉不住地擦拭泪水，拍着李安喜的肩膀说："安喜啊！你没白干！"李安喜光荣地完成了自己的目标，齐鲁石化是他事业追求的延续，他用自己的努力与坚守将企业做大做强，亲自经历了将其从开拓奋进的扩建阶段过渡到稳定的成长发展阶段。在所有职工的眼中，他就是一个无私奉献精神的写照与鼓舞力量的精神榜样。

李安喜始终如一认为，只要我不倒下，就会一如既往，努力干好本职工作。茂名石化和齐鲁石化的干部职工认为，李安喜同志是政治信念坚定、思想品德高尚、管理水平高超、作风过硬、业绩突出的国有企业领导干部典型。他是中国石化领导干部的优秀代表，宣传他，就是宣传中国石化，就是宣传石油石化的优良传统和时代精神。

一种精神，能否深入到根本和灵魂，在于是否坚持了"以人为本"的主导价值思想；能否成为长久的旗帜和力量，在于是否保持着与时俱进的先进性。

---

① 李安喜同志先进事迹报告；–《中国石化》– 2012–08–15

进取、创新、担当、协作等李安喜身上显示的精神、释放出的力量，是民族精神、时代精神、行业精神、“铁人”精神的折射和缩影，是广大建设者心血、智慧、意志、作风的浓缩和升华；立足人的理想与价值，承载优良的传统作风，具有鲜明的时代特征，能够成为自觉的追求与行动，能够激励我们去大力传承和弘扬。①

5.3.2 老会战——刘言

工作28年，参加三次一线会战，执着干，拼命干，只为开发大油田、大气田。他叫刘言，人称“老会战”。在我国首个超深高含硫气田元坝气田的建设上，为完成建设大油气田的梦想，他付出了全部努力。

刘言是西南油气分公司油气开发首席专家、元坝气田开发建设项目部常务副经理。1985年7月参加工作，先后转战原广西百色采油厂、原滇黔桂石油勘探局开发处、南方勘探开发分公司、西南油气分公司贵州采气厂等单位。因刻苦努力，工作4年就被提拔为正科级干部，因素质过硬、作风朴实、业绩突出，年仅27岁就成为处级干部。他先后被授予全国能源化学系统五一劳动奖章、中国石化集团公司劳动模范等荣誉称号。②

在西南油气田，刘言是西南油气分公司油气开发首席专家、元坝气田项目部常务副经理，全国五一劳动奖章获得者，第二届“感动石化”人物。

1985年从西南石油学院毕业后，刘言先后参加广西百色石油会战、贵州赤水油气会战。2010年2月，刘言第3次踏上会战征程，奔赴元坝。元坝，距刘言老家南部县仅30多公里。元坝气田是中国石化“十二五”重点项目，设计年产净化气34亿立方米，相当于再建一个西南油气田。不管酷暑寒冬，还是白天黑夜，刘言全身心投入会战，精心钻研各种技术。每口井进入关键层位，他都盯在井场。

---

① 元坝精神的力量 姜月平；-《中国民族博览》- 2019-11-08

② 梦圆元坝大气田 于绍洋；-《国企管理》- 2016-02-15

2012 年 2 月，元坝 272 井进入关键层位。为了有效控制高差近 60 米的两个礁体，刘言在现场守了 20 个小时。尽管他当时患重感冒，他仍然坚持在岗位。正如他所说："打一口井投资一两个亿，必须追求完美，追求油气成果最大化，否则就是失职！"

元坝气田位于川东北的崇山峻岭之中，是迄今世界上埋藏最深的海相酸性大气田。主力气藏超深，且高温、高压、高含硫化氢，储量丰度低、地层横向变化快，气水关系复杂。仅就井深而言，元坝最深井达到 7871 米，相当于 2600 层楼的高度。

如何攻克诸多世界级难题，为中国石化贡献大气田，作为元坝气田项目部常务副经理，刘言用好"严细实恒"这个传家宝，精益求精，追求卓越。他认为："会战是非常规的，难度也是非常规的，在工程、技术、手段上也得非常规。"

在技术管理上，刘言提出"业务处室加专家组"的新思路，专家组讨论拿方案，业务处室做决策、发指令。在团队组建上，组建项目部、勘探院、录井公司"综合队"，充分发挥各自在研究、跟踪、现场等方面的特长和优势。在技术应用上，刘言推崇多专业、多技术、多手段齐上阵，力求资料更全面、分析更细致、决策更精准。

几年来，围绕油气成果最大化，刘言带领研究团队经常奔波在井场，先后对 14 口水平井进行 57 次轨迹优化调整，储层钻遇率比上年提高 67.5%，单井产能提高 76.4%，气井实现全面达产目标。

无论是在基层当队长，还是在元坝前线组织会战，刘言都始终坚持科学和严格的管理。刘言说："节奏可以加快，程序不能逾越，这是项目部定下的规矩，不管金额大小，都按规矩办。"他发扬"老会战"作风，在元坝会战中执着油气梦，追求大作为，埋头工作，带头实干，创新进取，担当奉献，先后被授予全国能源化学系统五一劳动奖章、国务院国资委系统劳动模范、中国石化劳动模范等荣誉称号，堪称新时期油气会战的优秀楷模和典型代表。

西南石油局党委及时抓住刘言这个典型，2013 年作出"向优秀党员干部刘言同志学习的决定"，号召广泛学习刘言忠诚事业、追求卓越的负责精神，恪尽职守、勇于担当的敬业精神，开拓创新、精益求精的进取精神，清廉公正、为民服务的奉献精神，凝聚强大正气，激发强大能量，作出更大贡献，推进伟大事业。

一时间，在元坝会战现场，在西南油气田上下掀起了“学刘言、做刘言”的蓬勃热潮。从刘言身上反映出来的“负责、敬业、进取、奉献”精神，就是进取、创新、担当、协作等精神的典型化、人格化，集中展现了元坝会战将士忠诚事业、追求卓越的报国情怀和优秀品质，勇于担当、自觉奉献的精神风貌和高尚情操。

在不断深化“学刘言、做刘言”活动中，刘言扎根会战现场，尽展劳模风采，奉献不息，进取不止，获得了全国五一劳动奖章的更高荣誉，2015 年还当选中国石化第二届“感动石化”十大人物。① 元坝工区也不断涌现出油气田劳动模范蒲洪江、孙天礼、杨青廷等一个个“刘言”，形成了战胜困难、奉献进取的一个个“精神标杆”，汇聚了勇往直前、不断胜利的强大力量。在不到三年半的时间里，广大会战将士众志成城，推动了元坝气田前期试采项目成功投产，在油气行业等更大范围引起巨大反响，元坝气田这个名字也瞬间广为人知并愈加响亮。

“西南油气田宣传刘言，不是宣传我个人，实际上是宣传元坝会战精神，新时期油气会战精神，宣传中国石化人精神。”接受记者采访时，刘言说，“一个人能干多少呢，关键在大家一起干。要靠广大建设者的共同拼搏，靠广大西南石油人的齐心协力，才能早日将元坝气田建成为现代化的一流大气田。”

刘言全神贯注查看元坝 205-1 井水平段综合剖面图，分析储层分布发育

工作，一如既往地拼搏。28 年来，刘言参加了三次一线油气会战，都执着地干、拼命地干，只为开发建设大

① 刘言：忠诚自己热爱的事业 习树江；郭望；-《中国石化》-2015-12-15

油田、大气田。元坝气田是我国目前最深的海相酸性大气田，这让他倍感振奋，他越干越有劲儿，越干越有兴趣，在元坝的舞台上一步步追逐梦想。①

精雕细刻的专家

刘言是新时期油气会战的专家，戴着 600 度的近视眼镜，却有一双"火眼金睛"，能透视油气储层情况，指挥钻头在 7000 多米以下的地层蛇形钻进，一次次牵出大气龙。他迅速组建现场地质跟踪组，指派经验丰富的研究人员驻守井场，加强实钻地质跟踪分析，积极推广应用元素录井、核磁共振、离子色谱等录井新技术，通过地质跟踪导向和轨迹优化调整，为钻头打哪儿、怎么打指明了方向。

刘言对工作有股较真劲，追求极致和完美，每到关键时刻都坚守在井场上，力促每口井油气成果最大化。在元坝 272H 井，他优化调整井眼轨迹近 10 次，让钻头在地层下 3 次增斜、2 次降斜、蛇行钻进 700 多米、穿越高差近 30 米的两个优质储层，首次成功实现超深台阶式水平井钻进。

他及时发现元坝 27–1H 和元坝 29–2 等 7 口井钻遇地层岩性、物性和含气性的细微变化，结合地震剖面，进行综合分析和优质储层预测，提出新的靶点，并与工程结合精细优化方案，及时调整实钻轨迹，提高了有效储层的钻遇率。通过地质跟踪导向和轨迹优化调整，8 口完钻水平井，均较好地实现水平段长穿多个礁盖优质储层，储层钻遇率达 72.2%，增加有效储层段长 472 米，同时减少无效进尺 428 米。节约钻井工程费用近千万元。

元坝 29–2 井是元坝气田二期滚动开发产能建设的一口重点开发评价井，斜导眼在长兴组顶部已钻遇良好油气显示：长兴组中下部有水层，很多人都打算见好就收，但是刘言通过充分的分析、论证，决定继续钻进。进入水平段后，他带领跟踪小组先后 6 次上井进行地质跟踪分析和轨迹优化调整，将水平段长从设计 340 米，优化调整到 692.5 米，

---

① 新时期油气会战专家——记"全国五一劳动奖章"获得者刘言 习树江；郭望；–《中国石化》– 2015–02–15

储层段长增加一倍以上，钻遇更多优质储层，测试获得高产 92.15 万立方米。

元坝 10–侧 1 井，设计井深 7305 米，目的层为长兴组，是元坝 10 井的侧钻井，井斜角达 80°，基本上跟水平井差不多。为了精准钻进目的层，刘言深夜挑灯点火，看资料、整材料，脚上都长上冻疮，仍然工作到凌晨三四点，不分白天黑夜，多次赶赴现场开会、分析原因，保证了该井顺利完钻。

2014 年 8 月，元坝滚动建产第一口开发井——元坝 102–1H 井顺利完钻。该井是针对礁滩叠合区块部署实施的一口超深水平井，是国内第二口超深水平井，原设计井深 7725 米，通过地质跟踪轨迹优化调整，实际完钻井深 7816 米，水平段成功穿行长兴组 3 个礁盖储层，录井解释云岩储层 603 米，比设计增加有效储层段长 91 米，储层钻遇率 73%。投产测试可望获得高产。①

恪尽职守

作为一个技术型管理者，刘言始终把油气突破视为工作的最终目的，这既是目标，也是一个热爱地质工作人的抱负所在。面对元坝会战的宏伟蓝图，元坝气田开发建设的挑战带给刘言更多是志在必得的兴奋。

2010 年初，刘言受命作为首批参战成员奔赴西南油气会战主战场，参与元坝大会战。元坝海相气藏，平均井深超过 7500 米，施工难度大、时间紧、任务重、风险高、经验少等诸多问题摆在面前。刘言知难而进，知责思为，敢于担当。在技术管理上，他提出“业务处室 + 专家组”的新思路，专家组讨论拿意见，业务处室作决策、发指令；在团队建设上，他推行项目部、勘探院、录井公司“综合队”相互协作，充分发挥各单位研究、跟踪、现场等特长和优势；在技术应用上，他推崇多专业、多技术、多手段齐上阵，力求资料更全面、分析更细致、决策更精准。

① 新时期油气会战专家——记“全国五一劳动奖章”获得者刘言 习树江；郭望；–《中国石化》– 2015–02–15

元坝会战采用的是项目管理模式，这种运作方式要求管理人员在项目上、在生产过程中直接作出决策。刘言作为常务副经理，分管的日常运营管理、生产运行、开发地质、经营管理等工作中许多问题都需要直接面对、果断决策。特别是地质技术问题，需要他现场第一时间定夺，因而他经常是“不在井场，就在去井场的路上”。

元坝 121H 和元坝 272H 在测井施工过程中，刘言坚守井场，两天两夜没能合眼，视力一度严重下降，没有时间去换镜片。直到测井成功，紧接着又开始新一天的繁忙事务。这种面对工作细致入微，认真负责的态度是他的深刻写照。①

坚持原则

按照项目部工作分工，刘言还分管项目管理的重中之重——经营管理。刘言坚持把制度建设放在首位，会战之初，就积极着手元坝项目部制度体系建立，组织编制近 100 万字的《元坝气田开发建设项目管理手册》，大力推进项目管理科学化、规范化和文本化。

他着力有效控制投资，将“优化方案控投资、精细管理降成本、技术进步增效益”的“21 字”经营理念贯穿到工程建设全过程，以优化方案设计为重要抓手，带领精干团队，探索和创新投资目标检测、预警、评价和纠偏机制，加强源头控制和跟踪纠偏，督导措施落实，实现了前期试采项目阶段投资总体受控目标。

刘言创新项目经营管理模式，强化工程招标管理，着力方案优化，狠抓设备国产化和各项降本措施的落实，设备国产化达到 60%~80%，在同类企业中稳居前列。在降本增效方面，目前，项目部共完成 46 个项目审核，57 个设计招标变更审核，39 个项目结算审核，共审减金额 7000 多万元。在元坝净化厂项目施工中，对进场道路、集输管线经过优化，管线长度比原设计减少约 859 米，减少房屋拆迁 33 处，土石量减少约 4200 方，仅工程费用就节约 600 多万元。

刘言重视团队建设，管理团队严格要求、严密组织，精抓细管；

① 梦圆元坝大气田 于绍洋；–《国企管理》– 2016–02–15

技术团队攻坚克难、创新实践，精雕细刻。他按照项目统筹控制计划，精心组织生产，抓好节点运行，准确掌握生产动态，及时解决生产问题。他组织开展五项劳动竞赛活动，建标、对标和创标活动有声有色，钻井、固井、测井等 30 项新纪录让人惊喜，生产效率也大幅提高。

忠诚事业，圆梦油田

西南油气分公司副总经理、元坝气田开发建设项目部经理张百灵谈起刘言时，有两点感受最深："一是对事业的挚爱和忠诚。二是对工作的严谨和奉献。"这显然是很高的评价，但放在刘言身上，却得到大家的一致认可。

从西南石油学院地质系毕业的那天起，云南、广西、贵州、四川……刘言自己都记不清到底工作了多少个地方。

"干一行、爱一行、专一行、精一行"，这是刘言对自己的要求。很多人都说，每一次和刘言交流，都会被他眼中闪烁的智慧光芒而打动，那是面对前所未有的油气开发机遇，能实现自己的油气梦想而发自内心的坚毅闪烁。他把个人梦想与油气田发展、国家能源需要紧密结合起来，先后参加百色石油会战、赤水官渡气田会战、普光会战、川西会战和元坝会战。

在长达 10 多年的会战生涯中，他矢志不渝地为石化企业和石油事业忘我工作。

刘言把满腔的热情都倾注给了元坝，他扎根一线，无怨无悔。刘言说："等到退休了，闲下来，我能自豪地说，我参与过建设元坝大气田。"这就是他的梦想。①

严谨认真

中国石化上游板块"五大会战"，只有元坝会战采用的是项目管理模式，这种运作方式要求管理人员在项目上、生产过程中直接作出决策。

① 梦圆元坝大气田 于绍洋; –《国企管理》– 2016–02–15

刘言作为常务副经理，分管日常经营管理、生产运行、开发地质、经营管理等工作。他注重精细管理和风险控制，组织建立了30多个业务种类、140多个执行制度的管控体系，组织编制近100万字的《元坝气田开发建设项目管理手册》。他致力于有效控制投资，探索和创新投资目标检测、预警、评价和纠偏机制，加强源头控制和跟踪纠偏，督导措施落实，目前初步实现了投资总体受控目标。

元坝会战3年多来，刘言主动放弃休假，天天坚守工作岗位，以忘我工作、无私奉献忠实地践行“会战元坝、建功元坝、争创一流、奉献石化”的铮铮誓言。刘言说，要打赢会战，一靠技术，二靠管理，三靠责任心，归根到底，要靠踏踏实实的行动。

然而，对家人，刘言却有太多的欠账。从百色会战算起，他已经在会战前线过了8个春节。刘言的老家距元坝项目部仅20多公里，但他很少回去。最近大半年，由于老人身体欠佳，刘言回去勤了一些，可依然来去匆匆。“等退休了，我能自豪地说，我参与过建设元坝大气田。”刘言把满腔深情都献给了元坝。①

总有一种力量，它无影无形，却强大地存在，它源自精神的光芒。

进取，创新，担当，协作……这些刚劲有力的词汇，都是刘言参加元坝会战的真实写照，不断充填和丰富着元坝会战的精神。这些精神一旦积蓄燃烧成力量，势如破竹，锐不可当，可撼天，可动地，已撼天，已动地。

悠久优秀的民族精神，是中华民族在漫长的社会历史发展过程中逐步形成的，是华夏儿女在五千年的探索奋斗中逐步形成的；广为人知的大庆精神、铁人精神，产生于20世纪60年代的石油会战，又被一代又一代石油人不断丰富和完善。

“宁可少活20年，拼命也要拿下大油田”，以爱国、忘我拼搏、艰苦奋斗、科学求实、奉献为主要内涵的铁人精神，以“爱国、创业、求实、奉献”为主要内容的大庆精神，“三老四严”“四个一样”“六个传家宝”等石油石化优良传统，在元坝气田化身为进取、创新、担当、

① 新时期油气会战专家——记“全国五一劳动奖章”获得者刘言 习树江；郭望；–《中国石化》–2015–02–15

协作，在刘言等典型身上折射出了“新时期铁人”的崇高品格。[1]

他承载老一代勘探工作者的梦想和夙愿，接手元坝气田开发建设重任，迅即行动，一开始就展示出了攻坚克难的坚定信心，全力以赴的决战姿态，敢于胜利的豪迈勇气，追求一流的高度担当，为项目迅速启动、快速推进注入了强大的精神动力。

精神坚定信念，精神激发力量，从勘探、发现、开发、投产到安全平稳运行，元坝气田给出了最好的回答。

在他身上所反映出的进取、创新、担当、协作等精神，也是逐步形成、不断丰富的，来自于报国为民的油气梦想，产生于元坝气田的发现、突破中，产生于开发建设的决策、部署中，更是对民族精神、时代精神、行业精神、“铁人”精神的自觉传承和大力弘扬。[2]

5.4 石化工人楷模

5.4.1 坚守、奉献、快乐——谢存义

谢存义是中国石化北京燕山分公司化工三厂一苯酚装置外操员，1970年参加工作，在一线倒班时间长达42年。42年，他凭借强烈的责任感，保障了装置安全和生产的正常运行。他于2014年3月退休。

谢存义在他战斗了42年的装置里对设备进行“望闻问切”

2013年3月29日，由中国石化报社主办的第一届“石化盈科杯感动石化”人物评选结果揭晓，谢存义成为第一届“感动石化”人物。

2010年，是燕山石化公司成立40周年。谢存义这个与公司同龄的倒班工人，有幸受到了公司的特别嘉奖。

---

① 元坝精神的力量 姜月平；–《中国民族博览》– 2019–11–08

② 元坝精神的力量 姜月平；–《中国民族博览》– 2019–11–08

42年，一个为国家备战备荒而建的石油石化工厂，如今成了一座智能化的大型炼化企业；42年，一个翩翩少年变成近六旬的中年人；42年，他没有离开过燕山石化化工厂大院；42年，他用青春无悔，抒写如水人生。[①]

快乐的开拓者

1970年，中学毕业的谢存义，在北京的家中等待着招工。

一张署名为“向阳化工厂”的招工通知向谢存义发出了邀请。“兴奋的是有单位招收了我。紧张的是不知道这个单位在哪。”谢存义说道。当时的向阳化工厂，即是现在燕山石化化工系统的前身[②]。这一年正是谢存义个人生命中的重要转折点。他明确了人生中的职业方向，坚定了信仰，开始了自己44年的工作生涯。谢存义就这样成了向阳化工厂第二批招工中的一员。单位派来的豪华轿车“斯柯达”拉着谢存义一行，向工厂驶去。第一次离开家，成为一名国家正式的工人，自食其力让谢存义激动不已。

当时的向阳化工厂除了装置外，就是光秃秃的土包和泥泞的小路。谢存义作为最早参与燕山石化建设的工人，见证了工厂最原始的样子。他称自己为“快乐的开拓者”，在土路上、在工厂里乐此不疲地工作。“当时装置周围没有围墙，我们就砌围墙。需要有原料进厂的铁路，我们就打渣土，建铁路。”谢存义说：“我们这代人，不能吃苦，不能干活，那是立不住的，那不是个好同志。”[③]

一辈子没离开过的土地

1970年的燕山还是一片荒芜，连像样的房子都没有，但是就在这个36平方公里的地方，谢存义在这的职业起点与终点相隔44年。他一生奉献于苯酚丙酮装置，经历过15695个日日夜夜。

在1970年刚来到向阳化工厂时，作为燕山石化招聘的第二批学生，谢存义经历了建厂伊始的艰苦卓绝，吃的是粗粮，住过窝棚、地

① 中国石化新闻网—时光的记录者——记燕山石化化工三厂谢存义 –《网络（http：//www.sinopecnews.com.cn）》

② 中国石化新闻网—时光的记录者——记燕山石化化工三厂谢存义 –《网络（http：//www.sinopecnews.com.cn）》

③ 中国石化新闻网—时光的记录者——记燕山石化化工三厂谢存义 –《网络（http：//www.sinopecnews.com.cn）》

铺，甚至睡过羊圈。虽然条件艰苦，但是大家都以能直接参加祖国大建设、大发展而自豪。人心齐、泰山移，在整个团队的团结奋进中他也就不觉得苦了。在这漫长的44年之中，和他一起到厂的很多工友都因为倒班、离家太远等因素先后离职，能坚持下来的彼此之间都成了相知相惜的良师益友。

北京日报记者跟随谢存义体验倒班生活

其实，与其他人一样，谢存义也面临很多问题：倒班生活苦、作息没规律，与妻子两地分居，孩子上学不能及时照顾，父母身体不好不能身前尽孝等等。谢存义告诉青年人：他一直遵循这样一个原则，想干就干好，任劳任怨，踏踏实实，相信一分耕耘一分收获。在这样的信念支撑下，他走过了漫漫44载。

谢存义现在看着较年轻，如果不知道年龄绝对猜不出他还有两年就要退休了。谢存义说："42年，人生的一大半时光，我是在化工厂这个院里度过的。"

谢存义走在巡检的路上，抚摸着装置的每一处"肌肤"，说道："平时装置闹点小毛病啥的，要摸清装置的脾气，修理一下就好了。"

谢存义就像一个骄傲的将军，走在自己的领地上，看着他生活生长的地方，感慨万千。42年，谢存义就像一个时光的记录者，亲历着企业的发展和变革。燕山有他的青春，有他的回忆，有他对燕化的忠诚与热爱。

42年，每当看到第一缕阳光照在装置上的那一瞬间，谢存义感觉自己的工作是如此的崇高与自豪。谢存义顶着月光上班，迎着朝霞下班，披星戴月一万多个日夜。在星空的映衬下，他独自走在装置巡检的路上，11个巡检点，爬上爬下，走东走西，从夕阳西下到朝阳升起，一个青涩小子变成如今白发染鬓，一个近六旬的老者用执着书写对企业的满腔热爱。①

① 谢存义42年倒班路 翟迪；-《中国石油石化》-2013-07-01

谢存义将生活与工作紧密相连，凭借着对工作的忠贞与热爱，将自己人生价值的实现和国家建设的需要紧密结合，实现了自己的初心与使命，用行动书写他的人生篇章。

“望闻问切”巡检妙招

中医讲究望闻问切。望，指观气色；闻，指听声息；问；指询问症状；切；指摸脉象。在谢存义这里，也有一个“望闻问切”四大妙招。

班里年轻的师傅说，一般人可没这两下子，能总结出这么精辟的四字巡检妙招，那是谢存义42年工作经验的积累。

谢存义打开中控室的门冲着笔者说：“望，就是一打开门，我一看装置运行的状态和声音，就知道运行有没有问题。”说着，谢存义走出中控室，轻轻地吸了口气，说：“燕山环境好了，现在闻不见原料的味道了。但是还是能轻微捕捉到，现在闻到的是异丙苯的味道。”谢存义又往前走了一段路，说：“现在是苯酚丙酮的味道。”

谢存义说，装置出现小波动了，在“望闻”之后，就可以去“问问”装置出现了啥问题，是液面波动了，还是物料有问题。根据发生的情况，对装置进行“切”，合理地处理装置的波动，让装置一直安全稳定地运行。

42年，谢存义靠经验总结出了这样的四字巡检妙招。仅仅上班两年的笔者，被这样的经验和责任心所折服。谢存义也正是用这四字巡检妙招，保证了装置的健康运行。①

谢存义与苯酚丙酮结缘还有一段值得铭记的节点。当时苯酚丙酮装置发生了至今让人想起来仍惨痛不已的“8・21”事故，整个厂区笼罩在事故阴云当中，重新招工成了大难题。就在这时，车间主任找到了在聚丙烯车间工作的谢存义。当主任跟他讲到苯酚丙酮装置急需补充员工，燕山石化不能被“8・21”事故打垮时，他当场就毅然决然地答应了主任，参加到苯酚丙酮装置的重建中。

---

① 谢存义42年倒班路 翟迪；–《中国石油石化》– 2013–07–01

还有一次，在聚氯乙烯车间参与检修过程中，他与班长进入反应釜，由于当时的防范措施不到位，发生聚氯乙烯泄漏。班长发现情况不对之后，立即带领他往外逃生，具有身高优势的谢存义迅速跑出了反应釜，就在他回身拉班长的时候，班长在反应釜口昏倒了，幸亏及时救治，才得以脱离生命危险。

死神并没有吓倒谢存义，在这件事情之后，他没有选择离开，而是更加仔细地研究化工装置运行中的安全问题，增强自己的安全意识。谢存义很骄傲地告诉记者："苯酚丙酮行业属于高危行业，而我工作自始至终从没受过伤。"这正是他精心工作、重视安全的结果。

作为一名工作 44 年的优秀倒班职工，对现场安全的管控必然有自己独特的见解，其丰富的经验也需要员工学习借鉴。在他刚参加工作时，现场巡检赶上雷雨天气，闪电落在隔油池上，致使隔油池发生大火。当时顾不上多想，他赶紧拿起灭火器将火灭掉，并处理好现场，保证不再继续发生次生事故。因为处理事故及时，他得到了 20 元嘉奖，对于当时工资只有 70 元钱左右的谢存义来说，这可算是一笔"巨款"了。当问起他当时是什么信念支撑着他坚守在事故现场，他只说当时自己满脑子想到的就是怎么灭火。他不可能跑，就是现在发生这种事也不会跑，他要为装置安全负责。他全心全意为企业负责，践行自己的使命与担当。

在谈到对倒班人员的建议时，谢存义讲道："只要倒班，就要保证充足的睡眠与锻炼，要有好的身体才能保证工作效率与生活品质。"

早在很久之前，笔者就在与别人的沟通中听说过谢存义的健身爱好。即使是退休之后这些年，他也在坚持健身，身体素质特别棒，在与我们握手时，便可以感受到他那双强有力的大手传递出的健朗。谈到对年轻人的建议时，谢存义说，虽然退休了，但他依然心系燕山石化，经常看燕山石化的新闻。他告诫年轻人不要急功近利，要沉下心来学技术，扎扎实实搞事业，现在燕山石化面临诸多压力，但是历史上的燕化在不同历史时期都曾面临不同的困难，但都通过努力得到了很好的解决。所以，年轻人要扎实学习、勇于担当，燕山石化的未来需要年轻人去开创。

说到工作当中最难忘的事情，谢存义认为自己其实就是一个最普通的一线倒班职工，但是能够有幸成为“感动石化”人物是他终生难忘的，这不仅是对他一生工作的肯定，也是对自己所坚守的“一分耕耘，一分收获”信念的力证。

平凡铸就的伟大，闪现的往往是人格的光辉。谢存义用44年的坚守，陪伴苯酚丙酮装置走过风风雨雨，一辈子，一生情。44年足以使一个翩翩少年变为白发老人，岁月蹒跚了他的脚步，但谢存义的敬业精神永远鼓舞着年轻一代——脚踏实地，戒骄戒躁，将自己的工作作为一生的事业认真钻研，在平凡的岁月中淬炼出工匠精神的光辉。

42年与妻子两地分居

谢存义也不想两地分居，可是妻子在首钢上班，家只能安在石景山。说起这些年的分居生活，谢存义有些动容。

“什么是爱？不埋怨就是爱！我倒班42年，我爱人没抱怨过一句。”谢存义说道。

谢存义说，对工作他一直无怨无悔，可是对爱人满心愧疚。1982年结婚，1983年因为妻子即将临产，谢存义开始了通勤生活。他像往常一样准备上班，妻子却一直欲言又止。“我当时也没多想，着急坐车到单位接班。”谢存义说道。8个小时过去了，谢存义怎么也没想到，他在毫不知情的情况下，已经当了爸爸。爱人生产没有陪在身边，一直是谢存义心中隐隐的痛。

42年风风雨雨，谢存义骑着自行车一路走来

因为工作需要三班倒，谢存义的家庭生活几乎是在黑白颠倒的缺失中度过

的。儿子会叫爸爸的时候，他在上班；爱人生病住院的时候，他在上班；90 岁的老母亲患病在床，他也只能歇班的时候去照料，从来没有因为私事耽误一天工作。

如今，儿子大了，母亲病情也稳定。谢存义上班的时候，就住在单位安排的单身宿舍里。谢存义说，大型炼化企业，就必须得有倒班工人。干了一辈子，是责任，是热爱。① 他坚持了下来。

将个人事业的选择与国家建设需要紧密结合的价值选择使他舍小家顾大家，正是他强烈责任心和事业归属感的关键体现。

平凡中的非凡感动

谢存义虽然是一个平凡的人，但却能让人从心底里佩服与感动。

2010 年，燕山石化公司成立 40 周年。谢存义这个与公司同龄的倒班工人，有幸受到了公司的特别嘉奖。②

面临即将退休时他仍愿意坚守在岗位，随时聆听召唤。他说："只要公司需要，只要身体允许，就继续工作下去，把经验传给年轻人。"

42 年，弹指一挥间。我们无法延长生命的长度，就要拓宽生命的宽度。或许在别人眼中谢存义是那么的平凡，但是我们如果从侧面看他的一生，却发现是那么的丰富，那么的深厚。谢存义用他简简单单、朴实纯真的爱，用他兢兢业业、勤劳肯干的情，陪着燕山石化走过无数个坎坎坷坷，无数个春去秋来。谢存义说："燕山石化会更好，职工的日子会更好。"③

授予谢存义同志：
第一届"感动石化"人物荣誉称号。
特发此证。

这份投入工作时的忘我精神，舍小家顾大家的牺牲精神，这份一干就是 42 年的

① 中国石化新闻网—时光的记录者——记燕山石化化工三厂谢存义 –《网络（http：//www.sinopecnews.com.cn）》

② 谢存义 42 年倒班路 翟迪；–《中国石油石化》– 2013–07–01

③ 谢存义 42 年倒班路 翟迪；–《中国石油石化》– 2013–07–01

坚定的理想信念是谢存义身上所体现的那种无私奉献的大无畏精神的深刻写照，也在创造着深刻的时代烙印，谱写了一个普通人在岗位上兢兢业业地将自己所能付出的一切献给他的工作岗位，献给石油，值得每一个人学习践行。

以“人本、责任、诚信、精细、创新、共赢”为核心价值观，以“人民满意、世界一流”为愿景，以“为美好生活加油”为使命，中国石化勇担国企重任报国为民、造福人类。谢存义以中国石化核心价值为引擎，“瞄准世界一流，争创国优工程”，攻坚克难、高度负责、凝心聚力。一个人能不能把握好自己，取决于核心价值观的引领和践行，取决于精神的传承和弘扬。积极培育和践行社会主义核心价值观，铸就自立于世界民族之林的中国精神，才能实现中华民族伟大复兴的中国梦。①

5.4.2 井站就是我的家——薛梅

薛梅是胜利油田东辛采油厂采油三矿采油 1 队营 8 更 9 站采油工。

薛梅先后荣获胜利油田劳动模范、东营市道德模范、山东省最美劳动者、山东省劳动模范、中国石化精神文明建设标兵、齐鲁最美人物、全国五一巾帼标兵等荣誉称号。②

坚守平凡岗位

1995 年，新婚燕尔的薛梅夫妇来到东辛采油厂营二采油管理区营 8 更 9 井站。“队上把井站交给咱管，那是信任更是责任，咱可得干好。”为了这份承诺，他们一干就是 20 年，累计巡井巡线 4.2 万次，行程 30 多万公里，为国家贡献原油 12 万多吨。20 年里，一家人 7 口井，静静地守着荒凉、守着寂寞，也守着一份沉甸甸的承诺与责任。③

“当时油田的夫妻岗很多，我们队上就有两对。反正我俩年轻，对生活要求也不高，就选择了最偏远的营 8 更 9 井站。”薛梅说。然

① 元坝精神的力量 姜月平；-《中国民族博览》- 2019-11-08

② 竞雪梅花分外红——记中国石化胜利油田东辛采油厂职工薛梅 姜化明；-《企业文明》- 2015-07-15

③ 二十年坚守的诺言——记全国五一巾帼标兵、胜利油田东辛采油厂采油工薛梅 许帆婷；王喜春；赵士振；-《中国石化》- 2015-08-15

薛梅（中）与家人分享获奖的喜悦

而，守站的辛苦却超乎了她的想象。

“之前也想到这里的环境会很艰苦，但没想到这么艰苦。”薛梅说，刚到小站时，居住的简易工房被一片芦苇荡包围着，道路难走，出行不便，送菜、送水的车进出很麻烦。有一年春节下大雪，送水的车进不了井场，他们只好把水塘里的冰敲下来，放到盆里化掉再喝。到了冬天很难受，屋里的地面因为潮湿而结冰，睡觉时被子得盖3层①。尽管条件异常的艰苦，但薛梅内心的始终如一的价值观支撑着她坚持下来，不放弃初心。“当初答应下来，就不能反悔！”薛梅说，当年为了建这个站，连同征地在内，油田花了几十万元。当时的队长阮乐和指导员唐东山怕她坚持不下来，找她谈话，薛梅没有丝毫动摇，并且更加决心要将工作做好做实。

营8更9井站地处荒原，除了单位的干部定期来巡查，平时少有人来。一天巡几次井、记几次压力，没有人监督，全凭自己说了算。薛梅说:“单位把井站交给咱，凭的就是一份信任，越是没人监督，工作越要干好。”

晚上8点一趟，夜里12点一趟，凌晨4点一趟。无论刮风下雨，每隔4小时巡查一次，每两小时记录一次压力，巡查一次要1个多小时。这样的节奏，薛梅坚持了20年。

每到雨季过后，他们都要去拔芦苇，不然芦苇很快长高，路没法走。由于常年在坑洼不平、杂草丛生的巡井路上行走，薛梅的脚踝变形，几次治疗都不见效，但她仍坚持巡井，就连怀孕时也没放松，一次还不慎掉进油井旁边的泥塘。刚坐完月子，薛梅就开始巡井工作，结果落下了腰椎间盘突出的毛病。

① 荒野中坚守一份责任 本报记者 王喜春 赵士振；–《中国石化报》– 2015-07-22

夏季天气炎热，野草疯长，管线有问题很难发现。每到这时，薛梅总有些担心。夫妻俩经常你巡完我接着再去巡。她还总结提炼出一套“节点巡线法”，效果很好。

“河流拐弯处经常塌方。管线拐弯处也一样，液量对管线内壁冲击力大，容易穿孔，这个地方就是我巡查的重点。”薛梅形象地解释“节点巡线法”。

给稠油井加药更是细心活儿。营 12–73 井由于油稠，每天都得往井筒里加降黏剂。为了收到药效，薛梅每次严格按照规定，将 1 千克药剂兑到 100 千克水里，再倒入加药罐。她专门买了一杆秤，称好水后，在水桶内部做好刻线，换算出 1 千克药剂加 7 桶水的加药方法。

一个冬天的深夜，这口井发出警报，薛梅赶紧穿好衣服赶往井场。借着手电的光，她看到井口回压上升了 0.4 兆帕，如果不及时处理，很可能堵塞管线。①

油井取样是取全、取准资料的重要内容。天气不好时，每到井上取样前，薛梅都会带上一块塑料布，保护样桶防止油样污染。取完油样后，薛梅用塑料布包裹好样桶，徒步把油样送到单位。用自己的一切护送油桶的安全。

悉心呵护油井

打开电泵房，查看电流电压；巡井巡线，查看井口有无泄漏、机械运转是否正常；出现故障，及时维修油水井这是薛梅每天的工作。20 年来，薛梅精心呵护着油水井，把它们当成自己的孩子。②

2011 年 10 月 24 日晚，一场秋雨让巡井路格外湿滑。营 12—73 井不太“听话”，总好出点小毛病，穿孔、堵管线经常发生，每次巡井都要来回看它两遍；营 12 斜 236 井就省心多了，不仅检泵周期长，皮带、盘根也耐用。

---

① 二十年坚守的诺言——记全国五一巾帼标兵、胜利油田东辛采油厂采油工薛梅 许帆婷；王喜春；赵士振；–《中国石化》– 2015–08–15

② 二十年坚守的诺言——记全国五一巾帼标兵、胜利油田东辛采油厂采油工薛梅 许帆婷；王喜春；赵士振；–《中国石化》– 2015–08–15

来到井上后，薛梅到井口仔细查看压力，每次都是同样的步骤：打开电泵房，查看电流、电压，查看井口有无渗漏，机械运转是否正常，用心听听是否有异常的响动，查看轴承有无毛病，螺丝有无退扣，皮带是否松动。一项项、一环环、一丝不苟，一直持续了 20 多年。[①]

精心的巡井换来了发现问题的及时。一次，薛梅听到营 12–73 井运转有异常的声音，就凑上去屏住呼吸静心聆听，随后仔细检查，果然发现螺丝有退扣的现象，抓紧解决了隐患。“如果不及时发现和解决，可能会出现整个抽油机侧翻的事故。”“油井也是有生命的，你对它尽心，它就会对你尽力。”薛梅说。[②]

面前是井站 背后是家

普通的砖瓦房，一方 50 平方米的小院，坐落在胜利油田东辛采油厂驻地西北 15 公里的荒野中。这里既是东辛采油厂营二采油管理区营 8 更 9 井站驻地，也是员工薛梅的家。入驻小站 20 年来，薛梅和作为家属的丈夫一起坚守在荒原，用爱心管油井，用真心护小站，用忠心献石化，累计巡井 35000 多次，走了 30 多万公里，安全生产原油 10 万吨。

在他们的精心管理下，油水井运行良好，其中有一口井已经连续 5 年没有上作业维修，节约费用上百万元；还有一口井在抽采多年之后，又开始自喷了。每当说起油井出现的新变化，薛梅总会露出会心的笑容。目前，薛梅管理的小站成为单位的放心站，实现 20 年安全环保平稳运行。薛梅还从一个普通采油工成长为油田采油技师。她用真心护小站。

多年的荒原历练，让薛梅坚定了为公家管好井护好井的信念。正是有了这种信念的支撑，她面对荒凉没有抱怨，面对困难没有逃避，面对威胁没有低头。前些年，一些不法分子开始打小站的主意，但薛梅和丈夫坚守原则，即便是刀架在脖子上也绝不让步。

2004 年冬天的一个傍晚，他们在家中听到营 12–138 井有动静，便冲出院子跑到井边，看到三四个人准备盗窃变压器。丈夫孙宾冲在前

---

① 胜利油田一对“油二代”夫妻默默守井十七载 _ 清新的风 _ 封宇平 –《网络（http：//blog.sina.com）》

② 胜利油田一对“油二代”夫妻默默守井十七载 _ 清新的风 _ 封宇平 –《网络（http：//blog.sina.com）》

面，薛梅领着孩子紧紧跟着[①]。盗窃分子听到后匆忙躲避，孙宾紧追其中一人，并将其制服。前面逃跑的一人见状反身增援，也被他打退。不法分子惊慌失措，连农用车都没顾上开就作鸟兽散了。

薛梅先进事迹首场报告会在燕山

2008年8月的一天，一伙不法分子来到站上偷油，被薛梅夫妇发现。歹徒威胁他们：是让“放油”还是“放血”？面对歹徒，夫妻俩一边悄悄报了警，一边和那伙人周旋。他们镇定地说，家里的东西可以随便拿，但井上的原油确实不能放。不多会儿，远处传来警笛声，那伙人只得仓皇散去。

“现在好了，采油厂增加了不少现代化设备，油区治安好多了，我们也没什么大的危险，工作起来更加安心。”薛梅平静地说。尽管环境恶劣，危险重重却始终没有动摇薛梅坚守小站、守护油井的信念。[②]

她用忠心献石化

20年来，她远离城市的繁华，甘于平淡、无私奉献，把人生最美好的青春年华都献给了小站。在她看来，抽油机的运转声相比于外在的打扮，才是对身心最好的保养，鲜红的工衣就是最美的时装。她说，她非常喜欢《小草》这首歌，自己就像一棵小草，“从不寂寞、从不烦恼”，很喜欢在爱人的陪伴下扎根荒原，享受清静和平淡。

薛梅说，选择坚守是为了不给队上添负担。如果自己调离，队上就要组建一个6~7人的班组来倒班管井，人手会更紧张。父亲是个老石油，20年来，为了管好油井，薛梅铭记老人家“不能当逃兵”的叮嘱，没有休过一个节假日，没睡过一个囫囵觉，井站没有一个晚上缺过人。逢年过节，单位领导都提出找人替班，让她回家陪陪老人过节，

① 竞雪梅花分外红——记中国石化胜利油田东辛采油厂职工薛梅 姜化明；-《企业文明》- 2015-07-15

② 竞雪梅花分外红——记中国石化胜利油田东辛采油厂职工薛梅 姜化明；-《企业文明》- 2015-07-15

而她从不愿给同事添负担，总是动员老人来站上“团圆”。薛梅的父亲患癌症住院 5 年了，先后 14 次大小手术，薛梅做到了陪护老人、看护井站“两不误”。看到薛梅很踏实，父亲非常欣慰，因为在这位老石油工人眼里，忠诚和奉献是对薛梅一生的托付。20 个暑往寒来，薛梅无怨无悔，用爱书写着美丽，用责任坚守着岗位，用担当延续着自己的希望和梦想。①

井站就是我的家

陈旧的家具，简易的沙发，还有廉价的电器……薛梅和孙宾家里的摆设，连一般的农村家庭都不如。

1995 年，他们刚搬到井站的时候，只有三间小房，别的什么也没有。因为靠近水库，家里很潮②。尽管条件恶劣，但是在薛梅眼中，没有办法就自己想办法。为了遮挡墙皮的掉落，两口子往客厅的天花板上糊上了编织袋，在卧室的墙上钉上了三合板。用捡来的砖石盖起了厨房，陆续把院子改造成了石头水泥地面。

冬天最难熬。屋里的地面因为潮而结冰，水盆连水一起冻成了疙瘩，睡觉时光是被子就得盖上三层。2010 年冬天，矿上给配了采暖设备，基本解决了房间冬天因潮结冰的问题，并给他们换了铝合金门窗和大铁门。

对于薛梅、孙宾的坚守，不光是一些住在现代化石油社区的“油二代”不太理解，就连很多农村出身、在城市里就业买了房的人，也觉得这是何苦呢？为何不调换到普通的采油工岗位，过过正常人的生活呢？③

选择坚守是因为不怕吃苦、甘于奉献的石油传统早就在薛梅、孙宾心里扎了根。薛梅所在的采油一队是胜利油田第一支采油队。在接受入厂教育时，他们就听老石油讲过一队的光荣创业史，以及曾夺得全国日产量“状元”的营 2 井精神这一“传家宝”。

① 竞雪梅花分外红——记中国石化胜利油田东辛采油厂职工薛梅 姜化明；–《企业文明》– 2015-07-15
② 胜利油田一对“油二代”夫妻默默守井十七载 _ 清新的风 _ 封宇平 –《网络（http ://blog.sina.com）》
③ 胜利油田一对“油二代”夫妻默默守井十七载 _ 清新的风 _ 封宇平 –《网络（http ://blog.sina.com）》

从部队转业后到油田创业的薛梅的父亲，也经常拿参加石油会战的经历开导薛梅和孙宾，看看父母以苦为乐、精神上的富足，薛梅和孙宾变得更加坚定与执着。①

选择坚守是为了不给队上增添负担，20 多年来，她用勤劳的双手致力于油田的建设。身边的一切：井站、管线、小猫、花狗、柳树、菜园，都成了她家中的一员，是她生命中不能缺少的部分。

十七年没有一个节假日

薛梅 1972 年出生在胜利油田一个普通的石油工人家庭。1992 年职业中专毕业后，分配到东辛采油厂当采油工。薛梅的丈夫孙宾是退伍军人，1992 年来油田打工后与薛梅相识、相恋并结为夫妻。

1995 年，为解决人手不足、职工倒班不便等困难，东辛采油厂将三矿采油一队营 8 更 9 井站调整为“夫妻井”站（一名职工带一名家属在井站安家护井）。在采油一队，符合条件的职工有几个。可是夫妻岗地处偏远，环境艰苦，责任和工作量都很大。驻站家属每月只有 150 元的补助，仅相当于当时正式职工工资的一半，所以没多少人愿意去②。但是他们仍积极响应了队上的号召，自愿报名看护营 8 更 9 站。

冰天雪地里，薛梅、孙宾夫妇互帮互助

然而，工作的劳累和生活上的困难远比他们原来想象的多得多。按照队上规定，每隔 4 个小时就要进行一次巡井和巡线。这样的路线，这样的场景，薛梅和孙宾一天就要重复 6 次，一次就要一个半小时。“队上把这井站交给咱管，那是一份信任，咱就得干好。”他们这一干就是 17 年。17 年来，薛梅和孙宾累计巡井、巡线 35000 多趟，单独

① 胜利油田一对“油二代”夫妻默默守井十七载 _ 清新的风 _ 封宇平 -《网络（http：//blog.sina.com）》

② 胜利油田一对“油二代”夫妻默默守井十七载 _ 清新的风 _ 封宇平 -《网络（http：//blog.sina.com）》

到井上处理突发问题的次数更是无法计数，巡井路走了30多万公里，鞋磨坏了近200双。5800多个日日夜夜，夫妻俩没休过一个节假日，没睡过一个囫囵觉，井站没有一个晚上断过人。①

这份投入工作时的忘我精神，舍小家顾大家的牺牲精神，这份将井站当作自己的家的坚定的理想信念是薛梅身上所体现的那种无私奉献的大无畏精神的生动写照，也在创造着深刻的时代烙印，谱写了一个普通人在岗位上兢兢业业地将自己所能付出的一切献给他的工作岗位，献给石油，值得每一个人学习践行。

5.5 求真务实科学态度的楷模

5.5.1 用生命捍卫责任——陈鹏龙

陈鹏龙1995年参加工作，2001年加入中国共产党。二十多年来，他从加油站计量员的基层岗位做起，一步步走上了加油站站长、油库主任、宜昌中心城区公司经理的岗位，2015年8月任职中石化荆门公司副经理，先后分管安全、质量、零售、直分销经营以及物流配送工作②。2016年抗洪牺牲，享年40岁。

2005年，陈鹏龙被评为“湖北省青年岗位能手”；2006年被评为中国石化销售“湖北宜昌石油公司先进个人”；2008年被评为中国石化“湖北石油安全先进个人”；2010年被评为“中国石化集团公司安全先进个人”；2011年、2012年被中国石化湖北石油评为“安全先进管理者”；2012年，被湖北省人民政府表彰为“安全生产优秀工作者”。2016年7月23日，中国石化湖北石油总公司党委追授陈鹏龙同志“抗洪英雄模范”和湖北石油“优秀共产党员”荣誉称号，并号召全省系统党员干部向陈鹏龙学习。③

① 胜利油田一对“油二代”夫妻默默守井十七载 _ 清新的风 _ 封宇平 –《网络（http：//blog.sina.com）》

② 40岁的生命定格在洪流中 – 光明日报 – 光明网 –《网络（http：//epaper.gmw.cn）》

③ 好干部倒在抗洪救灾一线 用行动践行铁人精神 – 湖北好人 – 微善网 –《网络（http：//ws.cnhubei.com）》

计量工作就是钱袋子

2001 年，25 岁的陈鹏龙从加油站调到王家河油库担任油库副主任。在油库工作期间，陈鹏龙主要负责油品质量工作。王家河油库是一座依靠泵穿进油的油库，泵穿的计量方式和加油站大为不同，为了通过桶槽通航计量资格证，陈鹏龙刻苦攻读了三个月。在此之后，陈鹏龙又考取了全国通过率只有 2% 左右的注册安全工程师。“计量工作就是钱袋子，尺子投深一毫米，运输方就会凭空多几百公斤油；如果投深一厘米，那就是几吨油。”在工作中，陈鹏龙一直严格要求自己，坚持职业操守。调任宜昌分公司中心城区经理后，陈鹏龙严抓安全工作，从来不打马虎眼。2014 年，东山加油站因市政管道施工停业。一天夜里，施工管道突然发生破损，造成加油站油罐进水。站长张晓宇认为，油管都是空罐，没必要麻烦陈经理，但平时陈鹏龙对安全管理很严格，曾说过任何安全风险都不能放过，都要立刻通知他。于是张晓宇给陈鹏龙发了一条短信，没想到，半个小时后，陈鹏龙就出现在加油站。当天深夜，及时联系到供水公司修理人员，修补破损的管道，并对加油站油罐进行清理。等一切处理妥当时，天快亮了。

9 月 16 日，陈鹏龙在荆门东宝山油库查看健康、安全、环保管理台账

2015 年 8 月 27 日，陈鹏龙调任湖北石油荆门分公司副经理，分管安全工作。司机张代元说，他经常给陈鹏龙开车，车里一定要放四样东西：安全帽、手电筒、雨伞、雨靴[①]。湖北石油荆门分公司政工部主任廖方敏说，很少见到陈鹏龙穿皮鞋，因总是下基层，脚上常年穿着工作鞋。到荆门分公司工作不到一个月，陈鹏龙就将辖区 140 多个加油站跑了个遍。[②]

---

① 石化忠魂——追记中国石化优秀共产党员陈鹏龙同志 刘江波；王志东；–《中国石化》– 2016–09–15

② 抗洪铁人 石化忠魂 本报记者 刘江波 王志东；–《中国石化报》– 2016–08–24

抗洪铁人，石化忠魂

2016年6月中旬以来，荆门连续五次遭遇暴雨。7月19日夜，荆门普降暴雨，局部地区的降雨量达到600毫米以上，荆门石油分公司所属的京山、沙洋、天门公司受灾严重。一条条灾情信息汇集到陈鹏龙的手机上。20日8时，陈鹏龙召开抗洪紧急会议。在会议上陈鹏龙说："抗洪救灾就是党员干部践行'两学一做'学习教育活动的考场，党员干部必须战斗在抗洪救灾的一线，员工碰到困难时，必须有党员干部的身影。"① 随后陈鹏龙便带领廖方敏和陈士武向险情最严重的地区奔赴。

14时许，车辆在京山县永隆镇杨丰街上被咆哮的洪水挡住去路。在等待过程中，陈鹏龙听到两声"砰、砰"巨响。"不好，浮罐了。"凭借十多年安全管理经验，陈鹏龙判断出是加油站发生油罐浮罐的声音。5分钟后，前面传来消息，不远处的一座民营加油站发生浮罐溢油事故，油品已经开始泄漏到洪水中。危急时刻，陈鹏龙带领廖方敏和陈士武乘坐一台农用旋耕机，冲进湍急的洪水中。不料，水流猛涨，一股巨浪撞翻了旋耕机，三人同时落水。②

陈鹏龙在托市加油站强调抢险工作相关注意事项

15时50分，廖方敏被救起；16时，陈士武被救起；但陈鹏龙被疯狂的洪水吞没。7月22日12时，经过46个小时的搜救，陈鹏龙的遗体在1公里之外的田地里被发现，六名身穿中石化加油站工作服的荆门石油分公司员工在岸边一字排开，接英雄回家。在抗洪抢险现场，陈鹏龙将生命永远定格在了洪流中，年仅40岁。③

在2016年公司举办的"两学一做"测试答卷上，陈鹏龙曾写下这

① 陈鹏龙：好干部倒在抗洪救灾一线 用行动践行铁人精神－中外好人网－（网络（http://www.chinahaoren.cn/Articlebody-detail-id-55823.html）

② 40岁的生命定格在洪流中－光明日报－光明网－《网络（http：//epaper.gmw.cn）》

③ 40岁的生命定格在洪流中－光明日报－光明网－《网络（http：//epaper.gmw.cn）》

样一段话："作为一名普通党员，我将以更加坚定的信念，努力工作，为国家的繁荣富强奉献微薄的力量。"在洪魔面前，陈鹏龙践行了一名基层党员干部的诺言。

5.6 海外开拓者的楷模

5.6.1 勇做国际一流承包商——宋保健

宋保健参加工作 26 年，其中 18 年在印尼、卡塔尔、也门、沙特等国市场为中国石化的石油工程开疆拓市。2016 年作为中原石油工程沙特公司经理，宋保健带领海外团队，将沙特石油工程市场做成了中原油田的冠军品牌。2017 年在中国石化集团公司第三届"感动石化"人物颁奖仪式上，中原石油工程公司海外工程公司总经理宋保健当选第三届"感动石化"人物。2022 年起任中原石油工程公司总经理、党委副书记。他以低调、勤奋、干净、担当的精神，带领石油工程将士，凭借一项项绝技，创造出一个个耀眼的纪录。

建立"我离开，别人也能干"制度

"中国 1 号"是中原油田第一支进入沙特市场井队的称号，由时任中国驻沙特大使命名。2001 年 5 月，中国 1 号首次踏上沙特这片热土时，随队的宋保健正是这支井队的对外司钻和带班队长。年轻的宋保健怀揣着开疆拓土的豪情壮志来到沙特，但迎接他的却是一个"下马威"。业主沙特阿美公司对工程要求十分严格、细致，所以开钻前接受甲方验收时，在国内配套好了的装备仍被检出了几百个问题，当时为了进行设备整改用掉了近 1700 公斤焊条。为了从源头上解决这一问题，宋保健将管装备、安全、技术和工程的负责人召集在一起，提出要将沙特阿美的国际化标准和中石化的行业标准相结合，制定出一套规范的、可复制的管理体系。整整半年的时间，一套涵盖井队方方面面工作的操作性极强的标准体系就问世了。就设备配套来说，根据阿美公司对不同类型钻机的标准要求，宋保健带领大家标定出了钻机各种承载负荷标准，动力系统、循环系统、控制系统配备标准，电路配置分配标准等，并制定出一系列支持性管理文件。“我们套用的设备配套标准，比井队中标合同要求的标准还高，而且都预留了进一步升级的接口。按照预定标准配套的钻机，不管是刚出厂的还是使用过的，基本上都能保证一次验收通过。”沙特公司装备总经理崔随来说。这一标准体系使得装备配备不再困难，不仅达标率高，进度也快。“有了这套管理体系，就如同给公司规范化运作铺设了一条轨道，谁来当沙特公司的经理，管理都会很顺畅。这就是我的目标——我离开以后，谁来都能干。”宋保健说。

逆势飘红

2008 年全球性金融危机，沙特石油工程市场形势急转直下，宋保健在这时被任命为中原石油工程沙特公司经理。但当时，中原各钻井公司的钻井队还各自为战，管理制度千差万别。“必须握成一个拳头，才能更有力地出击。”宋保健认为当务之急是要整合施工队伍，实行一体化建设。在中原油田领导的支持下，他打破原有体制隔阂，建立了统一的生产运行、人员调配、后勤保障等工作机制，实现了优势资源的共享共建。2009 年的一天，宋保健在上井时听阿美公司现场监督说，阿美公司准备改变与石油工程服务方的合作模式，尝试在 Ghawar 油田启动钻井大包项目。收到这个信号，宋保健便带领相关人员一头扎进 Ghawar 油田，一连收集了近 30 口井的资料，进行了仔细的对比分析，按井段和施工程序测算钻井周期。在得到这些翔实的数据后，宋保健立即找到了当时的世界头号油服公司——美国哈里伯顿公司相关负责人，恳切地提出了携手投标阿美公司大包井项目的想法。往日的优秀业绩和诚挚的合作态度，打动了哈里伯顿公司相关负责人，使宋保健带领的团队拿下了阿美第一个大包项目。

宋保健明白只有用一流的业绩，才能让中原石油工程公司在沙特的石油市场上立住威名，所以他决定抽调业绩好的队伍进入大包项目，调配设备进行升级改造，将最优势的资源应用于此。同时，他还专门成立了大包井提速提效领导小组，与哈里伯顿公司共同制订钻井工艺措施。启动之初，SINO-1、SINO-12、SINO-19 三支钻井队全部实现提前开钻，一举创造了 1 个月启动 3 支队伍的奇迹。哈里伯顿公司地区经理将其称为“惊人的中国速度”。

在精彩的开场之后宋保健和他的团队并没有就此停歇，在施工中他们全面推广钻井新技术的应用，比哈里伯顿公司设计周期每口井平均节约 2.42 天，这使阿美公司平均每口井可以节约近 1/3 的成本，真正实现了三方共赢。正是中原石油工程的卓越表现使得哈里伯顿与中原石油工程沙特公司签订了“背靠背”长期合作协议，而贝克休斯、斯伦贝谢等石油巨头也纷纷抛出了合作的橄榄枝。面对金融危机的重创，中原井队不仅没有“遇冷”，反而逆市飘红。2011 年之后，宋保健抓住阿美公司勘探开发步伐加快的历史机遇，跑市场、接大单，使中原石油工程沙特公司成为中石化最大的海外市场之一。

“多想想前线兄弟的艰辛”

职工眼里的宋保健是个亦刚亦柔的人。他办事从不讲情面，对于工程方面严抓严管、据理力争。但他又重情重义，对于职工体谅包容。为了照顾到外籍员工的宗教信仰和饮食风俗习惯，宋保健专门为外籍员工设置了祈祷房和西餐厅。他曾多次告诫机关工作人员“要多想想前线兄弟们的艰辛，提供好服务”。对合作方，宋保健也是讲究信义。2015 年年初，国际油价“腰斩”，面对石油工程“极寒期”带来的经营困难，宋保健主动与阿美沟通，调低投标价格，与阿美共渡难关。对于公司内部奖惩管理，他出台了搬迁奖励办法，对日费井大包井分别制定更为严格的考核政策，日费井每月兑现，大包井单井完井就兑现，及时激励。①

① 宋保健：沙特市场称雄 于银花；-《中国石油石化》-2016-04-01

5.6.2 打造大国重器——吴汉川

中国石化机械公司高级专家、教授级高级工程师。全国五一劳动奖章获得者。2015 年 4 月获评长城润滑油杯第二届“感动石化”人物。

让世界对“中国制造”刮目相看

吴汉川是国内极少数最早接触固井压裂设备技术的人之一。20 世纪 80 年代，中国石化机械四机公司从美国引进了压裂机组设计制造技术，当时不到 30 岁的吴汉川从研制抽油机转身投入到了固井压裂设备研制领域。“说是引进技术，实际上引进的是一堆图纸。几十箱图纸摞起来就是一座山，每张图纸似天书一般。”吴汉川回忆说，“别说大作为，能读懂国外图纸和工艺并生产出满足技术标准的合格产品就谢天谢地了。”面对新技术、新领域，吴汉川和同事们不畏困难，从零起步，生产出了国内第一套 800 型、1000 型、1800 型、2000 型压裂机组。凭借着“引智引技”的“撑竿一跳”，吴汉川和同事们用十年时间走完了国外先行者耗时五十年的“压裂”之路。然而，面对全球化，在全球市场的竞争中，一味地依赖于国外技术，就只能一直跟在别人后面追赶，甚至会被“卡脖子”。

“引进技术永远是嚼别人嚼过的馍，关键核心技术是要不来、买不来、讨不来的。”吴汉川明白这个道理。“在日趋激烈的全球综合国力竞争中，我们没有更多选择，非走自主创新道路不可。”于是吴汉川下定决心，一头扎进办公室、生产车间、油田现场，把理论和实际、先进技术和作业现场需求紧密结合起来，向专家请教，向工人师傅学习，经常忘了晨昏暮晓。转眼到了

2007年初，在北京中国石化川气东送装备采购会上，北美两家著名油服公司和四机公司三方同台竞标5亿元的四套大型压裂机组。一直掌握最先进技术的美方居高临下，认为非我莫属。然而当吴汉川作为四机公司的技术代言人，在会上发表总结陈述后，他们目瞪口呆。谁也没想到青出于蓝而胜于蓝，4套机组被四机人“一揽子”提走了。吴汉川说:“我们结合中国地缘、地物、地构，不断推陈出新本土重器，用了6年时间向2500型大型压裂机组作世界级冲顶。机组采用网络控制、混砂车自动控制等专利技术，达到国际领先水平！”①

“高精尖”国产压裂装备享誉世界

21世纪初，美国掀起“页岩气革命”，此时，页岩气在中国刚刚起步，有专家形容，我国南方页岩气藏犹如被摔碎的“瓷盘”，深埋在大山中，开采难度远超过美国。2010年7月，四机公司迎难而上，申报的“3000型成套压裂装备及应用示范工程”项目作为国家“十二五”科技重大专项科研项目，通过立项论证。页岩气开发中最关键的技术是分段压裂。当时，这类技术被层层封锁。为了攻破技术难关，吴汉川团队与国内高等院校、科研院所密切合作，理论研究、基础开发、对比论证、试验验证，常常一天伏案十几个小时，脑子里全是数据和方案。

一个人，当他把个人理想自觉融入国家发展伟业时，任何危险、困难都阻挡不了他前进的脚步。上百套仪表，数千个大小阀门，近两万米粗细管线，都要在设计中做到准确无误、万无一失，吴汉川带领团队反复修改。功夫不负有心人，吴汉川团队仅用了短短三年时间，便成功研发世界首套车载式3000型压裂机组。2014年，中石化宣布，涪陵页岩气田提前投入商业生产。吴汉川团队设计的3000型压裂机组大显身手，成为涪陵页岩气田上唯一的“巨无霸”，一举创下单平台装机功率最大、连续作业时间最长、整体网络控制设备数量最多等多项新纪录。

察势者智，驭势者赢，已经站在压裂的最前沿的吴汉川团队并没有停下创新的步伐，他们又把眼光投向了“电动革命”：立足推动压裂装备从柴油驱动向电驱动转变。吴汉川团队的目标是在油气开采中，

① 逐梦“压裂”——记江汉油田四机厂压裂设备首席工程师吴汉川 马琳；付喜艳；-《中国石化》-2012-04-15

在致力降本增效的同时又恪守环保理念，以更经济更高效更绿色的方式守护祖国“绿水青山”。作为“十三五”国家科技重大专项“深层页岩气开发关键装备及工具研制”项目的标志性成果之一，吴汉川团队研发出的电驱动压裂机组4500型、5000型投放涪陵、大庆、吐哈，一举赢得用户青睐。此次的新产品在环保、噪音、节能等方面优势凸显，昔日轰鸣的压裂施工现场变得静悄悄，施工动能成本还降了三分之一。

“匠心筑梦”点燃传承之火

“我的初心使命是什么呢？如果用四个字来概括，那就是：国家需要！”一直以来，吴汉川最大的梦想就是“我为祖国献石油”。他几乎把自己一生献给了国家的压裂装备事业，不懈追求，不断创新，报效国家。

在吴汉川看来，成为一名合格的石油装备专家，必须具备“勤奋奉献”、“不懈创新”、“团结协作”的特质。一个人的力量是有限的，只有把技术传授给更多人，科研创新工作才会持续下去。一个手掌，摊开是指头，握紧是拳头，指头强不等于拳头硬，只有五个指头牢牢握在一起才具有力量。这些年，吴汉川始终带领团队一起成长，一起进步。目前四机公司固压产品研究所27人，平均年龄39.5岁，承担国家级科研项目课题4项，拥有国家专利60余件，制修订行业标准6项，参加国家“十二五”重大科技成就展，捧回了国家科技进步二等奖。团队里有湖北省“青年岗位能手”“优秀知识型员工”，有“闵恩泽青年科技人才奖”获得者，团队还荣获“中国石化优秀创新团队”称号。

5.7 乐于奉献、热心公益的楷模

5.7.1 行家里手——李金兰

中国石化梧州石油分公司零售管理部安全督查队队长。

李金兰由藤县一名乡村教师转入中国石化梧州石油分公司加油站加油员岗位，扎根基层二十余载，成长为全国劳模，2017年被评为中国石化第三届“感动石化”人物。面对荣誉，李金兰说，立足岗位打磨技能是一种本分。

名副其实的行家里手

担任安全督查队队长前，李金兰曾先后任加油员、发油班长及多座加油站站长，无论在什么岗位，她都苦练基本功，把自己锻炼成为行家里手。担任督查队队长六年多来，她先后督察加油站千余次，发现问题1960多个，整改率达95%。有多年教师经验的李金兰，在加油站也是“桃李满天下”，她主动请缨担任片区兼职讲师，将自己多年经验与培训课题相结合，制作成五套接地气的课件。每年，她都会主动协助相关部门开展规范化服务、油品数质量管理等培训。她的学员中，已有20多人走上管理岗位，很多人成为业务骨干。“作为一个老员工，总有一天要离开岗位，我要把自己的工作经验与大家分享，为年轻员工的成长尽自己一份责任。”李金兰说。[①]

李金兰一直有个小心愿：尽自己的绵薄之力，传递爱心，传递正能量。都连加油站是广东进入广西的第一个服务站。每年春节前夕，都会有数十万乡亲骑摩托车从珠三角地区经过都连服务站回滇黔桂。从2004年春运开始，中国石化梧州石油分公司和相关部门在都连加油站设春运服务站。[②]十几年来，每年春运期间，服务站里总有李金兰忙碌的身影。春运的路上风吹雨打，不少返乡的骑行者的裤子、鞋子满是泥水，李金兰常常帮他们烘干裤子和鞋袜，裹上防水塑料袋，再送上一杯姜糖水，温暖他们的返乡路。作为服务站“元老级”的志愿者，李金兰至今已为超过两万人次提供服务。2009年起，李金兰还动员自己

① 中国石化新闻网－寻找感动石化人物（第十辑）–《网络（http：//www.sinopecnews.com.cn）》

② 中国石化新闻网－寻找感动石化人物（第十辑）–《网络（http：//www.sinopecnews.com.cn）》

的丈夫和女儿加入志愿服务。在她的影响下，同事也纷纷动员自己的亲属加入春运服务志愿队，通过一杯杯热茶、一句句问候传递正能量。①

坚守十八载的春运志愿者

2012年春运期间，韦燕从佛山坐邻居的摩托车回家过年，快要到都连服务驿站时，为了避让一辆卡车，摩托车陷进了路边水沟，韦燕的右脚被划破。当时正在入口处指挥交通的李金兰见状，赶紧将韦燕扶进都连服务驿站，为她包扎伤口。自此，韦燕每次回家过年都会专程进入都连服务驿站看望李金兰。

2016年春运，两广遭遇极寒天气，梧州气温低至0℃以下，偶尔还会下起雨夹雪。为了防冻及防止雨水弄湿鞋子和裤脚，李金兰自创了裹脚防水法：用塑料袋和透明胶帮务工人员包裹鞋子和裤脚，防冻防水，而且还方便走路。李金兰发明的这个保暖方法，受到返乡骑手们的欢迎，他们亲切地称之为“金兰保暖法”。②

2021年李金兰在梧州市东出口春运服务站为返乡过年的摩托车大军发放防疫包

2016~2017年春运期间，公司专门成立“李金兰劳模服务队”，李金兰的志愿服务更加专业。

“不忘初心，立足岗位，乐当文明传承使者”

2021年面对疫情下的春运，在广东珠三角地区的务工人员，响应国家就地过年的倡议，途经梧州返乡过年的摩托车锐减，进入服务站休息的摩托车骑手大幅减少。但李金兰并没有放弃志愿者工作，还是像往年一样，带领志愿者队伍，准备姜茶、热水、面包、防疫物资，引导进站人员做好测温、扫码登记及场所消毒。

---

① 中国石化梧州都连驿站有位热心大姐－新华网－《网络（http://www.xinhuanet.com/energy/zt/2016nyzt/2017.htm）》

② 中国石化梧州都连驿站有位热心大姐－新华网－《网络（http://www.xinhuanet.com/energy/zt/2016nyzt/2017.htm）》

5.7.2 银发红心写春秋——赵燕

赵燕，女，中共党员，中国石化天津石化供排水厂水源车间退休职工。先后荣获全国“三八”红旗手、全国优秀志愿者、全国老有所为奉献奖、全国关心下一代工作先进工作者、全国爱国拥军模范、天津市劳动模范、中国石化第三届“感动石化”人物等荣誉称号。

“感动石化”人物颁奖时曾这样评价赵燕——“站上学雷锋的岗位，没设终点。心中一根筋，绑在‘兵儿子’的红线上。一双巧手，一颗好心。手及之处，满目老茧；方寸之间，尽是沧桑。几度春风化雨，一头乌发飞霜。一把修脚刀，修剪的是时光的路，照见的是公益的心”。

自 1963 年得到第一本《雷锋日记》起，赵燕就树立了人生目标：“我要向雷锋同志学习，一辈子为人民服务！”1976 年，赵燕进入天津石化，在供排水厂水源车间当医生，并义务为驻地附近的乡亲们治病。[①]1992 年退休后，赵燕腾出了自己家的一间屋子，挂起了计划生育“三优”咨询服务站的牌子，凭着自己过硬的专业知识和热忱的服务态度，为群众进行义务服务。多年来，她到企业、机关、街道、农村、学校进行优生优育、生殖健康等知识讲座 520 余场，直接听众达 56000 余人次。

退休后赵燕还自学了修脚知识，不论是去讲课，还是参加社会公益活动，她手里总是拿着修脚工具，随时随地为病人解除脚病痛苦。多年的修脚工作，使她的手经常被脚气感染，手指缝时常会钻心的痒。即使如此，她也没有丝毫退缩，这些年她为 16000 余人次义务修脚。曾有人开玩笑给赵燕算过一笔账，按每次修脚 10 元算，赵燕起码可以收入 16 万元。但赵燕却认为钱并不重要，能给急需帮助的人解除一点痛苦，才是自己人生最大的幸福。赵燕还经常到部队为驻地

---

① 赵燕：不忘初心，一辈子学雷锋 – 中国青年志愿者网 –《网络（http：//zgzyz.cyol.com）》

战士义务修脚，她把战士们当作自己的孩子，无微不至地关心着他们。逢年过节，她会给战士们包饺子、煮元宵、送粽子；当战士生病了，她会带他们到医院就诊，跑前跑后；战士要复员了，她买来他们最爱吃的食品，拉着他们的手千叮咛万嘱咐。她每月都拿出退休金给战士购买各种书籍，自费10万余元为部队购书3000余册，为此连队专门成立了“赵妈妈书柜”。“情系军营，情胜母亲”，这是战士们送给赵燕的锦旗上的一句话，也是他们对赵妈妈的一片感激之情。2015年，赵燕收获了最美天津石化人和天津市道德模范等荣誉，她却将得到的奖金全部用于购买图书，又送到部队建立了两个“赵妈妈书柜”。①

赵燕还不遗余力地关爱未成年人教育，在大港职专、培英学校、四公司中学、石化二中等学校讲授生理卫生和心理健康等知识。她利用业余时间在社区小饭桌上给孩子们讲英雄模范故事，自办流动道德讲堂传播正能量。

5.8 精细严谨石化传统的楷模

5.8.1 生命线的守护者——胡联伟

胡联伟，宁波监督站党支部书记、副站长。毕业于早年全国唯一的检测本科院校南昌航空工业学院，毕业后投身检测工作，一干就是三十多年。他是我国无损检测行业公认的专家和技术权威，国家特种设备行业无损检测人员资格考试技术委员会成员，还是中国石化施工技术委员会成员。他参与编制的国家标准和规范有8个，参与审定的有14个②。作为镇海炼化质量监督站站长期间，带领镇海炼化连续9年的效益在炼化企业中位列第一。2019年荣获第五届“感动石化”人物。

① 赵燕：不忘初心，一辈子学雷锋－中国青年志愿者网－《网络（http：//zgzyz.cyol.com）》

② 胡联伟：三十年如一日守护工程质量 下江岐；－《中国石化报》－2019-10-23

是黑脸包公，也是贴心人

质量是装置的生命线，镇海炼化公司的大乙烯装置能够建好、开稳、创效高，获得国家优质工程金奖，离不开质量管理者胡联伟的心血。在镇海炼化新建 260 万吨 / 年沸腾床渣油加氢装置施工现场，一些尾项在动火施工，管道试压已全面展开[①]。胡联伟长期守在现场，每天跟焊工打交道，因为肤色黑，检查又严格，在焊工中被称为“黑脸包公”。长期的检查经验使胡联伟练出了“火眼金睛”，他一眼就能看出某个焊工持有什么级别的证件，有资格承担哪些工作，所有的行业标准和规章制度都在他脑子里。有一次去现场检查，隔着老远，一名证件有问题的焊工看到他的身影，扔下焊枪就跑了！

但是，胡联伟也是焊工的贴心人。2012 年，对二甲苯装置检修时间紧、任务重，为了质量审查工作不影响进度，胡联伟主动请缨，亲自去协调解决管线试压的各种问题，夜以继日奔波在现场和各单位之间。只要施工单位提出问题，他就帮忙解决。

创新有一套，方便检测人员

由于工艺特殊，新建渣油加氢装置 73mm 厚的不锈钢管道焊接质量至关重要。面对管壁太厚的问题，胡联伟通过研究认为，采用合理的配管工序和检测装备可以解决射线检测的问题。于是他立即和同事研制了一台能够在弯管中自主爬行的机器人，使最后所有厚壁管的射线检测工作能够提前半个月完成。

在检测创新上，胡联伟一直在努力钻研。他率先在国内应用相共振技术，主导开发了工程质量管理系统和管道焊接管理系统。如今，工程质量管理系统在镇海炼化的应用已从试点阶段进入示范阶段。管道焊接管理系统也在新装置建设中投用。两个系统已经成为工程质量管理的信息化工具。质检人员在手机客户端上就能查到现场工程建设人员的所有信息，管线材质、焊接信息、人员资料全部一目了然。“有了信息化系统，质检人员可以有更多的时间盯在现场。”胡联伟说。[②]

---

① 胡联伟：三十年如一日守护工程质量 卞江岐；-《中国石化报》- 2019-10-23

② 胡联伟：三十年如一日守护工程质量 卞江岐；-《中国石化报》- 2019-10-23

检验中严守纪律，自己的身体却忘了纪律

胡联伟的脑部出过一些问题，需要定时体检。医生曾多次嘱咐他不能生气，也不能太累。胡联伟又是出了名的倔脾气，在检测检查工作中刚正不阿，严守纪律，直面问题，难免和人争执。家人、同事和朋友都劝他换个工作，但胡联伟舍不得自己心爱的工作。于是他向家人保证，给自己定下工作纪律：不熬夜、不出差、多锻炼。然而，当他的身体状况刚好转，就又忘记了纪律：开始熬夜。

2016年，他成为腾龙翔鹭项目部检测部副经理，负责古雷腾龙翔鹭项目工程质量评估工作。此后，元旦、五一劳动节、国庆节、中秋节和无数个周末，他都是在项目上度过的[①]。每当有人提起这些忙碌的日夜时，胡联伟却一点也不觉得苦，他会笑着翻出手机上珍藏的一张照片：那是古雷项目开工的抓拍照片。“我参建的芳烃装置产出产品的一刻，我感觉很欣慰，就像看到自己的孩子考上了大学一样。”胡联伟说。[②]

传承石油精神　弘扬石化传统

被评为“感动石化”人物后，镇海炼化领导和同事纷纷向胡联伟表示祝贺。但胡联伟说他的梦想和计划还有很多，比如把两个系统完善好，实现向总部承诺的把管道施工管理系统打造成国际先进、国内一流的管理系统的目标；比如将镇海炼化的质量管理经验转换为标准规范，向石化系统内推广，以共同提高中国石化工程建设的质量管理水平；又比如做好传帮带工作，让年轻一代尽快成长起来。

胡联伟在一次记者采访中说过，他特别佩服陈俊武院士一生钻研的创新精神，陈院士90多岁高龄依然每天上班、思考科研中的重大问题，活到老、学到老、干到老，是我们学习的榜样。在今后的工作中，他也要学习陈俊武院士，传承石油精神，弘扬石化优良传统，以更高的热情投入镇海炼化新一轮建设中。他最大的梦想是希望所有建成的项目都能像镇海乙烯项目一样获得国家优质工程金奖。[③]

① 胡联伟：三十年如一日守护工程质量 卞江岐；–《中国石化报》– 2019–10–23
② 胡联伟：三十年如一日守护工程质量 卞江岐；–《中国石化报》– 2019–10–23
③ 胡联伟：三十年如一日守护工程质量 卞江岐；–《中国石化报》– 2019–10–23

5.8.2 优化谱华章——杨越

杨越，1967 年出生，1987 年 7 月毕业于华东化工学院。毕业后便投入石化工作，2015 年 3 月 ~2017 年 4 月任茂名石化液化空气气体有限公司总经理；2017 年 4 月后，任茂名分公司计划管理部部长。2021 年荣获第六届“感动石化”人物。

“要实现浆态床运行效益最大化，必须想办法解决氢气消耗量、催化剂消耗量和油渣收率这三大问题。”2021 年 1 月 1 日，在参加完新年第一个生产早调会后，茂名石化计划管理部经理杨越就把一众骨干精英请到会议室，继续讨论新开工装置优化创效的问题。“全部平衡都推倒重来！我们可以在控制氢耗的基础上，努力提高煤制氢和重整装置的氢气产率，既要保证新装置用氢，又要不断降低用氢量。”当天，杨越又组织原油室进行了反复的测算，将原计划按 12 月油价计价的原油调整为按 11 月市场油价计价，这样调整后实现降本 8270 万元。像这样的“诸葛会”，每天都在茂名石化上演着，而杨越也被称为从原油采购到产品出厂全流程系统优化的“现场总指挥”。

银塔铁林里的钢琴师

在喜欢钢琴曲的杨越看来：“企业就像一架钢琴，80 多套装置就是 80 多个琴键，把每个琴键调整到最佳状态，弹奏出最和谐的乐音，最终汇成一曲动听的乐章，就是优化的艺术。”这些年来，杨越为了让茂名石化这架“钢琴”奏出最美乐章，组织实施全程优化、滚动优化、邻壁优化、每日优化，全面封堵效益流失点、唤醒效益沉睡点、开发效益增长点。①

2020 年这一年，受到新冠疫情的影响，国际油价产生大幅度震荡，炼化企业的效益受到冲击，日子过得异常艰难。杨越带领团队利用所有资源搜集最新信息，研判商情，根据国内外市场形势变化，及时调

---

① 塔林“调音师”杨越 龙泰良；张亚培；–《中国石油石化》– 2021–07–15

整生产经营策略，组织编制了 151 份生产调整方案，下达 512 道重要生产调整指令，实施 200 多次自销产品调价。他压减成品油产量，开发低硫船燃产品，率先打通低硫重质船燃出口；做大沥青产量，全年沥青增幅达 66.28%，产销量居系统第一；想方设法调研熔喷料生产配方，为公司仅用 7 天时间生产出熔喷料提供参考；创新实施邻壁优化，提出与周边改制企业合作，利用降解法生产熔喷料的生产方案，茂名石化 Y1500 产品成为疫情期间的明星产品。①

杨越常说，企业的效益是靠一分一毫去积累的。就是靠着这样的经营智慧和踏踏实实的实干精神，2020 年茂名石化实现优化增效 17 亿元，与兄弟单位比价的 16 种化工产品中 12 种保持领先，效益排名集团公司炼化企业第一。“没有最优，只有更优”。“十四五”开局之年，杨越和他带领的茂名石化的优化之路才刚刚开始。

5.9 脱贫攻坚楷模

5.9.1 助力东乡脱贫摘帽——东乡扶贫团队

“牢记嘱托，黄土塬上扎下根。困难大如天，但只要是百姓的事，就比天还大。用汗水耕耘希望，藜麦地收获灿烂笑脸；把心‘驻’进村里，悬崖边书写减贫奇迹。顾不上的只有远方的家，放不下的全是浓浓的情。上去高山望平川，乡村振兴再接力。山的那边，有我们的父老乡亲。”

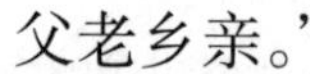

2013 年以来，中国石化先后派驻严超、焦建国、钱有、张文涛、杨成等 6 名扶贫挂职干部帮扶东乡族自治县。当前，还有 3 人仍奋战在扶贫一线。他们用真心和真情开展帮扶工作，引来幸福水、修通惠民路、建设新农村，为东乡县如期攻克深度贫困堡垒、迈向乡村振兴作出了重要贡献。2020 年 11 月，东乡正式脱贫摘帽。

① 塔林“调音师”杨越 龙泰良；张亚培；-《中国石油石化》- 2021-07-15

牢记嘱托，建好新农村

全面脱贫看甘肃，甘肃脱贫看东乡。甘肃省临夏回族自治州东乡族自治县是全国唯一以东乡族作为主体的少数民族自治县，也是全国"三区三州"深度贫困地区，是脱贫攻坚主战场之一。布楞沟村又是东乡最贫困、最干旱的地方。2012 年，全村 68 户 351 人，贫困面高达 96%，人均纯收入只有 1624 元。

2013 年 2 月 3 日，习近平总书记沿着崎岖陡峭、尘土飞扬的山路，来到海拔 1000 多米、山大沟深的布楞沟村看望东乡族群众，并留下"把水引来，把路修通，把新农村建设好，让贫困群众尽早脱贫过上小康生活"的嘱托。中国石化主动接过东乡族自治县的定点扶贫工作，2013 年 3 月，中国石化的施工队伍进驻，5 月布楞沟村的"惠民路"就实现通车。8 年来，中国石化东乡扶贫团队结合当地扶贫规划，充分发挥企业优势，累计投入帮扶资金 4.5 亿元，帮助 2815 户 15523 名贫困群众实现脱贫。修建 578 公里的供水管道，援建东乡族自治县水质监测中心和自来水智能化管理系统，彻底解决当地吃水难题。在布楞沟村修建通村道路 70 公里，解决了当地"晴天一身土、雨天出不去"的出行难题。为 56 户群众建设了新住房，实施危房改造项目 1335 户；援建学校、教学点 8 所，以及卫生院 3 座和村卫生室 34 座；开展专场招聘，接收上百名东乡大中专毕业生到中国石化下属企业工作；援建 8 座扶贫车间，有效解决留守妇女就业难题。[①] 中国石化牢记嘱托，引来幸福水、修通致富路，让群众在家门口就业，让老乡看病不再愁，天下传来琅琅读书声，脚步通往美好未来。"建设美丽新东乡，持续贡献石化力量！"

扭住根本，坚持发挥产业优势

2020 年是脱贫攻坚收官之年，中国石化帮扶东乡工作组组长钱有带领两名组员张文涛、杨成把布楞沟流域 4 个未脱贫村作为主攻点，把做好脱贫攻坚工作视为最大的政治担当，深入田间地头，每天只睡不到 5 个小时，梳理贫困户"一户一策"，发展藜麦种植、养殖合作

---

① 发挥央企顶梁柱作用 圆满完成脱贫攻坚任务 本报记者刘江波；–《中国石化报》– 2021–02–25

社、光伏发电、文化旅游等多个产业扶贫项目，建立起可持续的长效扶贫机制；大力开展消费扶贫，通过中国石化电商平台直播带货，让东乡好产品走向大市场、卖上好价钱。“没想到藜麦能卖这么多钱，桔梗又可以直接喂牛羊，感谢共产党，感谢中国石化。”甘肃东乡族自治县布楞沟流域沿岭乡新星村的马阿布都难以掩饰内心的喜悦。2020 年，东乡藜麦再获丰收，在中国石化定向完成藜麦收购工作后，藜麦种植户笑成了花。[①]

全力以赴、善作善成

引来幸福水，修通致富路，东乡脱贫摘帽了！

丰收的藜麦地里，中石化东乡扶贫团队干部和老乡一起欢呼，他们中有“还要继续干下去”的扶贫组长，有时时刻刻把群众放在心上的挂职副县长，还有天天上山下沟脸色黝黑的“第一书记”。脱贫摘帽不是终点，而是新生活、新奋斗的起点。中国石化的挂职干部依旧奋斗在一线。“后续的工作还有很多，老百姓都看着、盼着我们这些石化干部继续干实事、干好事，我们丝毫不能有松口气、歇歇脚的看法。”挂任东乡族自治县副县长的张文涛说。

5.9.2 扶贫十六载的“朱县长”——朱卫华

朱卫华，中国石化集团公司专职扶贫干部，曾任中石化销售有限公司企业文化专家、中石化扶贫援藏办主任。2014 年，岳西县委、县政府授予朱卫华“荣誉市民”光荣称号。2018 年 7 月在中国石化成立 35 周年——感动石化特别节目现场，朱卫华获得“感动石化”人物称号。

岳西县是中国石化 6 个定点扶贫县中唯一的革命老区县。第一次到岳西时，朱卫华就去了大别山烈士陵园，他被强烈地震撼了。“革命战争时期，岳西县为了中国革命的胜利牺牲了近四万人，占当时全

① 发挥央企顶梁柱作用 圆满完成脱贫攻坚任务 本报记者刘江波；-《中国石化报》- 2021-02-25

县人口的四分之一。这些鲜活的生命牺牲时大多只有二三十岁，还有许多只有十几岁。”朱卫华神情肃穆地自问：老区人民为国家奉献了最宝贵的生命，如今我们应该为老区人民脱贫做些什么。带着为革命老区人民脱贫的使命感，朱卫华从2003年开始，几乎每年都要多次到岳西县开展扶贫工作。

2018年以前，朱卫华是中国石化总部唯一专职做扶贫工作的，一干就是16年。他建议总部的扶贫资金和挂职干部选派向岳西倾斜，他的建议得到了总部的认可。“朱主任对岳西有真感情，岳西人民的事在他心中最大。”岳西县扶贫办主任科员程良生介绍，头陀镇小滑岭自然村孤悬山顶，与外界没有可通车的道路，朱卫华第一次去小滑岭，是步行上去的，当地群众拉着他的手请求中石化支援修条出山的路，朱卫华当即答应群众，并将修路列入计划，还特别争取45万元实施了道路安保工程。如今，小滑岭群众的茭白就是通过这条新修的路得以顺利运出大山。为了帮助岳西发展产业，朱卫华引进红心猕猴桃在岳西试种成功并逐步推广。他还对贫困户开展技能培训；援建乡村小学，扶贫助学。“花钱比挣钱更难，十几年来，经我手的扶贫资金十几亿元，从没有收到一封告状信。”在扶贫岗位奋斗的16年里，朱卫华清清白白，受人尊敬。

“岳西县虽然脱贫了，但我想对深爱的岳西说，脱贫不是终点，还要实现稳定脱贫和可持续发展，逐步提高生活质量实现共同富裕，让老区人民过上有品质、有品位的生活。”朱卫华说。

5.9.3 脱贫不让一个村民落下——江建兴

江建兴，中国石化长岭炼化驻村扶贫干部。2019年江建兴荣获中国石化集团公司壮丽70年奋斗新时代——“感动石化”人物。

主动请缨致富家乡

平江县是著名的革命“老红区”，也是落后的贫困“重灾区”，地处偏远、交通闭塞。其中三里村的情况更是严重，资源极度匮乏，山路崎岖难通，人均耕地面积仅 0.6 亩，山林虽多却少有经济产出，大部分家庭仅靠青壮年劳力外出务工收入支撑生活。2017 年，该村人均收入不到 2700 元，全村 629 户 2530 人中，建档立卡贫困户达 153 户 518 人，贫困率超过 20%。

“平江是我的家乡，帮扶三里村的人们脱贫致富，是我作为中国石化扶贫干部的责任，也是我身为老区儿女对家乡的感恩。”带着石化人扶贫的使命，带着对家乡深厚的感情，江建兴主动向长岭炼化党委申请，驻点帮扶平江县三里村脱贫攻坚。在受领平江县三里村 2018 年脱贫摘帽的艰巨任务之前，江建兴已经投身扶贫工作 15 年，曾代表中国石化先后参与了岳阳市 6 个贫困村及凤凰县、泸溪县等地的脱贫攻坚工作。富有经验的他有能力、更有信心帮助家乡人民闯出一条致富的新路。功夫不负有心人，在中国石化长岭炼化连续定点帮扶七年来，平江老区的面貌有了极大转变，帮扶过的三个贫困村都已顺利脱贫。截至 2019 年 1 月，三里村人均收入达到 4700 元，脱贫 142 户 497 人，贫困率降低至 0.83%。

掏真心，换真心

平江县的条件十分艰苦，江建兴带领的扶贫工作队三个人挤一间房子，夏天天气炎热却没空调，冬天阴寒却没暖气，还时不时会停水停电。但对江建兴来说，这些环境上的艰苦不算最苦。母亲身患癌症，岳父母身体不好，妻子常年倒班，女儿高考在即，在扶贫点狭小的宿舍里，他常常夜不能寐。照顾老人病情、照看孩子学习等家事全部托付给了昼夜颠倒的妻子。“扶贫脱不开身，只能尽量周末回家帮忙”的江建兴饱含对家人，尤其是对妻子的愧疚。但事实上，有时候就连周末也不能休息回家。三里村扶贫成效突出，前来调研、学习的人很多。有个周五晚上，江建兴忙完事情正往岳阳走，到了家门口，来个电话要他赶回村里，需要准备一些第二天用到的工作材料。他到家匆匆扒拉两口饭菜又往回赶，在家待了不到半个小时，连孩子的面都没见着，答应参加的家长会更是泡了汤。

江建兴对家人难以照顾周全，但对贫困户却是无微不至。2018 年，他在三里村跑了 4 万多公里，对于山村的每个犄角旮旯，他都烂熟于心。帮扶对象冯救兵领养了两只"扶贫羊"，因为一时缺钱，800 块钱卖给了别人。江建兴知道后既生气又着急，他找到买方说明情况，要买回来给老冯继续养。买方看到是江建兴亲自来，很爽快地答应了："石化人真心为我们做实事，冲你江哥面子，我就当帮他养一个月。硬是不肯多收一分钱，把羊原价还给了冯救兵。"温情之外，江建兴也有严厉的一面。他和乡亲们"约法三章"，严禁打牌赌博。贫困户黄延安偷偷借钱买了两台麻将机，想"抽头"赢利。江建兴得知后第一时间赶过去，严肃处理了此事，并说："扶贫不扶懒，你这样干败坏风气，必须马上把麻将机处理掉。"

贫困户中口口相传，"只要有难事江建兴必到，平常没什么事他也常到"。对于结对帮扶的 50 户 160 名贫困户，江建兴记得他们每一个人的生日，在贫困户生日的那天，江建兴都会及时送上问候。一个电话、一份小小心意，礼轻情意重，江建兴用一颗真心换来了贫困户的真心。所以大家有什么困难都会第一时间想到找他，村里不好做的贫困户工作，他出面总能理顺。"群众都信任江干部，他说话管用"村支部委员易姣龙说。

树志气，断穷根

扶贫先扶志。江建兴清楚，三里村过去穷，穷在自然环境，更穷在不思进取的思想。因为没有创收能力，很多贫困户终生未娶，坐等救济度日，丧失对生活的信心和动力，才是最致命的"穷根子"。"关键在让他们觉得生活有奔头，自己站起来、干起来，才能真正脱贫，自立自强"江建兴说。

易秋涛以前是个无业游民，靠看守一座破庙过活，住在神殿旁破乱不堪的偏房，吃着有一顿没一顿的百家饭。混了一辈子单身，他对生活早已没了什么念想。江建兴一次次地往破庙跑，和他聊党的扶贫政策，聊“只要自己努力，生活就一定能变好”，渐渐鼓起了他生活的勇气。2018 年，江建兴为他争取到了在产业扶贫项目果园务工的机会，解决了基本生活问题。长岭炼化等几家扶贫单位筹资共建安置房，江建兴又做工作鼓励他参与共建，使他有了自己平生的第一套房子。日子越来越好，易秋涛的劲头也越来越足。在江建兴的鼓励和帮助下，他当上了护林员，养了近百只鸡，不仅脱了贫还娶上了老婆，圆了以前连想都不敢想的“成家”梦。见到易秋涛的妻子时，她笑得很开心：“老易又打短工去了，说要攒钱给我换部手机。”

树起了致富的志气，江建兴把更多精力集中到致富的产业上来。他与工作队积极推动引进万亩果园、分散养殖等项目，组织大家学技术，协调村民到果园务工、在家里养羊养鸡，还利用自己在石化企业的优势搞“消费扶贫”，想方设法帮他们销售红薯干、土鸡蛋等特色农产品。2018 年，江建兴帮助三里村的乡亲们卖掉了 10 多万元的农产品①，2019 年，他又在计划帮助果园销售 10 万斤黄桃。虽然他知道，中国石化每年“消费扶贫”总额数以亿万计，自己推销的东西并不算多，但他依旧很兴奋：“要借助中国石化成千上万易捷便利店的销售渠道，把三里村的农特产品卖到全国各地，咱平江脱贫的路子就更宽了。”

在江建兴他们的帮助下，如今三里村村民的就业率达 91%，长岭炼化领导结对帮扶的 50 户，有 47 户实现“一超过、两不愁、三保障”。今年 2 月份，几名长炼子弟大学生到三里村进行扶贫调研，贫困户易乜安在自己的新房里热情地接待了他们。看着他家新购置的彩电冰箱、满茶几的水果零食，学生们不由得惊呼：“这哪像一个贫困户的家啊！”②

聚合力，建新村

作为决胜全面建成小康社会，打赢脱贫攻坚战的一个缩影，三里村扶贫工作也在 2019 年取得了决定性胜利。但是，对于江建兴他们来说，一场新的攻坚战已经拉开了序幕。

---

① 壮丽 70 年 奋斗新时代 感动石化获奖人物和团队；–《中国石化》– 2019-09-15

② 江建兴：脱贫，不让一个村民落下 张勇；–《中国石化报》– 2019-10-23

"三里村正在从全员脱贫向乡村振兴过渡"，岳阳市委办驻三里村扶贫工作队队长陈勇说，在2018年，他们要着力把这里打造成岳阳市农村人居环境改造的示范点。江建兴知道，这样艰巨的任务，只靠他一个人势单力薄，必须凝聚整个扶贫队的合力，还要把后盾单位都充分地调动起来——石化企业、政府部门，包括村镇的各级党员干部。更重要的，是要解决以前"党员干部干，群众旁边看"的问题，党员干部带头干，群众跟着一起干。

他东奔西走，一手操持，协调几家扶贫后盾单位一起，合力拓宽村级公路3.6公里，又带着村民们建起了村部办公、活动室和文化广场，接通自来水，建设46套安置房，整修三里村小学，解决了货物运输、文化生活、饮水健康、住房安全等一系列问题。

实现乡村振兴，硬件环境要面貌一新，思想观念更要与时俱进。只有努力改变村民落后的观念，改变山村落后的文化，才能真正彻底改变三里村贫穷落后的现实。村民的卫生意识差，柴火、垃圾乱堆乱放，牲畜散养粪便遍地，江建兴带着工作队新来的小伙子一起，挨家挨户上门做工作，动员村民主动清理堆放点300多处。山村有修建活人墓的旧俗，占用土地，经济负担也重。江建兴积极配合地方政府建设公益性公墓，鼓励村民扒掉活人墓集中殡葬。一些村民不愿意，他苦口婆心地劝导，扒掉墓后，他又积极帮他们落实补偿款。村民们得到了实惠，见到了集中殡葬的好处，也就转而支持起来，原有的44座活人墓全部顺利拆除，彻底摒弃了陋习，再没有人新修了。住房集中安置也是如此。一些贫困户起先并不理解。江建兴逐家上门劝说，经过不懈努力，最终把大家全部劝进了新房子。

习近平总书记曾强调，扶贫必扶智，治贫先治愚。江建兴他们这样的扶贫工作队正在用真心付出换来贫困户的信任和支持，鼓励他们重燃生活的信心和勇气，点燃一盏盏希望之灯，也点亮了对美好幸福生活的无限憧憬。

办当地事、说当地话、做当地人

2022年春节前夕，江建兴在湖南省岳阳市平江县三里村挨家挨户走访，了解外出务工和在家种养殖的家庭收入情况。“快过年了，不当面聊聊，怕新一年的工作心里没底儿。”江建兴说。

三里村距离县城20多千米，距离岳阳城区更是有约200千米远，村里每家都养鸡种菜，村民偶尔将鸡鸭、鸡蛋和蔬菜背到集市上去卖，既费时又费力。江建兴了解到这一情况后，便萌生了帮忙“带货”的念头。江建兴依靠自己在农村长大、家在城区、在厂矿工作的圈际联络优势，在驻村指导三里村农户开展乡村振兴工作的同时，利用在三地生活工作的机会，与同事、朋友联系，为村里的土特产品销售牵线搭桥，为村民办实事、增收入。每次为同事或朋友“带货”，江建兴都会给他们提供农户的微信、电话。他和“客户”说:“好吃好用的话，就直接和这家联系。”久而久之，三里村的土特产就有了“点对点”客户，形成了一定的规模销售群。今年春节期间，江建兴通过“带货”，已为三里村村民带来上万元的收入，成了名副其实的“带货郎”。

参考文献

[1]《石油精神》编写组 . 石油精神——文献石油 70 年 . 北京：石油工业出版社，2021.

[2] 周洪成 . 石油精神读本 . 北京：中国石化出版社，2019.

[3] 中国石化宣传工作部 . 传承石油精神　弘扬石化传统教育提纲（内部）. 2019.

[4] 闫建文 . 回望石油发现井 . 北京：石油工业出版社，2019.

[5] 毓华，袁谋，李振江等 . 胜利油田胜利采油厂志（1964—2002）. 北京：中国工人出版社，2004.

[6] 茂名石化志编纂委员会 . 茂名石化志（上卷）. 北京：中国石化出版社，2014.

[7] 茂名石化志编纂委员会 . 茂名石化志（下卷）. 北京：中国石化出版社，2014.

[8] 郭玉辉，张博荣，孙文剑等 . 北京工业志——燕山石化志 . 北京：中国科学技术出版社，1995.

[9] 燕山石化 . 为了口罩，我们拼了！（内部）. 2021.

[10] 张惠生，丛舜日，余松林等 . 南化志 . 北京：中华书局，1994.

[11] 王治平，王明堂，剧长华等 . 洛阳石油化工总厂志 . 北京：中国石化出版社，2005.

[12] 王治平 . 洛阳石化志（2001—2010）. 北京：中国石化出版社，2011.

[13] 夏其山 . 荆门炼油厂志（1969—1983）.

[14] 丘昌济 . 江汉油田志 . 武汉：湖北人民出版社，2012.

[15] 中国石化长岭炼化公司 . 发展历程 . http ：//clsh.sinopec.com/clsh/about_us/develop_history/. 2022-07-03.

[16] 上海石化总厂厂史编委会 . 上海石油化工总厂志 . 上海：上海社会科学院出版社，2012.

[17] 张建平 . 上海石化图志（1972—2012）（内部）. 2012.

[18] 周美玲 . 天津石化建设者之歌—“老照片 . 讲述创业者的故事”现场纪实 . 中国石化，2007,（6）: 72-73.

[19] 陈金式，刘世英 . 天津石化通志（1962—1988）. 天津：天津科学技术出版社，1990.

[20] 天津石化 . 天津石化积极建设绿色企业 . 中国化工报，2019.5.29.

[21] 中国石油化工股份有限公司西北油田分公司 .《中国油气田开发志》西北油田分公司塔河油田志（内部资料）. 2008.

[22] 马永生 . 为端好能源饭碗作出更大贡献 . 学习时报，2021.12.14.

[23] 曲艺 . 中国石化扶贫干部，亲历山乡巨变 . 中国电力报，2021.7.24.

[24] 潘亚男，石莹，张利军等 . 众志成城炼就乙烯技术“中国芯”. 中国石化报，2021.9.7.

[25] 刘江波 . 胸怀国之大者，在帮扶中展现央企担当 . 中国石化报，2021.7.1.

[26] 镇海炼化 .“红绿蓝”三色高质量发展，奋力打造中国石化旗舰型标杆企业 . 中国网 . 2021.06.11.

[27] 张文欣 . 中国科学院院士传记：陈俊武传 . 中国石化出版社，2018.

[28] 周洪成 . 大国工匠代旭升传 . 北京：中国工人出版社，2017.